2022 개정 교육과정과

학생 주도성을
키우는 수업 평가

2022 개정 교육과정과
학생 주도성을 키우는 수업 평가

초판 1쇄 발행 2024년 6월 20일

지은이 | 권영부

발행인 | 최윤서
편집장 | 최형임
디자인 | 김수경
마케팅 지원 | 최수정
펴낸 곳 | (주)교육과실천
도서문의 | 02-2264-7775
인쇄 | 031-945-6554 두성 P&L
일원화 구입처 | 031-407-6368 (주)태양서적
등록 | 2020년 2월 3일 제2020-000024호
주소 | 서울특별시 중구 창경궁로 18-1 동림비즈센터 505호
ISBN | 979-11-91724-62-2 (13370)

2022 개정 교육과정과

학생 주도성을 키우는 수업 평가

권영부 지음

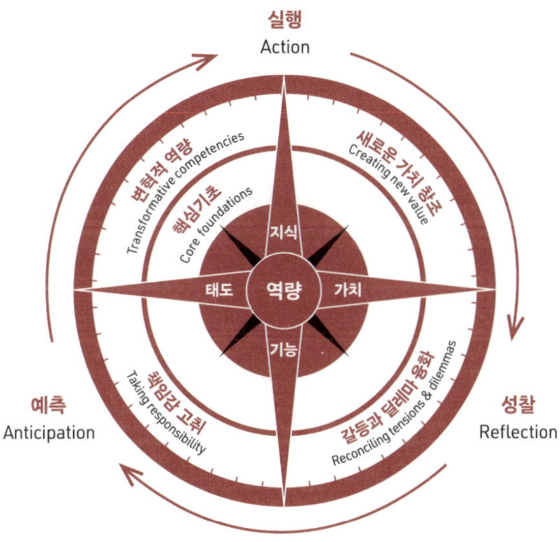

교육과실천

2022 개정 교육과정이 시작되었다. 총론 성격의 담론은 상당히 펼쳐지고 있다. 그 속을 들여다보면 주도성과 역량, AI·디지털 기반의 교육, 창의성과 문제 해결 능력 강화, 개인 맞춤형 학습, 수업방법의 다양화 등의 논의가 무성하다. 이런 논의만큼 우리 교육 현실을 고려한 학생들의 주도성을 키우는 수업 평가 방법론의 창출도 활발하게 이뤄져야 한다.

수업은 기존의 것과 새로운 것의 연속선에서 바라봐야 한다. 수업은 '입고출신(入古出新)'의 전형이다. 기존의 것을 천착하는 동시에 새로운 것을 창출해야 하기 때문이다. 새 교육과정에 알맞은 수업 방법론을 개발할 때 무조건의 새로운 것만 찾지 말고, 기존의 것을 재해석하고 재구성하는 활동도 함께 해야 한다.

수업은 정해진 교실에서 한 명의 교사에 의해 다양한 수업방법을 동원하여 진행되지만, 그 수업 속에는 실패를 맛본 수많은 교사의 극복 사례가 응축되어 있다. 이렇게 수업은 드러나지 않은 교사들의 각고의 노력이 담긴 결정체이다. 이런 측면에서 보면, 좋은 수업은 거듭된 여러 가지 시행착오의 산물이다. 이 때문에 완벽한 수업은 존재하기 어렵다. 그러니 자신의 수업이 마음에 차지 않더라도 지나치게 상심할 필요가 없다. 불만족스러운 부분은 점진적으로 개선해 나가면 된다. 수업은 어떤 경우이든 전부 아니면 전무(all or nothing)가 아니기 때문이다.

2022 개정 교육과정은 '미래사회를 살아갈 오늘의 학생들을 어떻게 교육할 것인가?'에 대한 국가 차원의 연구 결과물이다. 이 속에는 여러 학자의 이론과 세계적 기관들의 연구 결과가 집적되어 있다. 예컨대 개념기반 교육과정이나 이해중심 교육과정도 반영되어 있고, OECD의 'Future of Education and Skills 2030'에서 그리는 미래 교육의 모습도 일정 정도 담겨있다. 다만, 국가의 교육 정체성을 드러내는 교육과정을 특정 학자나 특정 기관의 이론과 연구 결과에 전적으로 맡길 수 없다. 우리나라의 교육 현실을 고려하여 정교하게 다각화할 필요가 있다.

2022 개정 교육과정은 학생들의 주도성과 역량을 키우는 수업 평가 활동을 강조하고 있다. 학생 주도성과 역량은 쉽게 드러나지 않는 영역이다. 그러므로 변화된 교육과정의 내용 체계에 기초하여 수업 평가 활동을 설계하여 주도성과 역량을 키워나가야 한다.

학생 주도성은 학생에게만 주도성을 바라는 게 아니다. 주도성에 담긴 자주성, 자기관리 역량, 자율성 등의 가치는 교사를 비롯한 모든 사람과 교육 관련 기관이 지녀야 할 미래 교육을 위한 소중한 덕목이다. 학생 주도성은 교사 주도성과 함께 하는 공동 주도성 차원에서 이해해야 한다. 이런 측면에서 교사가 주도적으로 가르치기보다 학생들이 주도하여 깊이 있는 학습이 되도록 해야 한다.

2022 개정 교육과정은 깊이 있는 학습을 위해 '핵심 아이디어 중심의

수업 설계, 교과 내 영역 간 및 교과 간 내용의 연계성 고려, 삶과 연계한 의미 있는 학습, 탐구 방법의 학습 및 학습에 대한 성찰, 기초소양 학습' 등을 강조한다. 2022 개정 교육과정에 새롭게 등장한 개념인 핵심 아이디어는 해당 교과의 얼개를 드러낸 것으로, 교사가 가르치는 게 아니다. 학생들의 주도성과 역량을 키웠을 때 이해하고 발견할 수 있는 것이다.

이런 깊이 있는 학습을 위해 무엇을 어떻게 해야 할지 막막하게 보일 수 있다. 이런 점들을 해소하기 위해 물꼬를 튼다는 생각으로 이 책을 집 필하게 되었다.

이 책은 2022 개정 교육과정을 기반으로 학생들의 주도성과 역량을 키우는 수업 평가 활동을 위한 사례 중심의 실천 방안을 모두 6장에 걸 쳐 정리했다. 1장과 2장은 2022 개정 교육과정의 이해를 돕기 위해, 3장 에서 6장은 학생 주도성의 이해에서 출발하여 학생 주도성을 키우기 위 한 수업 평가 준비, 설계, 활동 과정을 중심으로 집필했다.

1장에서는 총체적 차원에서 새로운 교육과정을 핵심어를 중심으로 살펴본 뒤에 교과 교육 문서체제가 어떻게 변했는지를 상세하게 정리했 다. 새롭게 등장한 핵심 아이디어는 무엇이고, 내용 요소와 성취기준의 의미는 무엇인지를 정리하면서 성취기준을 기반으로 수업, 평가, 질문을 설계하는 방법을 사례를 중심으로 설명했다. 다음으로 2022 개정 교육 과정에서 강조하는 깊이 있는 학습을 통한 역량 구현을 위한 전이로서 의 역량이 무엇인지를 상세하게 정리했다.

2장은 깊이 있는 학습을 위해 핵심 아이디어 중심으로 수업을 설계하 는 방법과 교과 내 영역 간 연계성을 고려한 학습, 교과 간 내용의 연계 성을 고려한 학습, 삶과 연계한 의미 있는 학습, 탐구 방법의 학습 및 학습에 대한 성찰, 기초소양 학습에 관한 설명과 실제 수업을 통해 구현하는 방법을 사례를 중심을 정리했다.

3장은 학생 주도성을 현실 상황 차원, 개념 차원, 성취기준 차원에서 이해할 수 있도록 주요 이론과 함께 그 의미를 쉽게 풀어놓았다. 이와 함께 학생 주도성 신장을 위해 고려할 여러 가지 사항을 구체적으로 제시하였다.

4장은 학생 주도성을 키우기 위한 수업 평가를 위해 무엇을 어떻게 준비해야 할지 단계별로 정리했다. 이를 위해 인지적 영역과 정의적 영역의 역량 검사 방법, 학습 역량 프로파일 구성과 협력적 소통을 위한 모둠 구성 방법, 탐구 역량을 키우기 위한 질문 설계방법과 창의적 발표 설계 방법을 실제 경험 사례를 중심으로 정리했다.

5장은 학생 주도성을 키우는 수업 평가 설계 과정을 정리했다. 2022 개정 교육과정에서 강조하는 핵심 아이디어에서 출발하여 성취기준, 기초소양, 핵심 질문을 중심으로 수업 활동, 평가 활동, 전이 활동, 피드백 활동이 흐름을 유지하도록 수업을 설계하는 방법을 구체적으로 정리했다. 이와 함께 수업 시간에 학생들의 주도성과 사유 역량을 키우기 위해 필요한 새로운 형식의 활동지 제작 방법을 제시하였다.

6장은 학생 주도성을 강화하기 위한 실제 수업 평가 실천 방안을 다루고 있다. 우선 협력적 소통에 기반을 둔 협력 학습의 준비와 실천 방법, 다양성과 선택권을 존중하는 개별 학습의 방법을 정리했다. 다음으로 학생 주도성을 강화하기 위한 평가 관점에 대한 사고 전환의 필요성을 정리하면서 구체적 사례로 학습의 과정을 중시하는 평가, 공동 주도성을 키우는 평가, 외부평가 기회 부여, 유쾌한 상상력을 키우는 평가 등을 제시하였다. 이밖에도 성취기준 기반의 논·서술형 평가, 정의적 영역 평가를 위한 루브릭 만들기를 통해 평가 실행력을 키우는 방안도 정리했다. 마지막으로 학생들의 주도성을 키우기 위한 다양한 피드백 방법도 경험 사례를 중심으로 정리했다.

이 책은 이론적 배경을 최소화하고 수업 현장에 실제로 적용할 수 있도록 실용성에 초점을 맞춰 집필했다. 그러므로 책에서 제시하는 다양한 사례를 참고하여 여러 교과에 다양하고 창의적 방식으로 재구성하여 실제 수업 평가 활동에 알차게 적용되기를 기대한다. 지면의 한계 때문에 모든 과목을 다루지 못한 점은 아쉽지만, 2022 개정 교육과정의 전모를 이해하고 수업 평가를 실천할 때 실질적 도움이 되기를 기원한다.

디지털 기반 교육혁신과 인공지능 디지털 교과서(AIDT) 시대에도 학생 주도성을 키우는 수업 평가에 기초한 개별 학습과 협력 학습을 준비하고 실천하는 방법이 달라지는 것은 아니다. 이럴수록 디지털과 아날로그의 조화를 추구하는 수업 평가가 더욱 중요하다. 이제껏 실천한 아날로그 방식의 수업 평가와 디지털을 활용한 수업 평가 모두 고루 존중받아야 한다.

마지막으로 어려운 출판 환경 속에서도 출간을 맡아주신 '교육과 실천' 대표님에게 감사드린다. 더불어 집필하는 동안 묵묵히 도와준 가족에게도 고마움을 전한다.

2024년 여름의 문턱에서

권영부

| 목차 |

5장. 학생 주도성을 키우는 수업 평가 설계

6장. 학생 주도성을 강화하는 수업 평가 활동

1장

2022 개정 교육과정의 이해

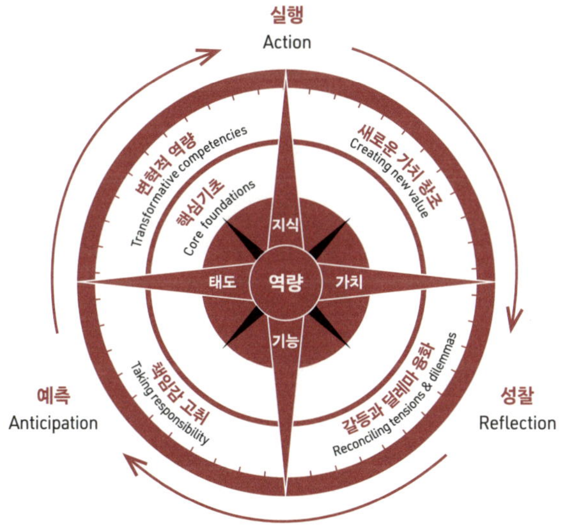

1

수업 평가 차원의
총체적 이해

2022 개정 교육과정[1]은 미래사회를 살아갈 학생들에게 필요한 주도성과 역량을 키우기 위해 '깊이 있는 학습'을 강조하고 있다. 지금의 학생들이 사회인으로 삶을 시작하는 시점을 생각하고 행복하게 살아갈 수 있도록 설계한 것이 2022 개정 교육과정이다. 인공지능과 함께 살아갈 학생들에게 요구되는 '주도성'을 키우기 위해 수업 평가의 변화를 꾀할 수밖에 없다.

학습은 단순히 지식을 암기하는 과정이 아니다. 학생이 자신과 세계에 대한 의미를 구성하는 과정이다. 그러므로 핵심 개념과 원리를 올바르게 이해하고 내면화하고 생각이나 경험과 연결하여 자신의 것으로 창출

---

[1] 2022 개정 교육과정 관련 내용은 초·중등학교 교육과정 총론(교육부 고시 제2022-33호 [별책 1]), 초등학교 교육과정(교육부 고시 제2022-33호 [별책 2]), 중학교 교육과정(교육부 고시 제2022-33호 [별책 3]), 고등학교 교육과정(교육부 고시 제2022-33호 [별책 4])의 고시 내용을 토대로 정리했다. 필요에 따라 그대로 인용한 부분도 있고, 이해를 돕기 위해 일부 재구성한 부분도 있다.

하는 ‘깊이 있는 학습’이 필요하다. 깊이 있는 학습은 하나의 지식, 여러 개의 지식을 이해한다는 차원에서 머무는 게 아니다. 이를 위해 지식 간 연결, 지식의 발전을 통해 삶의 현장에 ‘전이(transfer)’하고 활용하는 힘을 길러야 한다. 학습의 궁극적 기능은 학생들이 학습 목표에 해당하는 새로운 정보를 유의미한 형태로 이해한 뒤에 이것을 전이 가능한 지식, ‘장기기억’ 하도록 돕는 것이기 때문이다.

미래사회에서 부닥칠 문제는 혼자의 힘으로 해결하기 어렵다. 이런 상황을 고려하여 핵심역량 차원에서 ‘협력적 소통’을 강조하고 있다. 이를 통해 깊이 있게 이해하고 비판적으로 탐구하며 활용할 수 있는 ‘역량’을 키워야 한다. 역량은 지식, 기능과 같은 인지적 영역과 가치, 태도와 같은 정의적 영역을 포괄하는 총체성을 지닌 것이다. 그동안 지나치게 인지적 영역을 키우는 교육에 치중했으나, 지금부터라도 ‘인지적 영역과 정의적 영역의 조화를 추구하는 수업 평가’가 되도록 해야 한다.

내용 요소의 세 차원을 ‘지식·이해, 과정·기능, 가치·태도’ 형식으로 표현하고 있다. 그동안 소홀하게 다루었던 정의적 영역을 강화하기 위해 가치·태도 차원의 성취기준이 모든 교과에 상당히 적용되었다. 역량은 학습한 지식, 기능, 가치, 태도를 총체적으로 발휘하여 전이 능력, 사유 능력, 수행 능력을 유연하게 발휘하게 하는 힘이다.

2022 개정 교육과정의 내용 체계에는 ‘핵심 아이디어’라는 개념이 새롭게 등장했다. 이것은 해당 영역을 아우르면서 학습을 통해 일반화할 수 있는 내용을 핵심적으로 진술한 것이다. 핵심 아이디어는 해당 영역 학습에 초점을 부여하여 깊이 있는 학습을 가능하게 하는 토대가 된다. 더불어 여러 교과를 학습하는데 기반이 되고 깊이 있는 학습을 위해 ‘기초소양’에 해당하는 언어, 수리, 디지털 소양을 강조하고 있다.

2022 개정 교육과정은 차시 계획 중심의 수업 설계 보다 '단원 설계'를 통해 역량을 발휘하도록 해야 한다. 이를 통해 좀 더 넓은 시각에서 학습한 내용을 자신의 것으로 이해하고, 더불어 이해한 것을 새로운 상황에 적용, 확장, 실천할 수 있도록 해야 한다.

깊이 있는 학습은 사유 역량을 강화하고, '질문하고 탐구' 하는 수업 평가 활동을 통해 이뤄질 수 있다. 이를 위해 내용 요소와 성취기준에서 학습 요소를 추출하여 학생들의 사유 역량을 키울 수 있도록 '빈칸 중심의 활동지'를 만들어야 한다. 아울러 지식·이해, 과정·기능, 가치·태도를 기반으로 역량을 키우는 수업 평가를 실천하여 '핵심 아이디어를 발견' 하도록 해야 한다. 이를 위해 단원을 사유 기반으로 수행할 수 있는 '핵심 질문'을 만들어야 하고, 주도성을 발휘할 수 있는 '탐구과제(수행과제, 학습과제)'를 도출해야 한다.

학생 스스로 학습에 대한 평가가 가능하도록 '학습으로서의 평가' 도 추구해야 한다. 이를 위해 다양한 평가 기준에 따른 자기평가와 동료평가가 활성화되어야 한다. 아울러 '수행평가를 내실화' 하여 학생의 실질적 활동 역량을 신장해야 한다. 더불어 AI·디지털 시대에 걸맞은 인간 주도성을 키우기 위해 성취기준에 기반을 둔 '논·서술형 평가'를 실천하고, 평가에 따른 '피드백 활동'을 실행해야 한다.

2
교과 교육과정
문서체제의 변화

(1) 내용 체계 변화[2]

2022 개정 교육과정은 큰 틀에서 '성격 및 목표, 내용 체계와 성취기준, 교수·학습 및 평가로 구성되어 있다. 이 중에서 내용 체계와 성취기준은 수업 평가 활동과 직결되므로 이 부분을 구체적으로 살펴본다.

〈자료 I-1〉처럼 2022 개정 교육과정의 내용 체계는 핵심 아이디어와 내용 요소인 지식·이해, 과정·기능, 가치·태도로 구성되어 있다.

'내용 체계'는 학습 내용의 범위와 수준을 나타내는 것이고, '영역'은 교과(목)의 성격에 따라 기반 학문의 하위 영역이나 학습 내용을 구성하는 일차 조직자이다. '내용 요소'는 교과(목)에서 배워야 할 필수 학습 내용으로 지식·이해, 과정·기능, 가치·태도의 세 가지 차원으로 구성되어 있다.

---

[2] 2015 개정 교육과정의 내용 체계는 '영역, 핵심 개념, 일반화된 지식, 내용 요소, 기능'을 중심으로 구성되었다.

   2022 개정 교육과정과 학생 주도성을 키우는 수업 평가

핵심 아이디어	• 자연 세계는 시간과 공간을 배경으로 몇 가지 기본량으로 기술할 수 있으며, 양을 측정할 때 사용하는 표준과 단위는 일상생활과 산업기술에서 중요하다. • 우주 초기 원소 형성, 태양계의 형성과 진화, 별의 진화 등 모든 천문 현상은 천체에서 방출되는 빛의 분석을 통해 이루어진다. …이하 생략…

범주	구분	내용 요소
지식·이해	과학의 기초	• 기본량과 단위 • 측정과 어림 • 정보와 신호
	물질과 규칙성	• 원소 형성 • 별의 진화 • 원소의 주기성 • 이온 결합 • 공유 결합 • 지각과 생명체 구성 물질의 규칙성 • 물질의 전기적 성질
	시스템과 상호작용	• 지구시스템의 구성과 상호작용 • 판구조론과 지각 변동 • 중력장 내의 운동 • 충격량과 운동량 • 생명 시스템의 기본 단위 • 물질대사 • 유전자와 단백질
과정·기능		• 자연 현상에서 문제를 인식하고 가설을 설정하기 • 변인을 조작적으로 정의하여 탐구 설계하기 • 다양한 도구를 수학적 사고를 활용하여 정보를 조사 • 수집 • 해석하기 …이하 생략…
가치·태도		• 과학의 심미적 가치 • 과학 유용성 • 자연과 과학에 대한 감수성 …이하 생략…

(2) 핵심 아이디어의 이해

2022 개정 교육과정에서 말하는 '핵심 아이디어'[3]는 2015 개정 교육과정의 내용 체계 중에서 '핵심 개념' 과 '일반화된 지식' 을 통합한 개념으로 2022 개정 교육과정에서 새롭게 등장한 개념이다.

핵심 아이디어는 '영역을 아우르면서 해당 영역의 학습을 통해 일반화할 수 있는 내용을 핵심적으로 진술한 것' 이다. 이는 해당 영역 학습에 초점을 부여하여 깊이 있는 학습을 가능하게 하는 토대가 된다.

핵심 아이디어는 〈자료 I-2〉처럼 해당 교과의 얼개를 드러낸 것으로 주로 해당 교과(목)의 주요 개념을 중심으로 문장형태로 진술하고 있다.

핵심 아이디어는 상당히 광범위하고 추상적이다. 이 때문에 하나의 성취기준에 하나의 핵심 아이디어가 연결되는 구조가 아니다. 여러 개의 성취기준을 재구조화하여 기초소양과 주도성을 키우는 수업 평가 활동을 실천했을 때, 학생들이 해당 교과의 관련 핵심 아이디어를 발견할 수 있다.

---

[3] 핵심 아이디어는 개념기반 교육과정의 개념적 렌즈 또는 일반화 및 원리와도 연결되고, 이해중심 교육과정의 빅 아이디어(big idea), 영속적 이해와도 연결되는 개념이다. 이를 상세하게 알아보려면 '개념기반 교육과정' 과 '이해중심 교육과정' 에 대한 학습이 필요하다.

교과	핵심 아이디어
중학교 국어의 매체 단원	• 매체는 소통을 매개하는 도구, 기술, 환경으로 당대 사회의 소통 방식과 소통 문화에 영향을 미친다. • 매체 이용자는 매체 자료의 주체적인 수용과 생산을 통해 정체성을 형성하고 사회적 의미 구성 과정에 관여한다. …이하 생략…
중학교 영어의 이해 단원	• 의사소통 목적과 상황에 맞게 배경지식을 활용하고 관점, 목적과 맥락을 파악함으로써 담화나 글을 이해하는 능력을 함양한다. • 적절한 사고 과정 및 전략을 활용하여 담화나 글의 의미를 파악하고 분석한다. …이하 생략…
고등학교 공통수학 1	• 식에 대한 사칙연산과 인수분해는 복잡한 다항식으로 확장되어 적용되며, 방정식과 부등식은 적절한 절차를 통해 해결된다. • 순열과 조합은 다양한 상황에서 사건이 일어날 수 있는 모든 경우의 수를 체계적으로 세는 데 활용된다. …이하 생략…
고등학교 사회 문화	• 사회현상은 다양한 관점을 통해 이해할 수 있다. • 사회현상은 다양한 방법을 통해 연구할 수 있고, 탐구를 수행할 때에는 과학적 절차와 연구 윤리를 준수해야 한다. …이하 생략…

(3) 핵심 아이디어 발견을 위한 수업

핵심 아이디어는 교사가 수업을 통해 구체적으로 가르치는 게 아니다. 학생들이 주도성을 발휘하여 수업 평가 활동에 능동적으로 참여했을 때 발견하는 것이다.

〈자료 I-3〉처럼 '통합과학 1'의 성취기준 [10통과1-01-01]부터 [10통과1-01-04]까지를 재구조화하여 지식·이해, 과정·기능, 가치·태도 등을 총체적으로 결합하여 주도성과 역량을 키우는 활동을 진행했을 때, '통합과학 1'의 핵심 아이디어 중의 하나인 '자연 세계는 시간과 공간을 배경으로 몇 가지 기본량으로 기술할 수 있으며, 양을 측정할 때 사용하는 표준과 단위는 일상생활과 산업기술에서 중요하다' 라는 것을 학생들이 이해하고 발견할 수 있다. 그러므로 학생들이 핵심 아이디어

<자료 I-3> '통합과학 1'의 '과학의 기초'의 성취기준 관련 핵심 아이디어

'통합과학 1'의 '과학의 기초' 단원의 성취기준	핵심 아이디어
[10통과1-01-01] 자연을 시간과 공간에서 기술할 수 있음을 알고, 길이와 시간 측정의 현대적 방법과 다양한 규모의 측정 사례를 조사할 수 있다. [10통과1-01-02] 과학 탐구에서 중요한 기본량의 의미를 알고, 자연 현상을 기술하는 데 단위가 가지는 의미와 적용사례를 설명할 수 있다. [10통과1-01-03] 과학 탐구에서 측정과 어림의 의미를 알고, 일상생활의 여러 가지 상황에서 측정 표준의 유용성과 필요성을 논증할 수 있다. [10통과1-01-04] 자연에서 일어나는 다양한 변화를 측정·분석하여 정보를 산출함을 알고, 이러한 정보를 디지털로 변환하는 기술을 정보 통신에 활용하여 현대 문명에 미친 영향을 인식한다.	자연 세계는 시간과 공간을 배경으로 몇 가지 기본량으로 기술할 수 있으며, 양을 측정할 때 사용하는 표준과 단위는 일상생활과 산업 기술에서 중요하다.

를 이해하고 발견할 수 있도록 수업 평가 활동을 실천해야 한다.

〈자료 I-4〉처럼 중학교의 국어 '매체' 영역도 여러 개의 성취기준을 재구조화하면 관련 핵심 아이디어를 발견할 수 있다.

<자료 I-4> 중학교 국어 '매체' 영역의 성취기준 관련 핵심 아이디어

중학교 '국어'의 '매체' 영역의 성취기준	핵심 아이디어
[9국06-01] 대중매체와 개인 인터넷 방송의 특성과 영향력을 비교한다. [9국06-02] 소통 맥락과 수용자 참여 양상을 고려하여 상호 작용적 매체를 분석한다. [9국06-03] 복합양식성을 고려하여 영상 매체 자료를 제작하고 공유한다. [9국06-04] 매체 소통에서의 권리와 책임을 이해하고, 수용자의 반응을 고려하며 매체 자료의 제작 과정을 성찰한다. [9국06-05] 매체 자료의 재현 방식을 이해하고 광고나 홍보물을 분석한다. [9국06-06] 사회·문화적 맥락을 고려하여 매체 자료의 공정성을 평가한다.	매체 이용자는 매체 자료의 주체적인 수용과 생산을 통해 정체성을 형성하고 사회적 의미 구성 과정에 관여한다.

　　　2022 개정 교육과정과 학생 주도성을 키우는 수업 평가

　고등학교의 '통합과학 1'과 중학교 국어의 '매체' 영역뿐만 아니라 영어, 사회, 수학, 도덕, 음악, 미술, 정보 등 다른 교과(목)도 여러 개의 성취기준을 재구조화하여 수업 평가 활동을 진행하면 핵심 아이디어를 발견할 수 있다.

　〈자료 I-5〉는 앞서 알아본 과학과의 '통합과학 1' 과목의 '과학의 기초' 단원에서 '길이와 시간에 대한 다양한 측정 사례 조사하기'를 탐구 주제(수행과제)로 설정하여 핵심 아이디어를 발견하는 과정을 이해할 수 있도록 정리한 것이다.

　수행과제인 '길이와 시간에 대한 다양한 측정 사례 조사하고 토론하기'를 제대로 처리하려면, 우선 기초소양을 키우는 교육이 필요하다. 언어 소양 측면에서는 '교과서를 읽고 핵심 내용을 이해하고 정리하기', 수리 소양 측면에서는 '다양한 측정 단위의 관계를 이해하고 변환하기' 디지털 소양 측면에서는 '다양한 검색 방법을 통해 필요한 정보를 탐색하고 확인하기'를 교육해야 한다. 기초소양은 해당 차시 수업을 원활하게 하는 기초교육 성격이 강하기 때문에 일정 시간을 확보하여 교육해야 한다.

　다음으로 주도성과 역량을 키우는 활동을 해야 한다. 이를 위해 지식·이해 차원에서 '길이와 시간에 대한 다양한 측정 단위 이해하기' 위해 '길이와 시간을 재는 방법과 단위는 지역별로, 나라별로, 역사적으로 다양함을 이해하고, 길이와 시간을 재는 현대적 방법과 다양한 규모의 단위를 이해'할 수 있도록 구체적으로 설명해야 한다.

<자료 I-5> '통합과학 1'의 핵심 아이디어 중심의 수업 설계

교과(목)	과학과, 통합과학 1		
성취기준	[10통과1-01-01] 자연을 시간과 공간에서 기술할 수 있음을 알고, 길이와 시간 측정의 현대적 방법과 다양한 규모의 측정 사례를 조사할 수 있다.		
수업 활동 (탐구주제, 수행과제)	길이와 시간에 대한 다양한 측정 사례 조사하고 토론하기		
기초소양	언어 소양	수리 소양	디지털 소양
	교과서를 읽고 핵심 내용을 이해하고 정리하기	다양한 측정 단위의 관계를 이해하고 변환하기	다양한 검색 방법을 통해 필요한 정보를 탐색하고 확인하기
	지식·이해	과정·기능	가치·태도
주도성과 역량을 키우는 활동	길이와 시간에 대한 다양한 측정 단위 이해하기	길이와 시간을 측정하는 다양한 방법과 단위를 조사하고 비교하기	길이와 시간에 대한 정확한 측정의 필요성과 그 유용성 토론하기
	• 길이와 시간을 재는 방법과 단위는 지역별로, 나라별로, 역사적으로 다양함을 이해한다. • 길이와 시간을 재는 현대적 방법과 다양한 규모의 단위를 이해한다.	• 길이와 시간을 측정하는 방법을 지역별, 나라별로 조사하고 역사적으로 변천해 온 과정 및 현대 표준 단위로 정리된 과정을 조사한다. • 원자의 크기, 세균의 크기, 행성의 크기, 우주의 크기 등 규모에 따라 어떤 단위가 사용되는지 알아보고 서로 비교한다.	• 길이와 시간에 대하여 정확하게 측정하고 단위를 통일하려 했던 역사적 사례들을 살펴보고 그 필요성을 토론한다. • 명확하고 논리적 주장을 펼치면서 상대방의 의견을 존중하는 자세를 가지고, 개방적 태도를 견지한다.
핵심 아이디어	자연 세계는 시간과 공간을 배경으로 몇 가지 기본량으로 기술할 수 있으며, 양을 측정할 때 사용하는 표준과 단위는 일상생활과 산업기술에서 중요하다.		

<자료 I-5> '통합과학 1'의 핵심 아이디어 중심의 수업 설계

과정·기능 차원에서는 '길이와 시간을 측정하는 다양한 방법과 단위를 조사하고 비교하기' 위해 '길이와 시간을 측정하는 방법을 지역별, 나라별로 조사하고 역사적으로 변천해 온 과정 및 현대 표준 단위로 정리된 과정을 조사한다. 또 원자의 크기, 세균의 크기, 행성의 크기, 우주의 크기 등 규모에 따라 어떤 길이 단위가 사용되는지 알아보고 서로 비교' 하는 활동도 필요하다.

가치·태도 차원에서는 '길이와 시간에 대한 정확한 측정의 필요성과 그 유용성 토론하기' 를 통해 '길이와 시간에 대하여 정확하게 측정하고 단위를 통일하려 했던 역사적 사례들을 살펴보고 그 필요성' 을 이해하면 된다.

이렇게 기초소양과 지식·이해, 과정·기능, 가치·태도를 바탕으로 주도성과 역량을 키우는 활동을 하면 학생들이 핵심 아이디어를 이해하고 발견할 수 있다. 다시 말하지만, 핵심 아이디어는 교사가 가르치는 게 아니다. 주도성과 역량을 키우는 수업 평가 활동을 했을 때 학생들이 이해하고 발견하는 것이다.

핵심 아이디어에 관한 자세한 내용은 이후에 다룰 '깊이 있는 학습을 위한 수업 평가' 부분의 '핵심 아이디어 중심의 수업 설계' 에서 '통합과학 1' 이외의 사례로 다시 정리한다.

(4) 내용 요소의 이해

내용 요소는 지식·이해, 과정·기능, 가치·태도 등 3개의 차원으로 구성되어 있다. 일반적으로 내용 요소를 '지식, 기능, 태도 및 가치'로 표현하지만, 2022 개정 교육과정에서는 '지식·이해, 과정·기능, 가치·태도'로 표현하고 있다.

'지식·이해'는 교과(목) 및 학년(군)별로 해당 영역에서 알고 이해해야 할 내용을 말하는데, 지식은 알고 이해할 수 있어야 할 것(know and understand)이라는 의미를 담고 있다. 앞서 본 〈자료 I-1〉의 고등학교 '통합과학 1' 내용 체계 일부에 있는 '과학의 기초'를 이해하려면, '기본량과 단위, 측정과 어림, 정보와 신호' 등의 지식을 제대로 이해해야 한다.

'과정·기능'은 교과 고유의 사고 및 탐구과정 또는 기능을 의미하는데, 아는 것을 가지고 할 수 있어야 할 것(do)으로, 지식을 습득하는 과정에서 활용할 수 있는 사고와 탐구과정을 말한다. 〈자료 I-1〉에서 볼 수 있듯이 '자연 현상에서 문제를 인식하고 가설을 설정하기, 변인을 조작적으로 정의하여 탐구 설계하기' 등을 바탕으로 탐구해야 한다.

'가치·태도'는 교과를 통해 기를 수 있는 고유한 가치와 태도를 말한다. 학교에서 함양한 가치·태도를 바탕으로 사회에 참여하며 행동하는 것(be)이라는 의미도 담고 있다. 가치·태도는 비인지적 요소이다. 〈자료 I-1〉을 보면 '통합과학 1'을 학습하면서 '과학 유용성, 자연과 과학에 대한 감수성' 등의 가치·태도를 키워야 한다.

(5) 성취기준의 이해

성취기준은 내용 요소를 중심으로 개발된 것이고, 역량을 구현하는 역할을 한다. 성취기준은 지식·이해, 과정·기능, 가치·태도 등의 내용 요소를 학습한 결과 학생이 궁극적으로 할 수 있거나 할 수 있기를 기대하는 도달점을 말한다. 성취기준은 〈자료 I-6〉처럼 내용 요소의 세 차원인

　　2022 개정 교육과정과 학생 주도성을 키우는 수업 평가

'지식·이해, 과정·기능, 가치·태도'를 하나 혹은 둘 이상의 차원을 통합해서 학생의 수행을 보여주는 문장으로 진술한 것이다.

<자료 I-6> 중학교 국어 '매체' 영역의 성취기준 분석

성취기준	차원		
	지식·이해	과정·기능	가치·태도
[9국06-01] 대중매체와 개인 인터넷 방송의 특성과 영향력을 비교한다.	대중매체와 개인 인터넷 방송의 특성과 영향력을 이해한다.	비교한다.	
[9국06-03] 복합양식성을 고려하여 영상 매체 자료를 제작하고 공유한다.	복합양식성을 이해한다.	영상 매체 자료를 제작하고 공유한다.	
[9국06-04] 매체 소통에서의 권리와 책임을 이해하고, 수용자의 반응을 고려하며 매체 자료의 제작 과정을 성찰한다.	매체 소통에서의 권리와 책임을 이해한다.	수용자의 반응을 고려한다.	성찰한다.

성취기준 [9국06-01], [9국06-03]은 지식·이해, 과정·기능 차원에서 구성된 것이다. 성취기준 [9국06-04]는 지식·이해, 과정·기능 차원과 함께 '성찰한다'는 가치·태도 차원까지 포함하고 있다. 이것은 '성찰적 태도'를 강조한 진술이다. 이와 같은 성취기준은 '지식·이해, 과정·기능' 등의 인지적 영역 못지않게 정의적 영역인 '가치·태도'를 수업 평가에 반영해야 한다. 그래야 인지적 영역과 정의적 영역이 적절하게 균형 잡힌 사람으로 육성할 수 있다. 성찰적 태도는 학생 주도성을 키우기 위한 주요 요소이기도 하다.

학생들의 주도성을 키우려면 성취기준을 중심으로 핵심 아이디어 발견 활동, 기초소양 학습, 수업 활동, 평가 활동, 전이 활동, 피드백 활동 등을 다양하게 설계해야 한다. 그 과정에 목적의식, 자기조절, 성찰적 태도, 책임감 등을 키워야 한다.

성취기준을 재구조화할 때 어려움이 있으면 '성취기준 해설'과 '교과서'를 살펴보면 도움이 된다.

(6) 성취기준 기반의 수업·평가·질문의 설계

성취기준을 분석하면 수업, 평가 활동과 수업에 필요한 탐구 질문을 설계할 수 있다. 성취기준은 내용 요소를 학습한 학생이 궁극적으로 할 수 있거나 할 수 있기를 기대하는 도달점이다. 이에 기초하여 수업, 평가는 설계할 수 있고, 나아가 수업에 필요한 탐구 질문도 설계할 수 있다.

첫째, 공동 주도성(co-agency)에 기초한 수업을 설계할 수 있다. 〈자료 I-7〉은 중학교 국어의 '문학' 영역 성취기준 일부이다.

<자료 I-7> 중학교 국어 '문학' 영역의 성취기준 일부

[9국05-01] 운율, 비유, 상징의 특성과 효과에 유의하며 작품을 감상하고 창작한다.
[9국05-03] 인간의 성장을 다룬 작품을 읽으며 문학의 가치를 내면화한다.
[9국05-06] 자신의 경험을 개성적인 발상과 표현으로 형상화한다.
[9국05-08] 근거를 바탕으로 작품을 해석하고, 다른 해석들과 비교하여 자신의 해석을 평가한다.
[9국05-09] 문학을 통해 타자를 이해하고 공동체의 문제에 참여하는 태도를 지닌다.

여기서 감상하고, 창작하고, 내면화하고, 형상화하고, 평가하고, 해석하고, 참여하는 태도를 실질적으로 실행할 주체는 학생이다. 학생들이 주도적으로 학습해야 제대로 성취할 수 있기 때문이다. 한편 감상하고, 창작하고, 내면화하고, 형상화하고, 평가하고, 참여하는 태도를 지닐 수 있도록 수업 활동을 설계할 주체는 교사이다. 이처럼 성취기준을 기반으로 수업 활동을 설계하면, 학생과 교사의 공동 주도성 발현 요소를 찾을 수 있다. 그러므로 성취기준을 기반으로 학생 주도성과 교사 주도성이 조화를 이룰 수 있도록 수업 활동을 설계하여 실천할 필요가 있다.

둘째, 성취기준 기반의 평가를 설계할 수 있다. 성취기준을 분석하면 내용 요소의 세 차원인 지식·이해, 과정·기능, 가치·태도 중에서 어떤 차원을 어떻게 평가할 것인지를 설계할 수 있다. 예를 들어 〈표 Ⅰ-1〉처럼 하나의 성취기준을 토대로 지식·이해 부분은 총괄평가를 통해 평가하고, 과정·기능은 수행평가 때 평가할 수 있다. 아울러 가치·태도 부분은 정의적 영역 평가를 실천하도록 구상할 수 있다.

〈표 Ⅰ-1〉 성취기준 기반의 내용 요소에 따른 평가 설계

구분		내용
성취기준		[9사(지리)08-01] 우리나라 주요 산지·하천·해안 지형의 위치와 특성을 파악하고, 매력적인 지형 경관을 탐색하여 우리 국토의 아름다움을 느낀다.
차원에 따른 성취기준 분석	**지식·기능**	우리나라 주요 산지·하천·해안 지형의 위치와 특성을 파악하고~
	과정·기능	매력적인 지형 경관을 탐색하여~
	가치·태도	우리 국토의 아름다움을 느낀다.
총괄 평가		우리나라 주요 산지·하천·해안 지형의 위치와 특성을 선택형이나 서답형으로 평가 가능
수행 평가		매력적인 지형 경관을 탐색하여 보고서를 작성하는 수행평가 가능
정의적 영역 평가		국토의 아름다움에 대한 느낀 점을 정리하는 과정을 '목적의식'[4]에 맞춰서 정의적 영역 평가 가능

---

[4] '목적의식'은 정의적 영역을 평가할 때 바탕이 되는 여러 요소 중의 하나이다. 목적의식은 특정 활동을 왜 추구하는지, 그 목적을 분명히 하고 있는지를 판단할 때 활용할 수 있다. 정의적 영역 평가 방법은 이 책의 '정의적 영역 평가를 위한 루브릭 만들기'에서 구체적으로 설명하고 있다.

뒤에서 알아볼 〈자료 I-9〉 성취기준 기반의 탐구 질문 만들기에 기초하여 평가를 구상할 수도 있다.

개념적 질문에 해당하는 '우리나라 주요 산지·하천·해안 지형의 위치와 특성은 무엇인가요?'를 기반으로 선택형 문제를 만들 수 있다.

기능적 질문인 '자연재해가 발생했을 때 대처 방안을 어떻게 탐색해야 할까요?'를 토대로 '자연재해 대처 방안'을 보고서 형식으로 작성하는 수행평가를 할 수 있다.

가치적 질문인 '기후변화에 대응하기 위해 어떤 노력을 해야 할까요?'를 묻고 이에 답하게 하는 과정을 가치·태도 측면의 정의적 영역 평가를 통해 확인할 수 있다.

이를 통해 '성취기준 기반의 질문'은 '성취기준 기반의 평가'와 연계됨을 알 수 있다.

결론적으로 수업 평가를 위해서는 성취기준을 제대로 이해하고 분석하는 활동을 반드시 해야 한다. 성취기준을 바탕으로 지식·이해, 과정·기능, 가치·태도 등의 내용 요소를 자세히 풀어놓은 게 교과서이다. 그러므로 성취기준과 함께 교과서를 보면서 수업 평가를 설계해야 한다.

셋째, 성취기준 기반의 탐구 질문을 생성할 수 있다. 성취기준을 분석하면 수업의 상황에 맞는 다양한 탐구 질문을 생성할 수 있다. 〈자료 I-8〉을 통해 성취기준 기반의 탐구 질문 생성 과정을 알아보자.

 　2022 개정 교육과정과 학생 주도성을 키우는 수업 평가

[9사(지리)08-01] 우리나라 주요 산지·하천·해안 지형의 위치와 특성을 파악하고, 매력적인 지형 경관을 탐색하여 우리 국토의 아름다움을 느낀다.
[9사(지리)08-02] 우리나라의 계절별, 지역별 기후 특성 및 변화 양상을 파악하고, 기후변화에 대한 지역별 대응 노력을 조사한다.
[9사(지리)08-03] 우리나라 자연재해의 지리적 특성과 피해 최소화를 위한 노력을 파악하고, 일상생활 속 다양한 상황에서 자연재해 발생 시 자신의 대처 방안을 탐색한다.

제시된 성취기준들을 바탕으로 지식·이해 차원은 개념적 질문, 과정·기능 차원은 기능적 질문, 가치·태도는 가치적 질문을 통해 〈자료 I-9〉처럼 탐구 질문을 구체화할 수 있다.

<자료 I-9> 성취기준 기반의 탐구 질문 만들기

구분	차원	탐구 질문
개념적 질문	지식·이해	우리나라 주요 산지·하천·해안 지형의 위치와 특성은 무엇인가요?
기능적 질문	과정·기능	자연재해가 발생했을 때 대처 방안을 어떻게 탐색해야 할까요?
가치적 질문	가치·태도	기후변화에 대응하기 위해 어떤 노력을 해야 할까요?

'개념적 질문'은 어떤 사물이나 현상에 대한 일반적 지식을 이해하기 위한 질문을 뜻한다.

'기능적 질문'은 수업 목표를 성취하기 위해 책임감 있는 방식으로 지식을 활용하고 과정을 수행할 수 있는 질문을 말한다.

'가치적 질문'은 학생의 선택, 판단, 행동에 영향을 미치는 원리이자 신념에 관한 것으로 학생들의 태도, 도덕적 가치, 사회적 가치 등을 포함한 질문을 말한다.

성취기준 기반의 탐구 질문 만들기의 확장 사례는 '내용 요소 중심의 탐구 질문 만들기'에서 따로 정리한다.

3

깊이 있는 학습과
역량 구현 교육과정

(1) 깊이 있는 학습의 의미

2022 개정 교육과정의 총론에 따르면, 올바른 학습의 상태를 '깊이 있는 학습'이라고 한다. 깊이 있는 학습을 위해 교과 지식을 단순히 기억하고 암기하는 수준을 넘어서서 각 교과의 고유한 핵심 개념과 핵심 아이디어 및 탐구 방식을 통해 세계를 이해하고 탐구하는 능력을 익히도록 하여야 한다.

깊이 있는 학습은 교과 지식을 더 많이 학습해야 한다거나 더 어려운 수준까지 학습해야 함을 의미하는 것이 아니다. 핵심 개념과 원리를 올바르게 이해하고 내면화하여 생각이나 경험과 연결되어 자신의 것으로 만들어야 함을 의미한다. 깊이 있는 학습이 이루어질 때 그 지식은 무기력한 지식이 아니라 삶의 다양한 맥락에서 활용할 수 있는 살아있는 지식이 되며, 창의적이고 융합적 문제해결 능력의 기초가 될 수 있다.

2022 개정 교육과정은 〈자료 I-10〉처럼 여러 측면에서 깊이 있는 학

습을 강조하고 있다. 깊이 있는 학습은 '핵심 아이디어 중심의 수업 설
계, 교과 내 영역 간 및 교과 간 내용의 연계성 고려, 삶과 연계한 의미 있
는 학습, 탐구 방법의 학습 및 학습, 기초소양 학습' 등을 요구한다. '교
과 내 영역 간 및 교과 간 내용의 연계성 고려, 삶과 연계한 의미 있는 학
습'을 제대로 하려면 전이로서의 역량을 키워야 한다.

<자료 I-10> 깊이 있는 학습의 실천 중심의 의미

구분	실천 중심의 의미	비고
핵심 아이디어 중심의 수업 설계	단편적 지식의 암기를 지양하고 각 교과목의 핵심 아이디어를 중심으로 지식·이해, 과정·기능, 가치·태도의 내용 요소를 유기적으로 연계하며 학생의 발달 단계에 따라 학습 경험의 폭과 깊이를 확장할 수 있도록 수업을 설계해야 한다.	
교과 내 영역 간, 교과 간 내용의 연계성 고려	교과 내 영역 간, 교과 간 내용 연계성을 고려하여 수업을 설계하고 지도함으로써 학생들이 융합적으로 사고하고 창의적으로 문제를 해결하는 능력을 함양할 수 있도록 한다.	전이로서의 역량 필요
삶과 연계한 의미 있는 학습	학습 내용을 실생활 맥락 속에서 이해하고 적용하는 기회를 제공함으로써 학교에서의 학습이 학생의 삶에 의미 있는 학습 경험이 되도록 한다.	
탐구 방법의 학습 및 학습에 대한 성찰	학생이 여러 교과의 고유한 탐구 방법을 익히고 자신의 학습 과정과 학습 전략을 점검하며 개선하는 기회를 제공하여 스스로 탐구하고 학습할 수 있는 자기주도 학습 능력을 함양할 수 있도록 한다.	
기초소양 학습	교과의 깊이 있는 학습에 기반이 되는 언어, 수리, 디지털 기초소양을 모든 교과를 통해 함양할 수 있도록 수업을 설계해야 한다.	

2022 개정 교육과정의 총론에 따르면, 깊이 있는 학습은 학생이 학습
내용을 익히고 이를 새로운 상황에 적용할 수 있도록 핵심적 내용을 내
면화하는 학습을 의미한다. 깊이 있는 이해와 수행은 단순한 지식의 전

달이 아니라 학생의 경험과 지적 활동을 통해 이루어지므로, 깊이 있는 학습을 위해서는 사고 및 탐구가 중요하게 다루어져야 한다.

학생이 교과 고유의 탐구과정을 경험할 수 있도록 하는 것은 해당 교과가 기반 하는 학문 분야의 전문가가 되기 위한 것이 아니라, 사실과 개념들을 서로의 관계 속에서 구조화하며 의미를 생성해가는 방식을 경험할 수 있게 하려 함이다. 기능은 분절적 기술이나 활동이 아니라 높은 수준의 사고와 과정을 통해 지식을 적용, 확장, 실천하는 것을 가능하게 한다.

그런데 '삶과 연계한 의미 있는 학습'을 평가 측면에서 보면 모순된 지점이 있다. 우리나라의 교육성취도 평가는 교과서의 범위를 넘지 말아야 한다는 원칙이 있다. 이 원칙에 따라 모든 시험은 교과서 내용을 중심으로 출제해야 한다. 이는 교육과정의 목표와 평가 내용 간 직접적 연계의 약화를 초래했고, 그저 교과서 내용을 암기하는 교육으로 변질되는 원인이 되었다. 아울러 평가의 내용을 인지적 영역에 머무르게 함으로써 정의적 영역을 소홀하게 다루게 되었다. 여러 교육 목표 중에서 일부만 측정하는 모순 상황에 놓였고, 결국 교육의 질이 떨어지는 결과를 낳고 있다. 이런 상황을 고려하여 삶과 연계한 의미 있는 학습을 하려면 평가도 세상을 향해 열려있어야 한다.

(2) 깊이 있는 학습과 역량 구현

깊이 있는 학습을 위해서는 '핵심 아이디어 중심의 수업 설계, 교과 내 영역 간 및 교과 간 내용의 연계성 고려, 삶과 연계한 의미 있는 학습, 탐구 방법의 학습 및 학습에 대한 성찰, 기초소양 학습' 등을 실행해야 한다. 〈그림 I-1〉처럼 깊이 있는 학습을 해야 역량을 구현할 수 있기 때문

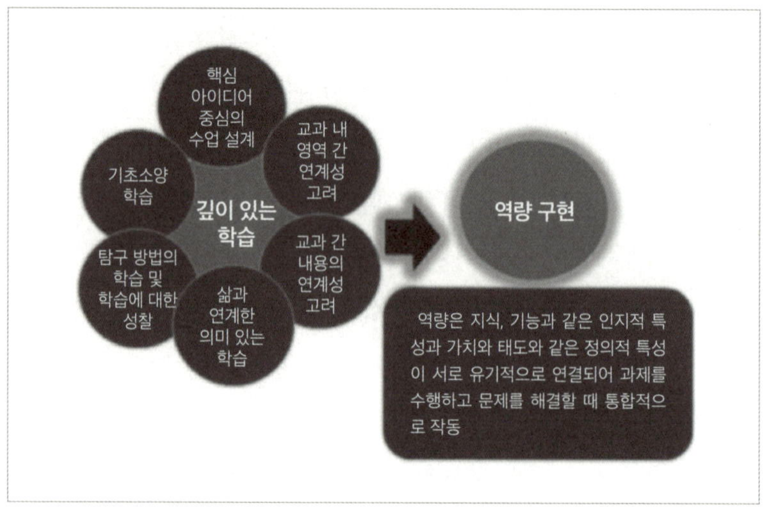

이다. 역량은 지식, 기능과 같은 인지적 특성과 가치, 태도와 같은 정의적 특성이 유기적으로 연결되어 통합적으로 작동되어야 제대로 구현될 수 있다.

역량은 〈그림 I-2〉처럼 지식, 기능 등의 인지적 영역의 특성만이 아니라 가치, 태도와 같은 정의적 영역의 특성을 포괄한다. 이것을 'OECD 학습 나침반 2030'에서는 학생이 주도성을 발휘하기 위해서는 역량이라는 나침반을 토대로 문제 상황을 해결해야 한다는 것을 그림으로 나타내고 있다.[5] 물론 학생 혼자 나침반을 이용하여 모든 문제를 해결할 수 있는 것은 결코 아니다. 교사, 동료, 학부모, 지역사회와 함께하는 공동 주도성(co-agency)이 필요하다.

---

[5] 'OECD 학습 나침반 2030'의 실제적 모습은 'https://www.oecd.org/education/2030-project/'을 통해 볼 수 있다.

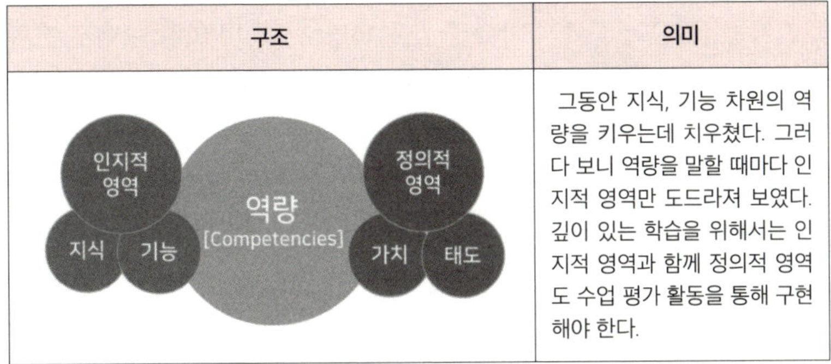

구조	의미
인지적 영역 / 지식 / 기능 / 역량 [Competencies] / 정의적 영역 / 가치 / 태도	그동안 지식, 기능 차원의 역량을 키우는데 치우쳤다. 그러다 보니 역량을 말할 때마다 인지적 영역만 도드라져 보였다. 깊이 있는 학습을 위해서는 인지적 영역과 함께 정의적 영역도 수업 평가 활동을 통해 구현해야 한다.

역량은 '특정한 맥락이나 상황에서 지식, 기능과 함께 가치 및 태도 등을 통합적으로 작동시켜 복잡한 문제를 해결하는 능력'이다. 달리 말하면, 역량은 예측 불가능한 세상에서 복잡한 문제나 요구를 성공적으로 해결할 수 있는 능력이다.

역량이 지닌 중요한 특징은 총체성이다. 역량은 지식, 기능, 가치, 태도 등이 통합적으로 작동되는 전인적 발달을 추구하는 속성을 내포하고 있기 때문이다. 역량은 발달적 특성도 있다. 그러므로 역량은 사람마다 발달의 속도가 다르다는 것을 인정하고 존중해야 한다. 역량은 수행(doing by thinking)을 통해 드러난다. 수행은 단순히 활동 중심의 수업이 아니라 문제해결 및 창의적 사고, 비판적 사고와 같이 사고를 바탕으로 이뤄지는 활동을 말한다.[6]

역량 중심 교육은 지식 교육을 반대하는 것이 아니다. 역량은 지식, 기능, 가치, 태도 등의 총체성을 지녔으므로 당연히 지식을 포함한다.

---

6   2022 개정 교육과정 이해하기–방향과 기준편 [교육부] (https://www.youtube.com/watch?v=1–CiWUFRO5c&t=397s). 교육부. 2022 (내용 일부 재정리).

(3) 전이로서의 역량

전이는 '어떤 상황에서 학습한 것을 바탕으로 일반화한 형태로 전환하여 다른 상황에 주도적으로 적용하는 역량'을 말한다.[7] 이는 학생이 이전에 학습한 지식, 기능, 가치 및 태도를 통합적으로 작동시켜 복잡한 문제를 해결할 때 필요한 역량이다. 전이는 문제 해결, 창의적 사고를 비롯한 높은 수준의 사고 과정이 요구된다.

세상에서 일어나는 문제 상황을 해결하려면 하나의 교과에서 배운 것만으로 해결할 수 없다. 여러 교과에서 배운 지식, 기능, 가치, 태도 등의 연결성을 고려하여 통합적으로 적용하여 해결해야 한다. 이 때문에 '전이로서의 역량'이 강조되고 있다.

전이로서의 역량을 갖춘 사람은 변화하는 상황에 유연하게 대응할 수 있다. 더불어 배운 것을 서로 다른 상황이나 맥락에서 적용하고 실천하는 전이 역량을 지니고 있다.

전이는 〈그림 I-3〉처럼 '지하철 갈아타는 곳(transfer)'과 같은 이치이다. 여행자가 지하철을 이용해 목적지에 도달하려 중간에 다른 노선으

<그림 I-3> 지하철 갈아타는 곳(Transfer)

7　2022 개정 교육과정 총론 핵심 교원 연수 자료집. 교육부. 온정덕. 2023

로 갈아타는 '환승'처럼, 특정 교과에서 학습한 개념이나 원리를 이해한 후에, 이를 다른 과목과 일상생활의 영역으로 갈아타는 것이 전이이기 때문이다.

전이는 학습한 개념을 단순히 알고 있는 것만으로 이뤄지지 않는다. 사물이나 사건, 상황을 다른 것들과의 관계 속에서 바라볼 수 있는 능력을 갖춰야 이뤄지는 것이다. 그러므로 개념에 대한 깊이 있는 이해 정도는 전이 활동을 통해 확인할 수 있다. 이 때문에 개념 이해가 부족하면 전이가 제대로 이뤄지기 어렵고, 창의적으로 문제를 해결하기도 힘들 수 있다.

앞서 말했듯이 깊이 있는 학습을 위해 '교과 내 영역 간 및 교과 간 내용의 연계성 고려, 삶과 연계한 의미 있는 학습'을 제대로 하려면 전이로서의 역량이 필요한데, '전이'로 인해 다양한 교육 효과를 거둘 수 있다.

첫째, 학습한 지식을 일반화할 수 있다. 이전에 습득한 지식을 유사 상황에 적용함으로써 새로운 지식을 창출하고 확장해 나갈 수 있다. 예를 들어 소나무의 특성과 재질을 제대로 학습하면, 이를 바탕으로 다른 나무들의 특성과 재질을 파악할 수 있다. 유사 상황에 유연하게 적용함으로써 지식을 일반화할 수 있다.

둘째, 문제해결 능력을 키울 수 있다. 전이로서의 역량을 갖추면, 이전의 문제를 해결한 경험을 기반으로 새로운 문제를 해결할 힘이 생긴다. 새로운 문제에 대한 접근 방식을 개선하고 창의적 해결책을 도출할 수 있기 때문이다. 아울러 실생활에서 맞닥뜨릴 수 있는 복잡한 문제들을 해결하는 데 도움이 된다.

셋째, 새로운 기회를 발견하고 이를 활용할 수 있다. 전이로서의 역량이 있으면 다양한 분야에 대한 관심과 넓은 시야를 가질 수 있다. 이 때문에 새로운 기회를 발견할 기회가 생긴다. 더불어 다양한 분야의 지식과 경험을 통해 새로운 아이디어나 동향을 발견할 수 있다.

　넷째, 융합 수업을 위한 초석이 마련된다. 개별 교과에서 학습한 내용을 다른 교과나 삶의 영역에 전이하는 과정에서 자연스럽게 융합이 이뤄진다. 교과 융합 수업 때는 특정 교과의 개념을 다른 교과의 개념에 전이할 수 있고, 미디어 텍스트를 기반으로 융합 수업을 할 때는 교과에서 학습한 내용을 미디어 속 재현 상황에 전이하여 우리 사회와 연계된 융합 수업을 할 수 있다.

2장

깊이 있는 학습을 위한 수업 평가

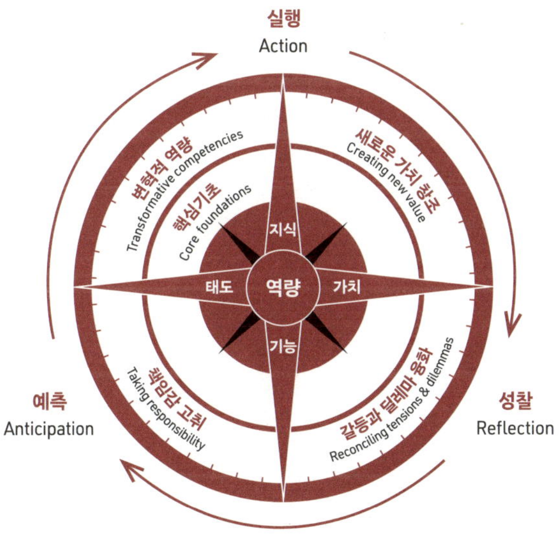

1

핵심 아이디어 중심의
수업 설계

(1) 핵심 아이디어 중심의 수업 설계 이해

핵심 아이디어 중심의 수업 설계는 고등학교 과학과의 '통합과학 1'과 사회과의 '사회문제 탐구', '중학교 국어'를 중심으로 정리했다. 이를 참고하여 한문, 도덕, 수학, 기술·가정, 정보, 체육, 음악, 미술, 영어 등의 교과(목)에도 내용만 달리하여 그대로 적용할 수 있다.

2022 개정 교과 교육과정에 새로 도입된 개념인 핵심 아이디어는 교과 기저의 근본(fundamental, core, big)이며, 학습의 토대가 되는 개념들을 의미한다. 이는 영역별로 학습에 초점을 부여함으로써 깊이 있는 학습의 토대를 마련하며, 영역을 구성하는 학습 내용 요소의 세 차원(지식·이해,

과정·기능, 가치·태도)의 기준이 된다.

2022 개정 교육과정의 총론에 따르면, 핵심 아이디어는 교과 학습을 통해서 궁극적으로 내면화, 자기맥락화해야 할 아이디어인데, 추상적이고 광범위한 수준으로 표현하고 있다. 따라서 학생이 그 의미나 가치를 분명히 이해하기 위해서는 깊이 있는 학습이 요구된다.

더불어 교사는 학생들이 다양한 영역의 교과 지식을 학습할 때 핵심 아이디어를 중심으로 교과의 전체 구조 속에서 그 의미를 파악할 수 있도록 도와야 함을 강조하고 있다. 단편적 지식과 정보를 가르치는 것은 학생들에게 과도한 학습 부담을 초래할 뿐, 왜 그러한 지식을 배워야 하는지에 대한 의미를 제공하지 못하는 피상적 학습에 머무르게 할 가능성이 높기 때문이다.

결론적으로 핵심 아이디어는 교과별로 '무엇을 중심으로 사고하고 의미를 만들어야 하는가?'에 초점을 맞추고 있다.

핵심 아이디어를 중심에 둔 수업 평가 활동을 해야 학생 주도성을 신장시킬 수 있다. 이를 위해 우선 자신이 맡은 과목의 핵심 아이디어와 내용 요소를 종합적으로 분석하고, 다음으로 이를 토대로 다른 과목의 핵심 아이디어와 내용 요소를 분석하여 전이 역량을 키우는 수업 평가 활동을 설계하여 실천해야 한다. 이때 〈표 Ⅱ-1〉을 참고하여 핵심 아이디어와 내용 요소의 관계를 전체적으로 조망하여 수업 평가 활동을 구성해야 한다.

새 학년 수업을 준비할 때는 담당 교과의 내용 체계를 분석하고 이해하는 시간을 가져야 한다. 이때 핵심 아이디어와 내용 요소 및 기초소양에 기반을 둔 수업 평가 활동을 설계해야 한다. 이를 통해 자기 수업을 넓은 시각에서 조망할 수 있는 수업 비전을 세우고, 그에 따라 수업 평가 활동이 학생들의 주도성을 키우는 방향으로 나갈 수 있도록 해야 한다.

내용 체계	차원	학습 영역	수업 활동	평가 활동
핵심 아이디어	지식·이해, 과정·기능, 가치·태도	인지적·정의적 영역 통합	핵심 아이디어 발견 활동	핵심 아이디어 발견 활동
내용 요소	지식·이해	인지적 영역	학생과 교사의 공동 주도성 구현	형식적 평가
	과정·기능			
	가치·태도	정의적 영역	학생과 교사의 공감 주도성 구현	비형식적 평가

(2) 핵심 아이디어 중심의 수업 설계 사례

〈자료 II-1〉은 고등학교 사회과의 '사회문제 탐구' 과목에서 '저출산 해결을 위한 정책 공약 만들기'를 수행과제로 설정하여 지식·이해, 과정·기능, 가치·태도와 기초소양을 아우를 수 있게 핵심 아이디어를 중심으로 수업을 설계하는 과정에 대한 이해를 돕기 위해 정리한 것이다.

'저출산 해결을 위한 정책 공약 만들기' 활동을 학생이 주도적으로 수행하려면, 우선 기초소양을 키우는 교육이 필요하다. 이때 교과서의 핵심 내용을 읽고 이해하는 언어 소양, 저출산 현황 관련 통계를 분석 평가하는 수리 소양, 저출산 관련 통계를 찾아내는 디지털 소양을 키워야 한다.

다음으로 주도성과 역량을 키우는 활동을 해야 한다. 이를 위해 지식·이해 차원에서 '저출산에 대한 지식적 이해'가 필요하고, 과정·기능 차원에서 '저출산 현황 조사와 토론'이 요구된다. 가치·태도 차원에서는 다른 모둠의 정책 공약이 자기 모둠과 다르더라도 존중하는 자세가 필요하다.

교과(목)	사회과, 사회문제 탐구		
성취기준	[12사탐03-01] 저출산·고령화로 인해 발생하는 다양한 사회문제의 실태를 조사하고, 해결 방안을 제시한다.		
수업 활동 (탐구 주제, 수행과제)	저출산 해결을 위한 정책 공약 만들기		
기초소양	언어 소양	수리 소양	디지털 소양
	교과서를 읽고 핵심 내용을 이해하고 정리하는 능력 키우기	저출산 현황 관련 통계 자료를 분석하는 능력 키우기	교과 관련 정보를 탐색하고 비판적 관점에서 확인하는 능력 키우기
	지식·이해	과정·기능	가치·태도
주도성과 역량을 키우는 활동	저출산 이해하기	저출산 현황 조사와 토론하기	저출산 공약에 나타난 다른 관점 존중하기
	• '저출산'은 출산율이 한 나라의 인구 유지에 필요한 최소 합계출산율인 2.1명보다 더 낮은 현상을 말한다. • 저출산을 이해를 위해 출산율, 합계 출산율도 함께 이해한다.	• 저출산 관련 통계 자료를 찾아 분석하고 저출산의 원인을 중심으로 토론 활동을 한다.	• 모둠이나 개인별로 저출산 해결을 위한 정책 공약을 만들어 발표하고 서로 비교해 본다.
핵심 아이디어	인구 구조의 변화, 과학기술 발전 등으로 인한 사회 변동으로 다양한 사회문제가 발생할 수 있으며, 여러 가지 차원에서 해결 방안이 논의된다.		

이렇게 기초소양과 역량을 키우는 활동을 하면 핵심 아이디어로 제시된 '인구 구조의 변화, 과학기술 발전 등으로 인한 사회 변동으로 다양한 사회문제가 발생할 수 있으며, 여러 가지 차원에서 해결 방안이 논의된다'라는 사실을 발견할 수 있다.

'저출산에 관한 탐구 활동'이 익숙해지면, 이를 바탕으로 '교과 내 영역 간' 전이를 할 수 있다. 나아가 깊이 있는 학습을 위해 '교과 간 내용의 연계성 고려, 삶과 연계한 의미 있는 학습'을 통한 전이도 가능해진다. 예를 들어 '사회문제 탐구'에서 학습한 내용을 바탕으로 국어과와 연결하여 '저출산 문제를 다룬 소설을 읽고 감상평을 작성'하거나, 수학과와 연결하여 '저출산 관련 통계를 분석하는 활동'을 할 수 있다.

이와 같은 방식으로 다른 교과에서도 핵심 아이디어 중심의 수업을 설계할 수 있다. 〈자료 II-2〉는 중학교 국어의 '매체' 영역을 핵심 아이디어 중심으로 수업을 구상하는 과정을 정리한 것이다.

'신문 광고를 토대로 선택되고 배제되었을 문구나 이미지 탐구하기'라는 수행과제를 제대로 처리하려면, 우선 수행과제에 관련된 기초소양을 키워야 한다. 이를 위해 언어 소양을 키우기 위해 '신문 광고를 보고 다양한 기호, 양식 등의 특징 이해하기'를 할 수 있고, 수리 소양을 키우기 위해 '신문 지면광고 단가를 알아보고, 광고 대비 효과 판단하기'를 할 수 있다. 아울러 디지털 소양을 키우기 위해 '디지털 기기를 통해 신문 광고를 찾아보기' 활동을 하면서 디지털 도구와 기술을 사용하여 정보를 체계적으로 수집·분석·관리하는 방법을 익히면 된다.

다음으로 주도성과 역량을 키우는 활동을 지식·이해, 과정·기능, 가치·태도 차원을 고려하여 수업하면 된다.

이때 지식·이해 차원에서는 '신문 광고의 특징을 알아보고 그 내용을

교과(목)	국어		
성취기준	[9국06-05] 매체 자료의 재현 방식을 이해하고 광고나 홍보물을 분석한다.		
수업 활동 (탐구주제, 수행과제)	신문 광고를 토대로 선택되고 배제되었을 문구나 이미지 탐구하기		
기초소양	언어 소양	수리 소양	디지털 소양
	신문 광고를 보고 다양한 기호, 양식 등의 특징 이해하기	신문 지면광고 단가를 알아보고, 광고 대비 효과 판단하기	디지털 기기를 통해 신문 광고를 찾아보기
주도성과 역량을 키우는 활동	지식·이해	과정·기능	가치·태도
	신문 광고의 특징 이해하기	신문 광고에서 선택되고 배제된 이미지 분석하기	신문 광고에 반영된 사회상이나 고정 관념 살펴보기
	• 신문 광고의 특징을 알아보고 그 내용을 정리하기 • 신문 광고가 다른 매체 광고보다 효과적인 점을 정리하기	• 신문 광고에서 선택된 문구나 이미지를 찾아 분석하기 • 신문 광고에서 배제된 문구나 이미지를 찾아 분석하기	• 신문 광고에 반영된 사회상의 살피고 그에 대한 입장 밝히기 • 신문 광고에 나타난 고정 관념에 대한 자기 입장을 정리하고 성찰하기
핵심 아이디어	매체는 소통을 매개하는 도구, 기술, 환경으로 당대 사회의 소통 방식과 소통 문화에 영향을 미친다.		

정리하기, 신문 광고가 다른 매체 광고보다 효과적인 점을 정리하기'를 통해 신문 광고의 특징을 이해하면 된다.

과정·기능 차원에서는 '신문 광고에서 선택된 문구나 이미지를 찾아 분석하기, 신문 광고에서 배제된 문구나 이미지를 찾아 분석하기'를 통해 '신문 광고에서 선택되거나 배제된 이미지 분석하기'를 할 수 있다.

가치·태도 차원에서는 '신문 광고에 반영된 사회상을 살피고 그에 대한 입장 밝히기, 신문 광고에 나타난 고정 관념에 대한 자기 입장을 정리하고 성찰하기'를 통해 '신문 광고에 반영된 사회상이나 고정 관념 살펴보기'를 할 수 있다.

이와 같은 방식으로 기초소양과 주도성과 역량을 키우는 활동을 하면, 핵심 아이디어를 이해하고 발견할 수 있다. 그러므로 이전의 수업 설계 방식을 고집하지 말고 변화하는 교육 상황에 맞게 핵심 아이디어 중심의 수업 설계를 시도해야 한다.

'핵심 아이디어 중심의 수업 설계'는 기초소양과 주도성과 역량을 키우는 활동을 토대로 핵심 아이디어를 이해하고 발견하는 과정을 이해할 수 있도록 정리한 것이다. 앞서 '핵심 아이디어 중심의 수업 설계'를 기반으로 수업 평가 활동을 할 수 있지만, 구체성이 떨어지는 측면이 있다. 이때는 이후에 다루는 '학생 주도성을 키우는 수업 평가 활동 설계'를 토대로 실천할 수 있다. 핵심 아이디어, 기초소양, 수업 활동, 평가 활동, 전이 활동, 피드백 활동 등을 유기적으로 연결하여 수업을 진행할 수 있는 구체적 내용을 제시하고 있다.

2

교과 내 영역 간
연계성을 고려한 학습

(1) 한 교과 내 영역 간 '전이' 역량 키우기

한 교과 내에는 여러 영역이 있다. 중학교 국어 영역에는 '듣기·말하기, 읽기, 쓰기, 문법, 문학, 매체' 등이 있다. 중학교 사회 영역에는 '지리인식, 자연환경과 인간 생활, 인문환경과 인간 생활, 지속 가능한 세계, 정치, 법, 경제, 사회·문화, 역사 일반, 지역사, 한국사' 등이 있다. 다른 교과 역시 이와 마찬가지로 여러 영역으로 구성되어 있다.

한 교과(목)의 영역은 따로 구분되어 있지만, 실제로는 서로 연결하여 이해할 부분이 상당히 많다. 단지 가르치는 과정의 복잡성을 해소하고 편리함을 추구하기 위해 지식의 위계를 고려하여 영역으로 구분했을 뿐이다. 실제로 국어과의 읽기와 쓰기는 영역으로 구분하기는 했지만, 씨줄과 날줄처럼 서로 정교하게 연결되어야 학습의 완성도를 높일 수 있다. 사회과에서 학습하는 '정치'와 '법'도 영역으로는 구분되어 있지만, 실제로는 사회생활과 관련된 부분이 많기 때문에 서로 연결하여 학습해야 이해도를 높일 수 있다.

이런 상황을 고려하여 교과의 영역간 전이를 통해 창의융합 마인드를 키울 수 있다. 예를 들어 〈자료 II-3〉처럼 국어과의 '쓰기' 영역과 '매체' 영역 간 전이 활동을 할 수 있다.

<자료 II-3> 중학교 국어과 '쓰기'와 '매체' 영역 간 전이 활동

국어과 '쓰기' 영역 성취기준	국어과 '매체' 단원 성취기준
[9국03-04] 의견 차이가 있는 사안에 대해 자료를 수집하고 사회·문화적 맥락을 고려하며 주장하는 글을 쓴다.	[9국06-06] 사회·문화적 맥락을 고려하여 매체 자료의 공정성을 평가한다.
교과 내 영역 간 전이 활동	
사회·문화적 맥락을 고려한 자신의 주장을 작성하여 SNS에 올릴 때, 의견이 어느 한쪽으로 치우쳐 있지는 않은지 점검하기	

성취기준 [9국03-04]는 의견 차이가 있는 사안이 발생한 상황을 이해하고 쟁점을 분석하여 자신의 주장을 제시하는 글을 쓰는 데에 필요한 능력을 기르기 위해 설정하였다. 아울러 의견 차이가 있는 사안 찾기, 쟁점을 분석하고 쟁점에 대한 다양한 의견과 자료를 수집하기, 자신의 주장이 사회·문화적 맥락 내에서 수용될 수 있도록 제시하기 등을 학습하기 위해 설정한 것이다.

성취기준 [9국06-06]은 매체 자료를 공정성의 측면에서 비판적으로 이해하는 능력을 기르기 위해 설정하였다. 그리고 매체 자료가 다양한 주장을 전달하지 않고 특정 입장을 지닌 주장을 전달하면서 한쪽으로 치우쳐 있지는 않은지, 피상적인 사실 전달에 그쳐 특정한 쟁점이나 사건에 대한 진실을 간과하거나 호도하고 있지는 않은지 등을 점검하기 위해 구성한 것이다.

이를 바탕으로 성취기준 [9국03-04]의 '자신의 주장을 사회문화적 맥락을 고려하여 작성하기'라는 '쓰기' 영역의 활동을 성취기준 [9국06-06]의 '한쪽으로 치우쳐 있지는 않은지를 점검하기'를 통해 '매체' 영역에 전이할 수 있다.

(2) 한 교과의 성취기준을 기반으로 전이 역량 키우기

한 교과 내 영역 간 전이 역량 키우기를 확장하면, 한 교과의 성취기준을 기반으로 전이 역량을 키울 수 있다. 한 교과의 성취기준을 보고 그 속에서 패턴을 발견하여 교과 내에서 전이 역량 키울 수 있다. 국어 교과, 사회 교과, 과학 교과, 수학 교과 내에서 성취기준을 분석하면 유사한 활동을 할 수 있다. 이를테면, 사회 교과에서 저출산에 해결을 위한 프로젝트 수업을 했다면, 고령화 문제를 해결하기 위한 프로젝트 수업도 가능하다. 이처럼 특정 교과 내에서도 전이 역량을 키우는 활동을 할 수 있다. 나아가 한 교과의 영역 간 전이 역량을 키우는 수업도 할 수 있다. 이를테면 국어과의 쓰기 영역에서 학습한 내용을 매체 영역과 연계하여 미디어 리터러시 교육을 할 수 있다.

〈자료 II-4〉의 국어과 '독서와 작문' 과목의 성취기준을 토대로 교과 내에서 전이 역량을 키우는 과정을 알아보자.

<자료 II-4> '독서와 작문' 과목의 성취기준 일부

[12독작01-07] 인간과 예술을 다룬 인문·예술 분야의 글을 읽고 삶과 예술에 대한 자신의 생각을 담은 글을 쓴다.
[12독작01-08] 사회적·역사적 현상이나 쟁점 등을 다룬 사회·문화 분야의 글을 읽고 사회·문화적 사건이나 역사적 인물에 대한 관점을 담은 글을 쓴다.
[12독작01-09] 과학·기술의 원리나 지식을 다룬 과학·기술 분야의 글을 읽고 과학·기술의 개념이나 현상을 설명하는 글을 쓴다.

성취기준 [12독작01-07]은 예술 분야의 글을 읽고 인문학적 세계관을 이해하며 삶과 예술에 대한 인식적·윤리적·심미적 경험을 글로 표현하는 능력을 기르기 위해 설정한 것이다.

성취기준 [12독작01-08]은 사회·문화 분야의 글을 읽고 사회문화적 배경을 이해하고 그에 관련된 주장이나 관점이 담긴 글을 쓰는 능력을 기르기 위해 설정한 것이다.

성취기준 [12독작01-09]는 과학·기술의 원리나 지식을 다룬 글을 읽고 학습자가 수집한 다양한 정보와 자료를 활용하여 과학·기술의 원리나 현상을 설명하는 글을 쓰는 능력을 기르기 위해 설정한 것이다.

3개의 성취기준을 기반으로 인문·예술, 사회·문화, 과학·기술 분야의 글쓰기를 지도할 수 있다. 제시된 3개의 성취기준을 분야별 글쓰기를 중심으로 정리하면 〈표 II-2〉와 같다.

〈표 II-2〉 성취기준에 따른 분야별 글쓰기

성취기준	분야	주요 글쓰기
[12독작01-07]	인문·예술	경험 중심 글쓰기
[12독작01-08]	사회·문화	주장하는 글쓰기
[12독작01-09]	과학·기술	설명하는 글쓰기

전이는 학생들이 익숙한 패턴을 인식함으로써 새로운 상황을 해결할 때 필요한 역량이기도 하다. 경험 중심 글쓰기, 주장하는 글쓰기, 설명하는 글쓰기의 패턴을 익히면, 이를 인문·예술 분야의 글쓰기를 할 때 주장하는 글쓰기나 설명하는 글쓰기를 할 수 있고, 사회·문화 분야에서 경험 중심 글쓰기와 설명하는 글쓰기를 할 수 있다. 마찬가지로 과학·기술

<표 II-3> 성취기준에 따른 글쓰기의 전이

성취기준	분야	주요 글쓰기	주요 글쓰기의 전이
[12독작01-07]	인문·예술	경험 중심 글쓰기	주장하는 글쓰기 설명하는 글쓰기
[12독작01-08]	사회·문화	주장하는 글쓰기	경험 중심 글쓰기 설명하는 글쓰기
[12독작01-09]	과학·기술	설명하는 글쓰기	경험 중심 글쓰기 주장하는 글쓰기

분야에서 경험 중심 글쓰기와 주장하는 글쓰기가 가능하다. 이를 정리하면 〈표 II-3〉과 같다.

이런 경험이 익숙해지면 새로운 분야를 〈표 II-4〉처럼 새로운 분야를 추가할 수도 있다. 성취기준에는 인문·예술, 사회·문화, 과학·기술 분야의 글쓰기를 제시하고 있지만, 정치·경제 분야를 추가하여 '정치·경제 분야를 다룬 글을 읽고 주요 사안을 중심으로 요약하는 글을 쓴다' 라는 부분을 추가하여 '요약하는 글쓰기'를 할 수 있다.

<표 II-4> 정치·경제 분야를 추가한 성취기준

성취기준	분야	주요 글쓰기
[12독작01-07]	인문·예술	경험 중심 글쓰기
[12독작01-08]	사회·문화	주장하는 글쓰기
[12독작01-09]	과학·기술	설명하는 글쓰기
추가한 분야	정치·경제	요약하는 글쓰기

교사는 교육과정에 대한 전문성을 발휘하여 성취기준 재구조화 차원에서 새롭게 가르칠 분야의 내용을 추가하여 학습 효율을 증대시킬 수 있다. 이런 측면에서 전이는 '적용, 응용, 활용'의 속성을 가지며, 교사가 교육과정을 수행할 때 자율권을 발휘할 수 있는 길이기도 하다.

앞에서 살펴본 '독서와 작문' 성취기준은 '인문·예술, 사회·문화, 과학·기술' 분야의 글을 읽고 경험·주장·설명하는 글쓰기를 내세우고 있다. 독서와 작문은 다양한 글과 자료를 이해하고 생산하는 활동에 능동적으로 참여함으로써 효과적으로 의사소통하는 능력을 기르고, 나아가 바람직한 의사소통 태도를 함양하는 데 목적이 있다. 이런 측면에서 〈표 II-5〉처럼 신문, 웹툰, 유튜브, 영화 같은 매체(미디어)를 기반으로 분야별 글쓰기를 할 수 있도록 전이할 수 있다.

<표 II-5> 매체 기반의 분야별 글쓰기

매체	분야	글쓰기
신문	인문·예술	경험 중심 글쓰기
웹툰	사회·문화	주장하는 글쓰기
유튜브	과학·기술	설명하는 글쓰기
영화	정치·경제	요약하는 글쓰기

이처럼 전이 활동을 할수록 새로운 지식의 습득과 사고의 확장이 이뤄진다. 이런 의미에서 전이는 학습의 발전적 진화를 이끌고, 새로운 영역의 문제를 해결할 때 요구되는 사고 과정이라고 할 수 있다.

3

교과 간 내용의
연계성을 고려한 학습

(1) 두 개 교과의 성취기준을 기반으로 전이 역량 키우기

두 개 교과의 성취기준을 분석하여 전이 역량을 키울 수 있다. 학생들은 국어, 과학, 한문, 도덕, 수학, 사회, 기술·가정, 정보, 체육, 음악, 미술, 영어 교과와 함께 다양한 선택 과목을 배우기 때문에 시도할 수 있다.

국어과와 사회과의 성취기준을 기반으로 교과 융합 수업을 위한 전이 활동의 전개 과정을 알아보자. 〈자료 II-5〉는 중학교 국어 '문학' 영역의 성취기준 일부이다.

〈자료 II-5〉 중학교 국어 '문학' 영역 성취기준 일부

[9국05-05] 작품에 반영된 사회·문화적 상황을 이해하며 감상한다.

성취기준 [9국05-05]는 작품 감상 과정에서 사회·문화적 배경 이해의 중요성을 강조하기 위해 설정한 것이다. 작품 감상에서는 작품의 창

작 시기와 장소, 작가의 사회문화적 배경 등을 파악하여 작품에 어떤 영향을 끼쳤는지 이해해야 한다. 역사적 배경을 탐색하여 사회적 변화나 정치적 사건의 영향도 파악해야 한다. 작품에 등장하는 인물의 사회적 지위와 가치관은 작품의 사회적 맥락과 함께 살펴봐야 한다. 나아가 작품이 다루는 사회적 이슈를 파악하여 그것이 사회 변동에 어떤 영향을 미쳤는지까지 고려하여, 다양한 시각으로 작품을 분석하고 그 특성을 이해할 필요가 있다.

이렇듯 문학작품을 읽을 때는 그 속에 담긴 사회·문화적 배경과 상황을 다각적으로 이해해야 깊이 있는 감상이 가능하다.

중학교 국어 문학 영역에서 말하는 '작품에 반영된 사회·문화적 상황을 이해하며 감상하기'는 중학교 일반사회 영역의 〈자료 II-6〉의 성취기준과 연결하면 깊이 있는 감상을 하는 데 도움이 된다.

<자료 II-6> 중학교 사회 '일반사회' 영역 성취기준 일부

> [9사(일사)12-01] 오늘날 우리 사회가 겪는 사회 변동에 대해 조사하고, 이러한 사회 변동이 우리 생활에 미치는 영향을 분석한다.

성취기준 [9사(일사)12-01]은 최근 중요한 사회 변동 양상인 세계화, 다문화적 변화, 지식정보·서비스 사회로의 변화, 저출산·고령화, 과학기술 발전으로 인한 사회 변화 등을 사례를 통해 살펴보고, 이러한 변화가 우리 생활에 미치는 영향을 구체적 사례를 수집하여 분석할 수 있는 역량을 키우기 위해 설정하였다.

사회과의 '사회 변동이 우리 생활에 미치는 영향'에 대한 이해가 있으면, 국어과의 '작품 감상을 할 때 사회·문화적 상황'에 대한 이해의 정도가 깊어질 것이다. 이렇게 두 개 이상 교과 사이의 전이를 통해 작품에 대한 깊이 있는 감상을 할 수 있다.

두 교과 사이의 전이 활동은 '교과 융합 수업'을 통해 구체화 시킬 수 있다. 예컨대 국어과에서 인구 문제를 다룬 소설을 읽고, 사회과에서 저출산·고령화를 중심으로 인구 문제를 다룬 미디어 자료를 읽은 뒤에 '인구 문제를 다룬 소설을 읽고 그에 관련된 사회문제를 분석하여 감상평 작성하기'를 할 수 있다. 이에 관련된 교과 융합 수업은 〈자료 II-7〉처럼 설계하여 진행할 수 있다.

〈자료 II-7〉 교과 융합 수업 설계 개요

교과	국어과	사회과
성취기준	[9국05-05] 작품에 반영된 사회·문화적 상황을 이해하며 작품을 감상한다.	[9사(일사)12-01] 오늘날 우리 사회가 겪는 사회 변동에 대해 조사하고, 이러한 사회 변동이 우리 생활에 미치는 영향을 분석한다.
읽기 텍스트	이진의 장편소설 '카페, 공장'	사회문제 차원에서 인구 문제를 다룬 미디어 자료
주요 활동	해마다 인구가 줄고 있는 지방 소도시를 배경으로 우연히 버려진 공장에서 카페를 운영하게 된 네 소녀가 우정을 나누고, 서로를 이해하며, 이상과 한계를 오가면서 좌충우돌하는 과정을 씩씩하게 그려 낸 소설인 '카페, 공장' 읽기 활동	인구 문제를 다룬 미디어 텍스트를 몇 가지 찾아 읽고 주요 내용을 요약하는 활동
교과 융합 수업 주제	인구 문제를 다룬 소설을 읽고, 그에 관련된 사회문제를 분석하여 감상평 작성하기	

〈자료 II-7〉에 따라 국어와 사회 간의 교과 융합 수업 때는 〈활동지 II-1〉을 활용하면 된다.

    2022 개정 교육과정과 학생 주도성을 키우는 수업 평가

<활동지 II-1> 교과 융합 수업 활동지

국어·사회 교과 융합 수업 활동지		
학번 ( ) 이름 ( )		
읽기 자료	국어	이진의 장편소설 '카페, 공장'
	사회	사회문제 차원에서 인구 문제를 다룬 미디어 텍스트
• 수행과제: 인구 문제를 다룬 소설을 읽고, 그에 관련된 사회문제를 분석하여 감상평 작성하기		
소설 '카페, 공장'의 주요 내용		
'인구 문제를 다룬 미디어 텍스트'의 주요 내용		
감상평 작성하기		
자기평가	평점	☆☆☆☆☆☆☆☆☆☆
	이유	

〈활동지 II–1〉을 바탕으로 전이에 기초한 교과 융합 수업 때는 감상평 작성에 필요한 텍스트인 소설과 미디어 자료는 학생들이 사전에 읽도록 하는 게 합리적이다. 읽기 활동은 수업 시간에 이뤄질 수도 있고, 방과 후에 개별적으로 실시할 수도 있다.

인구 문제를 다룬 소설을 읽고, 그에 관련된 인구 문제 관련 미디어 텍스트를 분석하여 감상평을 작성할 때는 우선 소설과 미디어 텍스트에 대한 충분한 이해를 바탕으로 융합적 사고력을 발휘하여 작성해야 한다. 다음으로 읽는 사람이 이해하기 쉽도록 작성하게 해야 한다.

'자기평가'는 학생이 스스로 소설과 미디어 텍스트 읽기와 주요 내용 요약 정도 및 감상평에 대하여 총체적으로 평가하여 별점을 매기고 그 이유를 정리하면 된다.

성취기준을 기반으로 전이 역량을 키우는 수업은 혼자 진행할 수도 있고, 블록 타임을 설정하여 두 교과의 교사가 함께 팀티칭을 할 수도 있다.

(2) 교과 간 내용 연계성을 고려한 전이 역량 키우기

교과 간 내용 연계성을 고려하여 전이 역량을 키울 수 있다. 〈자료 II–8〉처럼 경제 과목의 '로렌츠 곡선'과 윤리 과목의 '대동사회'를 연결하면서 전이 역량을 키울 수 있다. 예를 들어 '제시문 (A)의 대동사회가 꿈꾸는 세상을 제시문 (B)의 로렌츠 곡선에 적용해 설명하고, 자신이 꿈꾸는 평등한 사회에 관한 글쓰기' 활동을 통해 구체화할 수 있다.

(A) 공자가 꿈꾸는 이상사회인 대동사회는 다음과 같다.

> 사람이 천지 만물과 서로 융합하여 한 덩어리가 된다는 말로서, 중국의 유가들이 추구한 이상사회이다. 큰 도가 행해지고 어진 사람과 능력 있는 자가 버려지지 않으며, 가족주의에 얽매이지 않고 노인은 자기의 생을 편히 마치며, 젊은이는 모두 일할 수 있고 노약자, 병자, 불쌍한 자들이 부양되며, 길에 재물이 떨어져도 줍지 않는 세상이 바로 대동사회(大同社會)이다.

대동사회는 마치 지금의 복지국가 체제와 유사하다. 성선설에 입각한 공자와 맹자의 사상은 오늘날 복지국가의 사상적 토대가 된다. 논어에 나온 공자의 말씀도 복지국가의 목표와 닮았다.

> 나라나 가정을 다스리는 자는 부족함을 걱정할 것이 아니라, 고르지 못함을 걱정해야 한다.

여기서 부족함을 걱정한다는 말은 국내총생산(GDP)의 규모가 어떠한지에 대해 고민한다는 말이다. 우리나라는 국내총생산을 기준으로 보면 세계에서 열 손가락에 오르내리는 경제 부국이다. 하지만 공자는 이런 수치만 중요하게 여기지 않았다. 국내총생산이 부족하더라도 국민 전체가 골고루 나눠 먹는 것이 좋다고 생각한다. 공자는 효율성을 강조하는 자본주의 체제보다는 형평성을 강조하는 복지국가 체제를 지향한다.

(B) 로렌츠 곡선

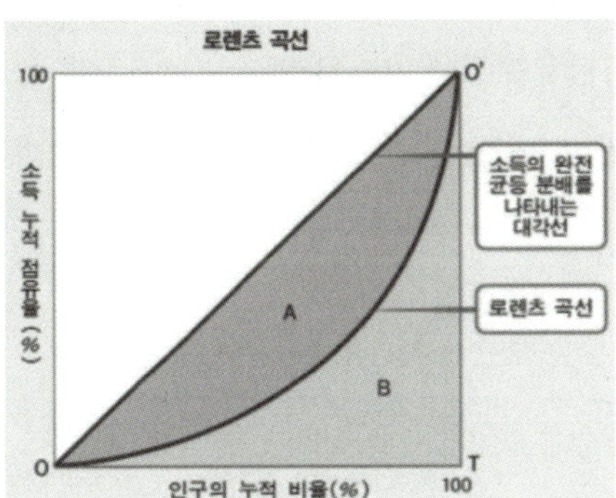

로렌츠 곡선은 인구의 누적 비율을 가로축에, 소득 누적 점유율을 세로축에 놓고 이들의 관계를 그린 곡선을 말한다.

모두의 소득이 같다면 인구가 누적되어도 누적 소득액이 일정할 것이므로 그래프는 대각선(45° 직선)이 된다. 반면 소득이 불평등하다면 그래프 기울기가 완만하다가 뒤로 갈수록 가파른 모양의 곡선이 된다. 다시 말해, 로렌츠 곡선이 대각선(직선)에 가까워질수록 소득의 분배 상태가 평등하고 곡선의 깊이가 깊을수록 불평등 정도가 높다고 볼 수 있다.

공자가 바라는 대동사회는 로렌츠 곡선의 대각선(O-O′, 45° 직선)에 해당한다고 볼 수 있다. 만약 로렌츠 곡선의 대각선과 같은 사회가 되면 '노인은 자기의 생을 편히 마치며, 젊은이는 모두 일할 수 있고 노약자, 병자, 불쌍한 자들이 부양되며, 길에 재물이 떨어져도 줍지 않는 세상'이 될 것이다. 물론 대동사회와 로렌츠 곡선의 대각선은 이상사회에 불과하지만, 현대의 복지사회의 지향점과 맞닿아 있다. 이렇게 경제 과목의 주요 내용과 윤리 과목의 주요 내용을 연계하면서 전이 역량을 키울 수 있다.

교과 간 내용 연계성을 고려하여 전이 역량을 키울 수 때는 하나의 대주제를 정하고, 그 아래에 소주제 또는 주요 개념을 배치하는 형식으로 구성하면 된다. 〈자료 II-8〉경우에 대주제는 '내가 꿈꾸는 평등사회'가 되고, 소주제 또는 주요 개념은 '대동사회'와 '로렌츠 곡선'이 된다.

여러 교과 사이의 주요 내용을 연결하여 전이 역량을 키울 때는 여러 가지 결과물을 창출할 수 있다. 예를 들어 '내가 꿈꾸는 평등사회'에 관한 글쓰기를 할 수도 있지만, 내가 꿈꾸는 평등사회를 구체적으로 묘사하는 그림을 그릴 수도 있다. AI·디지털 교육 차원에서 평등사회에 관한 자기 생각을 반영하여 AI 기반의 그림 그리기를 할 수도 있다.

4

삶과 연계한
의미 있는 학습

(1) 삶과 연계한 의미 있는 학습의 이해

학교에서 교과 학습 내용이 학생에게 친숙한 일상생활의 맥락과 연계되어 있다는 것을 학생들이 이해할 때 '삶과 연계한 의미 있는 학습' 경험이 될 수 있고, 더 나아가 학습에 몰입하는 경험을 해볼 수 있다.

2022 개정 교육과정의 총론에 따르면, '삶과 연계한 의미 있는 학습'은 학생이 학습한 내용을 실제 맥락에 적용하고 활용할 수 있게 한다는 점에서 유의미하다는 것을 강조하고 있다. 교과 학습 내용을 실생활 문제에 적용해 보는 학습 활동을 통해 학생은 새로운 지식과 기능을 획득할 수 있을 뿐 아니라 배운 내용을 적용하고 문제를 창의적으로 해결하는 기회를 얻게 된다. 따라서 교사는 교과 지식에 대한 학생들의 이해가 교과 수준에서 머무르지 않고 실제 세계의 다양한 맥락으로 확대하고 적용할 수 있도록 전이 역량을 발휘할 기회를 제공해야 한다.

삶과 연계한 의미 있는 학습은 두 가지 방향으로 실천할 수 있다.

첫째, 교과에서 학습한 내용을 일상생활에 적용하는 활동을 할 수 있다. 예를 들어 수학 수업 때 학습한 내용을 바탕으로 일상적인 금융 생활에 적용하여 예산 작성, 이자 계산, 투자 분석 등을 할 수 있다. 이를 통해 학생들이 미래에 자신의 재정을 관리하고 경제적으로 독립적으로 살아갈 수 있는 능력을 키우는 데 도움이 된다. 이뿐만이 아니라 국어 수업 때 익힌 비판적 읽기 능력을 발휘하여 신문 기사, 광고, 유튜브 등을 분석하고 평가함으로써 미디어에 대한 비판적 사고 능력을 기를 수 있다. 이를 통해 삶과 연계된 커뮤니케이션에 필요한 기술과 전략을 학습할 수 있다. 이런 활동들은 교과 학습을 일상생활에 연계하는 단순한 대응 방식이기 때문에 사고의 폭을 넓히는 데 한계가 있다. 하지만 교과 수업을 통한 배움이 삶과 연계된다는 점을 익힐 수 있다는 점에서 의미 있다.

둘째, 세상을 바라보는 안목을 키우는 활동을 할 수 있다. 이를 위해 교과에서 학습한 내용을 여러 측면에 적용하고 확대하여 사고의 폭을 확장하고, 개인의 지적 삶을 풍성하게 할 수 있다. 예를 들어 교과 수업 때 학습한 내용을 독서 활동, 미디어 리터러시 교육 등에 적용하여 자신의 앎을 확장할 수 있고, 이를 통해 세상을 바라보는 안목을 키울 수 있다.

(2) 삶과 연계한 의미 있는 학습 활동

〈자료 II-9〉는 중학교 도덕과의 '자연과의 관계' 단원의 성취기준이다.

<자료 II-9> 중학교 도덕과 '자연과의 관계' 단원의 성취기준

[9도04-01] 인간 이외의 생명체를 도덕적으로 고려해야 하는 이유를 정당화하고, 생명을 가진 존재들이 겪는 고통에 공감하며 생명을 소중히 여기는 태도를 기른다.

이를 바탕으로 삶과 연계한 의미 있는 학습을 통해 세상을 바라보는 안목을 키우는 활동을 실천하는 과정을 알아보자.

성취기준 [9도04-01]의 취지는 학생들이 가정에서 동물을 돌보거나 식물을 가꾸어 본 경험을 바탕으로 인간 이외의 생명체를 그 자체로 존중해야 하는 도덕적 이유를 추론해보고, 인간 이외의 생명체들이 겪는 고통과 위험에 민감하게 반응하며 생명을 소중히 여기는 태도를 기르는 것이다.

이런 측면을 고려하여 〈표 II-6〉은 '인간의 정신세계 탐구'를 주제로 정한 뒤에 책, 신문, 방송 등의 텍스트를 서로 연계하면서 세상을 바라보는 안목을 키우고, 전이 역량을 강화하기 위해 설계한 것이다.

<표 II-6> '인간의 정신세계 탐구'를 위한 다양한 텍스트

텍스트	텍스트 제목(지은이)	출처
단행본	'생명이 있는 것은 다 아름답다(최재천)' 속의 '기생충이 세상을 지배한다'	효형출판
신문	식물이라 얕보지 마라, 사람보다 먼저 근친교배 폐해 알았으니(권오길)	조선일보
방송	'의로운 소' 장례식(안동 MBC PLUS, 생방송 전국시대 의로운 소 누렁이 세상을 떠나다)	MBC
단행본	욕망하는 식물(마이클 폴란)	황소자리

〈표 II-6〉을 기반으로 전이 역량을 키우면서 인간의 정신세계를 탐색할 때 요구되는 연결고리를 정리하면 〈표 II-7〉과 같다.

텍스트	텍스트 제목(지은이)	연결고리
단행본	'생명이 있는 것은 다 아름답다(최재천)' 속의 '기생충이 세상을 지배한다'	기생충의 정신세계
신문	식물이라 얕보지 마라, 사람보다 먼저 근친교배 폐해 알았으니(권오길)	식물의 정신세계
방송	'의로운 소' 장례식(안동 MBC PLUS)	동물의 정신세계
단행본	욕망하는 식물(마이클 폴란)	인간의 정신세계 (나의 정신세계)

〈표 II-7〉은 기생충, 식물, 동물 등의 세계를 탐구하는 활동을 통해 사유 역량을 키운 뒤에 최종적으로 인간의 정신세계를 알아보는 과정을 정리한 것이다. 이때 사물을 느끼고 생각하며 판단하는 능력은 인간만이 가지는 고유의 세계라는 생각에 집착하기보다 인간의 행동 양식과 유사한 현상이 동식물의 세계에서도 나타날 수 있다는 열린 생각을 해야 한다. 전이를 통한 창의융합 마인드를 함양하려면 유연하게 현상을 바라보고 이를 통해 사유하는 힘을 키우는 것이 중요하다.

다양한 텍스트를 기반으로 전이 역량을 키우기 위해 기생충의 정신세계, 식물의 정신세계, 동물의 정신세계를 탐색한 뒤에 최종적으로 인간의 정신세계를 탐구할 필요가 있다 이 과정을 정리하면 '활동 ①, ②, ③, ④'와 같다.

기생충이 세상을 지배한다

달팽이는 건조한 곳에 오래 있지 못한다. 몸속의 수분이 지나치게 많이 증발하기 때문이다. 그런데 **바다 달팽이** 중 어떤 종은 일단 기생충에 감염되면 매일같이 자꾸 바위 위로 기어오른다. 쉽사리 갈매기들의 먹잇감이 될 것은 너무나 자명한 일이다. 이 무슨 어처구니없는 자살 행위란 말인가. 궁극적으로 갈매기의 몸속에 들어가야 번식을 마칠 수 있는 기생충이 달팽이를 이용한 것이다.

비슷한 식으로 기생충에게 당하는 **개미**도 있다. 평소에는 풀숲 사이로 기어 다니던 개미가 기생충의 공격을 받으면 자꾸만 풀잎 끝으로 기어오른다. 그리곤 풀을 뜯는 양이나 소의 장으로 빨려 들어간다. 역시 초식동물의 장 속에 들어가는 것이 목표인 기생충의 농간에 놀아난 것이다. 멀쩡하게 물속에서 잘 살던 **물고기**도 기생충에 감염되면 자꾸 수면 가까이 올라가 그만 왜가리 뱃속으로 끌려 들어가기도 한다.

달팽이-기생충 감염 전

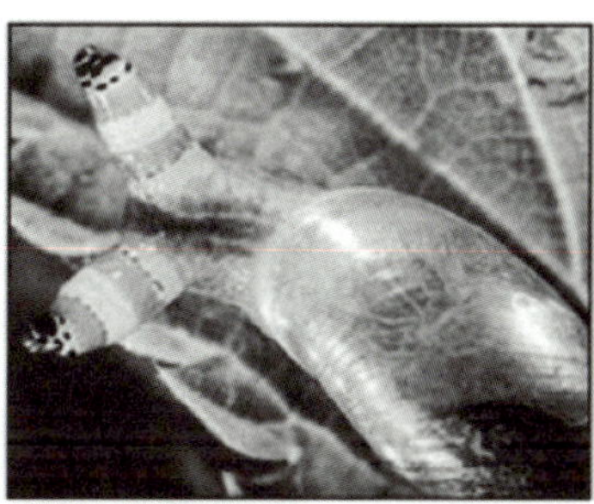

달팽이-기생충 감염 후

우리 유전자들의 정체가 속속 밝혀지면 그 중 상당수가 그 옛날 우리 조상들의 몸속에 들어왔다 그냥 눌러앉은 바이러스들의 유전자들일 것이라는 추측이 나오고 있다. 우리가 모르는 가운데 얼마나 많은 기생생물이 우리 몸속에 들어와 우리로 하여금 하고 싶지 않은 크고 작은 일들을 하도록 조정하고 있을까 생각하면 적이 섬뜩하다._최재천, 『생명이 있는 것은 다 아름답다』, 효형출판

기생충이 하는 짓이 마치 다른 사람을 자기 마음대로 다루거나 부리는 인간의 행위와 유사하므로 기생충도 정신세계가 있다는 발상으로 기생충의 정신세계를 정리해 보자.

구분	기생충에 감염되었을 때 나타나는 현상
바다 달팽이	
개미	
물고기	
인간(우리)	

<활동 ②> 제시된 글을 사진을 읽고 '식물의 정신세계' 정리하기

식물이라 얕보지 마라, 사람보다 먼저 근친교배 폐해 알았으니

꽃에는 제 꽃송이에 암술과 수술이 다 있는 양성화(兩性花, 암수갖춘꽃)와 암꽃과 수꽃이 따로 피는 단성화(單性花, 안갖춘꽃)가 있다.

단성화는 호박·오이·수박처럼 한 포기에 암수 꽃이 따로 열리는 자웅동주(雌雄同株, 암수한그루)와 은행나무같이 숫제 암수 나무가 별도인 자웅이주(雌雄異株, 암수딴그루)가 있다. 그리하여 "은행나무도 마주 서야(봐야) 연다"고 하는 것. 이렇게 암수딴그루인 목본(나무)에는 은행 말고도 비자나무·주목·버드나무·뽕나무·초피나무·다래 등등이, 초본(풀)엔 드물지만 환삼덩굴·수영·시금치가 있다.

▲ 암·수술의 길이가 다른 메밀꽃. 식물의 암·수술은 자가수분을 피하려고 수술의 길이나 성숙 시기가 다르다.

··· (중략) ··· 게다가 꽃은 벌레를 꾀어 끌려고 곱디고운 색옷을 입었고, 짙은 향기를 풍기니 그것은 다름 아닌 '호르몬'이요 '페로몬'이렷다. 세상에 공짜 없으니, 곤충은 꿀물을 빤 대신 암술머리에 꽃가루를 묻혀주니 서로 주고받기다. 그런데 꽃냄새도 힘들여 만들었기에 함부로 아무 때나 발산하지 않는다.

봉접(蜂蝶)에게 수분(受粉·꽃가루받이)을 맡기는 꽃은 한낮에, 밤벌레 나방이에게 신세 지는 꽃은 야밤에 향내를 날린다. 그리고 풋나무는 가만히 있다가도 사람이 툭 치거나 만질라 치면 풀냄새를 벌컥 내뱉는다. 소위 제라늄이나 허브 따위가 심한데, 이는 천적(원수)이 자기를 해치러 온 줄 알고 쫓아버리려고 내뿜는 '독가스'다.

그나저나 식물이라고 얕봤다는 큰코다친다. 암술과 수술이 길이 차이를 내거나 성숙 시기를 달리하므로 제 꽃의 꽃술끼리 수분(자화수분)을 피하며, 수분이 일어났다 쳐도 아예 수정(受精·정받이)하지 않는다. 그뿐만이 아니다. 같은 꽃에서는 물론이고 같은 그루의 어떤 다른 꽃과도 정받이하지 않으니 이를 자가불화합성(自家不和合性)이라 한다.

세상에, 놀랍고 무섭다. 식물이 뭘 알고선. 그래서 "과일나무를 심어도 여럿 심어라"고 했던 모양이다. 그러나 예외가 더러 있어서, 꽃가루를 적게 만들면서 꽃냄새도 내지 않는 벼·보리·밀·완두·목화·상추는 자가수분(自家受粉·제꽃가루받이)한다. ···하략··· 〈조선일보, 2023.7.6〉

'식물의 암·수술은 자가수분을 피하려고 수술의 길이나 성숙 시기가 다르다' 는 내용을 통해 마치 식물로 정신세계가 있는 것으로 착각할 정도이다. 이런 맥락에서 식물의 정신세계를 정리해 보자.

<식물의 정신세계 정리하기>

영상: https://www.youtube.com/watch?v=21RJGltkUAU

영상의 주요 내용

 세간에 화제를 불러온 경북 상주시 '의로운 소' 누렁이가 숨진 뒤 생전 자신을 남달리 사랑했던 할머니 곁으로 돌아갔다. 순수 한우 혈통인 누렁이는 상주시 사벌면 묵상리 임○선(여·73)씨 외양간에서 일생을 마쳤다. 자연사한 소의 나이는 20세인데 사람으로 치면 60대이다.

 상주시는 '의로운 소 장의추진위원회'를 구성, 주민 등 100여 명이 참석한 가운데 마치 사람이 죽은 것처럼 장례의식을 치렀다. 염, 입관, 발인제를 거쳐 차량으로 만든 꽃상여와 달구지로 장지인 사벌면 삼덕리의 상주박물관 인근 시유지로 운구, 하관과 봉분제 등을 거쳐 안장됐다. 무덤은 의우총(義牛塚)으로 명명됐다.

 소의 무덤은 후세에 귀감이 되도록 유적화하고 소의 일생에 대한 기록을 향토 민속사료로 남기는 한편 소가 살았던 곳을 현장교육장으로 꾸미기로 했다. '의로운 소' 누렁이는 예전에 자신을 남달리 사랑해 주던 이웃집 김○배(당시 85세) 할머니가 사망하자 우사를 뛰쳐나와 2km 이상 떨어진 산소를 찾아 눈물을 흘린 뒤 빈소까지 들렀다고 해서 화제가 됐다.[8]

 소의 의로운 행동이 마치 슬픔을 함께 나누는 인간의 행동과 유사하다는 영상을 보면 동물도 정신세계가 있는 것 같다. 영상을 토대로 동물의 정신세계에 관한 자기 생각을 간략하게 정리해 보자.

---

[8]　https://www.seoul.co.kr/news/society/2007/01/13/20070113019021. 서울신문(2007.1.13.)

'욕망하는 식물'은 식물의 시선에서 인간 사회를 조명한다는 독특한 시각의 책이다. 이 책은 사과와 튤립, 대마초와 감자 네 식물의 시선으로 사람과 식물의 관계와 진화의 역사를 그려낸다. 글쓴이의 생생한 체험을 자연과 신화, 철학, 문학과 같은 다양한 장르를 통해 식물과 인간의 욕망이 얼마나 깊숙하고 복잡하고 뒤엉켜 있는지를 보여준다.

<활동 ④> '욕망하는 식물'의 욕망 구조를 토대로 나의 정신세계 정리하기

구분	식물	욕망 구조
달콤함의 욕망	사과	이브가 맛본 금단의 사과, 트로이 전쟁을 일으킨 파리스의 사과, 백설 공주의 사과 등 역사와 문학 속에서 사과는 유난히 욕망을 자극하는 열매로 그려진다.
아름다움의 욕망	튤립	17세기 네덜란드에 광풍을 불러일으켰던 튤립은 아름다움에 대한 인간의 욕망을 노골적으로 드러낸다.
도취의 욕망	대마초	그저 평범한 옷감 재료로 쓰였던 대마초는 도취에 대한 인간의 욕망을 자극하고 충족시킨 끝에 오늘날 전 세계에서 가장 비싼 식물이 되었다.
지배의 욕망	감자	감자는 식물과 인간이 서로에 대한 지배욕을 과시한 결과가 얼마나 파괴적인지를 보여주는 선명한 사례다. 17세기 아일랜드는 감자의 왕국이었다.

식물	욕망	자기진단
사과	달콤한 욕망	☆☆☆☆☆☆☆☆☆☆
튤립	아름다움의 욕망	☆☆☆☆☆☆☆☆☆☆
대마초	도취의 욕망	☆☆☆☆☆☆☆☆☆☆
감자	지배의 욕망	☆☆☆☆☆☆☆☆☆☆

　　네 가지 '욕망하는 식물'의 기준으로 나의 요망 구조를 별점으로 진단한 뒤에 나의 정신세계를 정리하여 발표해보자.

　　〈활동 ④〉 '나의 정신세계 정리하기'는 사과, 튤립, 대마초, 감자가 상징하는 욕망의 구조를 이해하고, 자신과 유사한 구조를 선택하여 별점을 매긴 뒤에 이를 바탕으로 자신의 정신세계를 정리하면 된다. 이때 사과, 튤립, 대마초, 감자 중에서 하나만 선택하여 별점을 매기는 게 아니라 각각의 욕망 구조에 어느 정도 부합하는지를 판단하여 여러 구조에 별점을 매기면 된다. 이를 바탕으로 자신의 정신의 세계를 구체적으로 진술하면 된다. 학생들이 동의하는 경우 자신의 정신세계를 소개하는 시간을 마련해 상대방을 좀 더 이해하고, 소통하는 시간을 가질 수 있다.

5

탐구 방법의 학습
및 학습에 대한 성찰

2022 개정 교육과정의 총론에 따르면, 학생에게 학습 과정과 학습 전략을 점검하며 개선하는 기회를 제공해야 한다는 것은 학생이 학습 전반에 걸쳐 자신의 학습 과정과 사고 과정을 성찰할 수 있도록 해야 한다는 것을 의미한다. 메타인지 혹은 성찰은 학생의 역량 계발에 핵심적인 역할을 한다. 메타인지는 학습에서 교과와 관련된 문제 해결뿐 아니라 일상생활에서 맞닥뜨리는 여러 문제 해결 상황에서 적용되는 사고 과정으로 '사고에 대한 사고' 혹은 '학습에 대한 학습'으로 표현된다. 이것은 학생이 학습 과정을 점검 및 개선하는 경험은 학생들의 주도성을 함양하는 데 필수 과정이라 할 수 있다.

이런 측면을 고려하여 탐구 방법의 학습과 학습에 대한 성찰의 의미를 구체적으로 이해하고 실천해야 한다.

첫째, 탐구 방법의 학습이 필요하다. 2022 개정 교육과정의 내용 요소 중의 하나인 과정·기능을 보면 〈자료 II-10〉처럼 탐구를 전제한 진술이 대부분이기 때문이다. 과정·기능에서 요구하는 다양한 활동을 제대로 수행하려면, '좁은 의미의 탐구'와 '넓은 의미의 탐구'의 의미를 이해하고 이를 바탕으로 적극적으로 탐구해야 한다.

<자료 II-10> 탐구를 전제한 과정·기능의 일부

교과(목)	과정·기능
중학교 도덕과	• 인간과 자연의 관계에 대한 여러 입장을 비교·평가하고, 환경 위기에 대한 윤리적 책임 도출하기
고등학교 국어과 '공통국어 2'	• 청자의 관심과 요구 분석하기 • 쟁점과 이해관계 파악하기 • 대안 탐색을 통해 문제 해결하기
중학교 과학과	• 생명 현상 관찰을 토대로 문제를 인식하고 가설 설정하기 • 관찰, 측정, 분류, 예상, 추리 등을 통해 자료를 수집하고 비교· 분석하기 • 적절한 변인을 포함하여 탐구 설계하기 • 모형을 만들어 생명 현상을 설명하거나 예측하기
고등학교 사회과 '통합사회 1'	• 주제와 관련된 다양한 가치를 통합적 관점에서 이해하고 가치 간의 관계 탐구하기 • 갈등 상황에서 가치를 선택하고 그 결과를 예측 및 평가하기 • 탐구 대상에 대한 현장조사 수행하기 • 탐구주제에 적합한 자료를 수집 및 분석하기

'좁은 의미의 탐구'는 과학적 탐구, 과학 지식과 과학기술을 응용한 문제의 해결, 과학적 문제에 관한 신념과 그에 따른 의사 결정, 과학에 관한 가치와 명료화와 판단 등을 뜻한다.

'넓은 의미의 탐구'는 '지식과 진리 및 그와 관련이 있는 여러 정보를 이해하는 일반적 사고방식'을 의미한다.[9] 〈자료 II-10〉의 도출하기, 분

9 　탐구 중심 환경교육의 개념과 의미. 이두곤. 한국환경교육학회(환경교육 제19권 제1호). 2006

석하기, 파악하기, 문제 해결하기, 가설 설정하기, 탐구 설계하기, 비교·분석하기, 예측하기, 평가하기, 수행하기 등은 넓은 의미의 탐구에 포함한다.

한편 학생들의 주도성을 키우려면 〈자료 II−11〉처럼 탐구주제를 학생 스스로 설정하여 탐구 방법에 따라 절차적으로 해결하는 방법도 알아야 한다.

〈자료 II−11〉 탐구 방법의 절차와 내용

절차	내용
탐구주제 선정	탐구를 위해서는 우선 자신의 관심사나 궁금증을 바탕으로 탐구주제나 탐구 문제를 선정해야 한다.
자료 수집	논문, AI·디지털 등을 활용하여 탐구주제에 관련된 자료를 수집해야 한다. 이 과정에서 수집한 자료의 적절성을 평가해야 한다.
자료 분석과 해석	수집한 자료를 분석하고 해석하는 과정은 탐구 방법의 핵심이다. 수집한 자료를 분석하여 패턴이나 관련성을 파악하고, 탐구주제와 연결해야 한다.
실험과 조사	탐구주제에 관한 실험 또는 조사를 통해 실제 데이터를 수집하고 확인해야 한다. 실험 설계와 데이터 수집을 통해 새로운 발견을 하거나 이론을 검증할 수 있다.
결과 도출과 표현	탐구주제에 관한 연구 결과를 논문, 보고서 등의 형태로 정리해야 한다. 이를 통해 탐구 결과를 효과적으로 전달하고, 타인의 의견을 듣고 타당한 경우에는 이를 반영하여 수정해야 한다.

둘째, 학습에 대한 성찰이 필요하다. 학습에 대한 성찰은 학생들이 학습 과정을 돌아보고 평가하여 개인적 발전과 성장을 이루고, 자신에게 가장 효율적인 학습 방법을 발견하며, 지식을 실제 상황에 응용하고 확장하는 데 도움이 되는 중요한 과정이다. 이를 통해 학생들은 성취감과 동기부여를 얻을 뿐만 아니라, 자신의 학습 과정을 깊이 이해하고 나은

방향으로 개선할 수 있다.

학습에 대한 성찰은 수업 시간마다 실천할 수 있고, 단원을 마무리할 때도 할 수 있다. 나아가 학기 단위 혹은 학년 단위로 목적의식, 자기조절, 성찰적 태도, 책임감, 협력 정도, 존중하는 자세 등과 같은 학생 주도성의 주요 요소를 중심으로 성찰할 수도 있다. 〈활동지II-2〉는 정의적 영역의 성찰을 위해 '책임감' 영역에서 1학기 시작 무렵과 끝날 무렵을 비교하여 별점으로 평가하고, 가장 변화한 부분과 새롭게 중요성을 느낀 부분을 정리하면서 자신의 성장을 성찰하기 위해 구성한 것이다.

이러한 학습에 대한 성찰을 통해 학생들은 자신의 학습을 더욱 효과적으로 관리하고, 지식을 깊이 이해하고 응용할 수 있는 능력을 키울 수 있다.

나의 성장 확인표

학번 (   )   이름 (   )

다음은 '책임감'에 관한 설명이 있는 확인표입니다. 각각의 항목에 대해 생각한 뒤에 표시해 봅시다.

나의 성장 확인표 사용 방법

1. 1학기 초에 수행과제를 처음 수행할 때의 상태를 토대로 1차 체크를 합니다. 항목을 잘 읽어보고 자신의 마음 상태에 해당하는 정도를 별표 점수로 표현합니다.
2. 1학기 수행과제를 모두 끝낸 뒤의 경험이나 상태를 바탕으로 2차 체크를 합니다. 항목을 잘 읽어보고 자신의 마음 상태를 다시 한번 별표 점수로 표현합니다.
3. 그동안 어떤 태도로 참여했는지, 1차와 2차 때 바뀐 부분 등을 생각하여 '나의 성찰'을 써 봅니다.

항목 \ 척도	내용	1차 확인	2차 확인
책임감	수행과제를 단순하게 처리하지 않고 완성도를 높이려고 다양한 방법을 동원하여 처리하였다.	☆ ☆ ☆ ☆ ☆	☆ ☆ ☆ ☆ ☆
	2명 혹은 4명이 함께 수행과제를 처리할 때 자신이 맡은 역할을 확인하고, 맡은 부분을 성실하게 처리하였다.	☆ ☆ ☆ ☆ ☆	☆ ☆ ☆ ☆ ☆

[나의 성찰]

가장 크게 변화한 부분	
새롭게 중요성을 느낀 부분	

---

10   수업시간에 정의적 영역 평가 실천하기. 권영부 외. 서울특별시교육청. 2021 (내용 재정리).

6

기초소양 학습

(1) 기초소양의 이해

2022 개정 교육과정에 처음 도입된 개념인 기초소양은 교과 학습을 포함한 모든 유형의 학습이 이루어지기 위해 반드시 갖추어야 할 조건이다.

2022 개정 교육과정의 총론에 따르면, 언어·수리·디지털 기초소양은 교과 학습을 위해 반드시 갖춰야 하는 기초적인 지식과 소양의 중요성을 강조하기 위한 개념이다. 기초소양은 자기주도 학습과 평생학습을 위한 기초가 되며, 학습 격차를 완화하고 모든 학생이 일정한 성취수준에 도달하도록 하는 책임교육 실현을 위해 반드시 길러주어야 할 핵심 과제이다.

기초소양은 모든 교과 학습의 기초가 되며, 또한 각각의 기초소양은 모든 교과 학습을 통해 함양되어야 한다. 예를 들어, 수학 교과 학습 때 지문으로 제시된 문항을 읽고 정확하게 이해하기 위해서는 언어 소양이 필요하다. 사회과나 과학과 학습에서 그래프 등에 제시된 수치를 읽고 이해하기 위해서는 수리 소양이 요구된다. 아울러 수학, 사회, 과학 교과에서 다양한 개념과 용어를 학습하는 것은 언어 소양을 길러주는 학습 경험이 된다. 여러 교과에서 다루는 데이터나 통계를 분석 활동은 수리 소양을 함양하는 과정이다. 수행과정에 필요한 정보를 AI·디지털을 통해 수집하여 분석하고 평가하어 활용하는 것은 디지털 소양을 키우는 학습 경험이 된다. 디지털 시민 교육이나 정보 윤리교육을 할 때도 디지털 소양이 필요하다.

2022 개정 교육과정은 초·중·고등학교 전 과정에서 교과 학습과 실생활 문제를 다루는 과정에서 언어, 수리, 디지털 기초소양에 대한 지식과

<표 II-8> 기초소양과 개념[11]

기초소양	개념
언어 소양	다양한 문화적·사회적 맥락에서 언어를 적절하게 사용하여 공동체 구성원과 소통하며 문제 해결에 함께 참여하는 능력을 의미한다. 글과 말을 통해 정보를 이해·해석하고 생각을 효과적으로 표현하는 기초적인 문해력과 영상, 사진, 그래픽 등 다양한 매체 형식을 활용하여 정보를 해석하고 소통할 수 있는 매체 문해력을 포함한다.
수리 소양	다양한 상황에서 수리적인 정보를 이해하고 해석하며 활용하는 능력을 의미한다. 기초적인 수리 연산 능력은 물론 복잡한 문제를 수리적으로 해석하고 사고하며 수리적 추론을 통해 해결책을 도출하는 능력과 다양한 데이터를 수집·분석하고 정보를 추출하며 규칙성을 찾아내어 활용하는 능력 등을 포함한다.
디지털 소양	다양한 디지털 도구와 기술을 사용하여 정보를 체계적으로 수집·분석·관리하고 소통하며 문제를 효과적으로 해결하는 능력을 의미한다. 디지털 기기와 프로그램 및 기술의 활용 능력과 함께 기초적인 프로그래밍의 원리에 대한 이해, 전자 정보 관리와 분석 능력, 디지털 윤리 의식, 디지털 안전 및 보안 의식 등을 포함한다.

---

[11]　언어 소양, 수리 소양, 디지털 소양에 관한 개념 정리는 2022 개정 교육과정 총론에 기초한 것이다.

기능을 적용하고 활용하도록 구성한 게 특징이다. 기초소양의 개념을 정리하면 〈표 II-8〉과 같다.

기초소양은 교과 수업과 비교과 수업 때 실천할 수 있다.

첫째, 교과 수업 과정에서 실천할 수 있다. '공통국어 2'의 '매체' 영역 수업 때 '성취기준 [10공국2-06-01]의 매체 비평 자료를 비판적으로 수용하고 자신의 관점을 담아 매체 비평 자료를 제작한다'라는 수업 때 성취기준을 재구조화하여 기초소양을 키우는 과정을 알아보자.

이때 수행할 과제로 '매체 비평 자료를 이해·비평하고 매체 비평 자료 제작하기'를 정한 뒤에 〈표 II-9〉처럼 언어 소양, 수리 소양, 디지털 소양을 발휘할 수 있도록 수업 평가 활동을 설계할 수 있다.

<표 II-9> 수업을 통한 기초소양 키우기

기초소양	주요 활동	성취기준 재구조화
언어 소양	기존의 매체 비평 자료 읽기	전문성 있는 기존의 매체 비평 자료에 대한 이해를 바탕으로 매체 자료를 비판적으로 읽고 수용하기
수리 소양	두 개의 매체 비평 자료를 교집합으로 표현하기	두 개의 매체 비평 자료를 참조하여 공통점과 차이점을 교집합으로 표현하기
디지털 소양	매체 비평 자료를 제작하기	디지털 도구를 사용하여 주체적으로 웹진 형태의 매체 비평 자료를 제작하기

'매체 비평 자료를 이해·비평하고 매체 비평 자료 제작하기'를 위해 우선 기존의 매체 비평 자료 읽기 과정에서 언어 소양을 키울 수 있다. 다음으로 두 개의 매체 비평 자료를 비교하여 공통점과 차이점을 찾을 때 교집합을 이용하여 정리하는 활동을 하면서 수리 소양을 함양할 수 있다. 마지막으로 매체 비평 자료를 웹진 형태의 자료를 제작하여 공유

하는 활동 과정에서 디지털 소양을 육성할 수 있다.

수업 때마다 언어, 수리, 디지털 소양을 모두 키울 필요는 없다. 어떤 수업 때는 언어 소양을 키울 수 있고, 또 다른 수업 때는 수리 소양과 디지털 소양을 키울 수 할 수 있다. AI·디지털을 교과 수업에 자유롭게 이용할 수 있는 상황에서는 기초소양 교육을 할 때 디지털과 아날로그의 조화를 추구하는 수업이 될 수 있도록 해야 한다.

둘째, 비교과 수업을 통해 기초소양을 키울 수 있다. 동아리 활동, 창의적 체험활동, 학급 활동 등을 통해서도 기초소양을 함양할 수 있다. 예를 들어 동아리에서 토론 활동을 할 때 토론문 작성 과정에서 언어 소양을 키울 수 있고, 필요한 통계자료를 찾아 분석한 뒤에 활용하는 단계에서 수리 소양을 키울 수 있다. 아울러 토론과정을 촬영해 소셜 네트워킹 서비스(SNS)에 공유할 때도 디지털 시민 교육 차원의 소양이 필요하다.

기초소양을 키우는 수업을 한 뒤에 평가도 할 수 있다. 이때는 비형식적 평가를 해야 한다. 비형식적 평가는 학습 성과를 측정하고 평가하는 과정에서 점수를 부여하지 않거나, 숫자로 정리된 등급으로 표현하지 않는 방법을 말한다. 비형식적 평가는 점수에 의존하지 않고 학습 활동에 집중하도록 이끄는 역할을 한다.

(2) 기초소양을 키우는 미디어 리터러시 교육

2022 개정 교육과정에서 '깊이 있는 학습'을 위해 강조하는 언어·수리·디지털 기초소양은 모든 학습을 가능하게 하는 전제 조건에 해당한다. 기초소양은 학교 교육을 성공적으로 마치기 위한 중요한 요소이다. 더불어 미래사회에 강조되고 있는 평생학습을 위해 모든 학생이 기초소양을 충실하게 갖추어야 한다. 또한 스스로 자신의 진로에 맞는 학습

을 설계하고 실천하는 자기주도 학습 능력 역시 학생들이 주도성을 갖는 인재로 성장하는 데 있어서 반드시 갖추어야 할 핵심 능력이다. 따라서 학교는 모든 학생이 기초소양과 자기주도 학습 능력을 충실하게 갖출 수 있도록 노력해야 한다.

기초소양은 미디어 리터러시 교육과 연계했을 때 상당한 교육 효과를 거둘 수 있다. 2022 개정 교육과정의 초·중·고 여러 교과(목)의 성취기준을 보면 미디어 리터러시 교육과 연계된 부분이 많다.

<자료 II-12> 미디어 리터러시 교육과 연계된 성취기준 일부

[6국06-02] 뉴스 및 각종 정보 매체 자료의 신뢰성을 평가한다.
[9사(지리)07-03] 다양한 지리 정보와 매체를 활용하여 우리 지역의 문제를 선정하고 지리적으로 시각화한다.
[9사(일사)02-02] 우리 주변에서 활용되는 미디어들을 탐색하고, 미디어를 통해 경험하는 다양한 문화와 정보들을 비판적으로 검토한다.
[10공영2-01-07] 다양한 매체의 말이나 글을 비판적으로 이해한다.
[12사문03-02] 미디어의 효과에 대한 이해를 바탕으로 미디어가 생산하는 메시지를 비판적으로 분석하고 대안적 메시지 생산에 능동적으로 참여한다.
[12문학01-09] 다양한 매체로 구현된 작품의 창의적 표현 방법과 심미적 가치를 문학적 관점에서 수용하고 소통한다.
[12매의01-02] 소셜 미디어나 온라인 동영상 플랫폼 등의 디지털 매체 환경에서 청소년 문화가 지닌 문제와 가능성을 탐구한다.

〈자료 II-12〉의 국어, 사회, 영어 이외의 교과(목)에도 미디어 리터러시 교육을 통해 도달할 수 있는 성취기준이 상당히 많다.

기초소양은 미디어 리터러시 교육과 연계하여 실천하면 학습 효율성을 높일 수 있는데, 언어, 수리, 디지털 소양의 주요 기반과 주요 능력 측면에서 공통점이 많기 때문이다.

미국의 미디어 리터러시 교육 전국연합회(NAMLE)는 미디어 리터러시를 '모든 종류의 의사소통 수단을 기반으로 접근, 분석, 평가, 창조, 그리

  2022 개정 교육과정과 학생 주도성을 키우는 수업 평가

고 행동하는 능력'이라고 규정하고 있다.

'접근'은 전략적 검색, 발견, 탐구 등을 통해 관련 자료를 수집하고 이 해하는 능력을 말한다. 자세히 읽고, 요약하고, 주의 깊게 듣고, 정보를 분류하고, 메모하고, 설명하고, 발표하는 등의 관련 활동도 포함된다.

'분석'은 디지털 미디어 콘텐츠나 정보 및 뉴스의 허위성, 의미, 유용성, 관점, 디지털 미디어가 전달하는 메시지의 목적 등을 밝히는 능력을 말한다.

'평가'는 디지털 미디어 콘텐츠의 신뢰성, 타당성, 적절성, 이념성 등을 비평하는 능력을 말한다.

'창조'는 자기표현에 대한 자신감을 가지고 문제 상황 등을 해결하기 위해 의미 있는 디지털 미디어 콘텐츠나 정보를 제작하는 능력을 말한다.

'행동'은 개인이나 단체가 창조한 결과물을 적합한 디지털 플랫폼에 공유하거나 사회적 변화를 이끄는 행위를 적극적으로 실천하는 능력을 말한다.[12]

미디어 리터러시의 접근 능력은 디지털 미디어 텍스트에 대한 '문해력 강화 교육'을 통해 실천할 수 있고, 미디어 텍스트를 분석하고 평가하는 능력은 '비판적 미디어 읽기를 통한 비판적 미디어 수용 교육'을 통해 실천할 수 있다. 미디어를 창조하고 문제 상황을 개선하기 위한 행동은 '창의적 미디어 활용과 생산 교육'이 필요하다.

미디어 리터러시와 언어, 수리, 디지털 소양의 주요 기반과 주요 능력 사이에는 상당한 연결성이 있다. 이것을 정리하면 〈자료 II-13〉과 같다.

---

12   미디어 리터러시 교육 어떻게 할 것인가?. 권영부. 지식프레임. 2021.

구분	주요 기반	주요 능력
미디어 리터러시	모든 종류의 의사소통 수단	접근, 분석, 평가, 창조, 그리고 행동하는 능력
언어 소양	글과 말	① 다양한 문화적·사회적 맥락에서 언어를 적절하게 사용하여 공동체 구성원과 소통하며 문제 해결에 함께 참여하는 능력 ② 정보를 이해·해석하고 생각을 효과적으로 표현하는 기초적인 문해력과 영상, 사진, 그래픽 등 다양한 매체 형식을 활용하여 정보를 해석하고 소통할 수 있는 매체 문해 능력
수리 소양	수리적 정보	① 이해하고 해석하며 활용하는 능력 ② 기초적인 수리 연산 능력은 물론 복잡한 문제를 수리적으로 해석하고 사고하며 수리적 추론을 통해 해결책을 도출하는 능력 ③ 다양한 데이터를 수집·분석하고 정보를 추출하며 규칙성을 찾아내어 활용하는 능력
디지털 소양	다양한 디지털 도구와 기술	① 정보를 체계적으로 수집·분석·관리하고 소통하며 문제를 효과적으로 해결하는 능력 ② 디지털 기기와 프로그램 및 기술의 활용 능력과 함께 기초적인 프로그래밍의 원리에 대한 이해, 전자 정보 관리와 분석 능력 ③ 디지털 윤리 의식, 디지털 안전 및 보안 의식

첫째, 미디어 리터러시와 기초소양의 '주요 기반' 사이에 연결성이 있다. 언어 소양의 주요 기반인 글과 말은 미디어 리터러시의 주요 기반인 신문, 방송, 소셜 미디어, 인공지능(AI) 등을 기반으로 표현되고 전파된다. 이 때문에 언어 소양과 미디어 리터러시는 주요 기반 차원에서 연결 고리가 있다. 미디어를 통해 글과 말로 전달되는 사회적 이슈들은 다양한 문화적·사회적 맥락에서 해석해야 한다. 이를 통해 사회 구성원들은 서로 소통하며 우리 사회의 문제를 해결할 수 있다.

수리 소양의 주요 기반인 수리적 정보도 미디어 리터러시에서 다루는 텍스트 중의 하나인 그래프, 도표 등과 같은 통계나 데이터 자료와 연결된다. 미디어 리터러시에서도 통계나 데이터를 이해하고 해석하며 활용하는 능력을 기반으로 비판적으로 읽는 활동을 통한 통계, 데이터 리터러시를 중요하게 다루고 있다.

디지털 소양의 주요 기반인 디지털 지식은 미디어에 통해 세상과 연결되는 현실적이고 기능·기술적 지식이다. 실제로 다양한 미디어의 표현 방식은 디지털 기술을 통해 공유된다. 이 때문에 디지털 소양과 미디어 리터러시는 주요 기반 측면에서 상당한 연결성이 있다.

둘째, 미디어 리터러시와 기초소양의 '주요 능력'은 교육 측면에서 연결성이 강하다. 언어 소양을 키울 때 대상, 목적, 맥락에 맞게 이해하고, 생산·공유, 사용하여 문제를 해결하고 공동체 구성원과 소통하고 참여하는 교육이 필요하다. 대상, 목적, 맥락에 맞게 이해하려면 문해력 강화 교육이 필요하다. 문해력 강화 교육은 미디어 리터러시 교육의 출발점이기도 하다. 문제를 해결하고 공동체 구성원과 소통하고 참여하는 교육은 창조하고 행동하는 창의적 미디어 활용과 생산 교육을 통해 실천할 때 효율성이 높다.

수리 소양은 이해, 해석, 사용하여 문제 해결, 추론, 의사소통하는 방법에 대한 교육이 선행되어야 한다. 수리적 정보를 이해, 해석하는 과정에도 문해력 강화 교육이 필요하고, 복잡한 문제를 수리적으로 해석하고 사고하며 수리적 추론을 통해 해결책을 도출할 때는 분석과 평가 역량을 발휘해야 한다. 이것은 비판적 미디어 읽기에 기초한 비판적 미디어 수용 교육과 연결된다. 다양한 데이터를 수집·분석하고 정보를 추출하며 규칙성을 찾아 활용할 때는 창의적으로 미디어를 활용하고 생산하는 교육을 통해 실현될 수 있는 연결고리가 있다.

디지털 소양은 정보를 체계적으로 수집·분석·관리하고 소통하며 문제를 효과적으로 해결하는 능력을 요구한다. 정보를 제대로 수집하려면 미디어 리터러시 교육처럼 문해력 강화 교육이 필요하다. 정보를 분석·관리하려면 분석과 평가하는 능력이 요구되는데, 이것은 미디어 리터러시에서 말하는 분석과 평가 능력과 같은 맥락이다. 디지털 윤리의식, 디지털 안전 및 보안 의식 등은 미디어 리터러시 교육 차원에서 다루는 디지털 시민 교육과 연결성이 있다.

이처럼 기초소양의 주요 능력을 키우려면 미디어 리터러시 교육에서 강조하는 문해력 강화 교육, 비판적 미디어 읽기에 기초한 비판적 미디어 수용 교육, 창의적 미디어 활용과 생산 교육을 이해하고 이를 적용하면 알찬 성과를 기대할 수 있다.

(3) 언어 소양을 키우는 수업

언어 소양[13]의 정의를 요약하면, '언어를 중심으로 다양한 기호, 양식, 매체(미디어) 등을 활용한 텍스트를 대상, 목적, 맥락에 맞게 이해하고, 생산·공유, 사용하여 문제를 해결하고 공동체 구성원과 소통하고 참여하는 능력'이다. 이로써 언어 소양은 문해력과 직결되는 개념이라는 것을 알 수 있다. 문해력은 '읽기 쓰기를 기반으로 다양한 텍스트를 이해·분석·해석·창작·소통·종합해 문제 상황을 해결하는 개별 역량'을 말한다.

언어 소양은 다양한 방식으로 교과 수업에 반영할 수 있다. 예를 들어 교과별로 관련 텍스트를 해석하고 분석하는 활동이나 논증적 글쓰기 등을 통해 실천할 수도 있고, 교과별로 문자, 시각적 텍스트 구상, 학습을

---

13   'OECD 학습 나침판 2030'의 가운데에 있는 지식, 기능, 가치, 태도 등의 역량을 둘러싼 핵심 기초(core foundation) 중의 하나인 리터러시(literacy, 문해력)와 밀접하게 관련된 소양이다.

위한 글쓰기 등을 통해서도 가능하다. 나아가 교과별로 자기 생각과 감정을 효과적으로 표현하고 소통하기 등의 활동을 통해 함양할 수 있다.

언어 소양은 읽기와 쓰기를 기반으로 인쇄 문자 텍스트(아날로그 텍스트, 단일 양식 텍스트)와 디지털 미디어 텍스트(디지털 텍스트, 복합 양식 텍스트)를 두루 활용하여 주어진 텍스트를 이해·분석·해석·창작·소통·종합하여 문제 상황을 해결하는 과정에서 익힐 수 있다.

이런 맥락에서 보면 언어 소양은 개별 교과에서 미디어 리터러시 교육을 통해 실천할 때 효율성을 높일 수 있다. 수업 때 주로 사용하는 문자 인쇄 텍스트인 교과서와 함께 디지털 미디어를 활용하면 학생들의 능동적 참여를 이끌 수 있다.

언어 소양을 키우는 교육을 위해서는 〈표 II-10〉을 통해 읽기 쓰기의 진화 과정을 이해해야 한다.

〈표 II-10〉 읽기 쓰기의 진화

구분	진화 과정	
개인 차원	읽기	쓰기
사회공동체 차원	소통하기	참여하기
미디어 교육 차원	비판적 미디어 읽기	창의적 미디어 활용과 생산하기

개인 차원의 읽기는 '소통하기'로 진화하고 있다. 실제로 주어진 디지털 미디어 텍스트를 제대로 읽지 않고 무조건 비판하거나 악성 댓글을 다는 등 소통의 문제가 발생하는 경우가 갈수록 늘고 있다. 이런 문제를 개선하려면 비판적으로 디지털 미디어 텍스트를 읽는 교육이 필요하다.

개인 차원의 쓰기는 '참여하기'로 진화되고 있다. 이때 반드시 문장으로 서술하는 쓰기만이 아니라 카드뉴스를 만들 때처럼 이미지와 함께 핵심 내용을 압축된 문장으로 전달하여 사회문제 해결 과정에 참여하는 과정도 포함된다. 참여를 위한 쓰기를 위해서는 창의적 미디어 활용과 생산 교육이 필요하다.

읽기 쓰기의 진화 과정을 통해 알 수 있듯이 전통적 읽기 쓰기만으로 언어 소양을 키우는 데 한계가 있다. 따라서 읽기는 '보는 행위', 쓰기는 '제작 행위'까지 포함하는 확장된 의미로 이해하고 이를 반영해야 한다.

1) 로직 트리를 통한 논리적 글쓰기와 카드뉴스 만들기

언어 소양을 키우기 위해 논리적 글쓰기 교육이 필요하다. 논리는 말을 하거나 글을 쓸 때 상식에 맞게 혹은 이치에 맞게 논하는 과정이나 원리를 뜻한다.

로직 트리(logic tree)를 기반으로 주어진 문제 상황을 해결하는 글쓰기를 하면 논리적 글쓰기 교육에 효과가 있다. 로직트리는 논리(logic)와 나무(tree)의 합성어로 세계적 컨설팅회사 맥킨지(McKinsey)가 개발한 것으로 어떤 주제나 문제를 나뭇가지 모양의 흐름에 따라 정리하는 사고 기법이다. 로직 트리(logic tree)를 이용하면, 문제 상황의 현황을 파악하는 왓 트리(what tree), 원인을 분석하는 와이 트리(why tree), 해결책을 찾아내는 하우 트리(how tree)의 순서대로 자기 생각을 정리하면서 논리적 글쓰기를 할 수 있다.

로직 트리 기반의 논리적 글쓰기와 카드뉴스 만들기 활동을 통해 언어 소양을 키우는 과정을 알아보자.

<활동지 II-3> 로직 트리를 통한 논리적 글쓰기와 카드뉴스 만들기

로직 트리(logic tree)를 통한 쓰레기 문제 해결책 제시와 카드뉴스 만들기
학번 (　　　　　　) 　이름 (　　　　　　)
• 수행과제: 로직 트리를 이용하여 쓰레기 문제를 해결하기 위한 카드뉴스 만들기

What Tree [쓰레기 문제 현황 ❶]	What Tree [쓰레기 문제 현황 ❷]
Why Tree [쓰레기 문제 원인]	**How Tree [쓰레기 문제 해결책]**

〈활동지 II-3〉은 논리적 글쓰기와 카드뉴스를 만들기를 통해 언어 소양을 키우기 위한 활동지이다. 만약 논리적 글쓰기의 주제를 '쓰레기 문제해결'로 정했다면, 쓰레기 문제의 현황을 분석하여 원인을 진단한 뒤에 이를 바탕으로 해결책을 제시하는 과정을 로직 트리를 기반으로 활동지의 빈칸에 순서대로 서술하면 된다.

로직 트리를 기반으로 정리한 내용을 기반으로 카드뉴스를 만들 수 있다. 이때 디자인 플랫폼인 미리 캔버스(www.miricanvas.com) 같은 프로그램을 활용하여 〈그림 II-1〉과 같은 카드뉴스를 만들면 된다.

언어 소양을 키우기 위한 논리적 글쓰기를 할 때 원고지나 백지에 글쓰기를 통해 현황과 원인 진단 및 해결책을 정리하는 활동을 할 수도 있

<그림 II-1> 쓰레기 문제 해결을 위한 카드뉴스 제작 사례

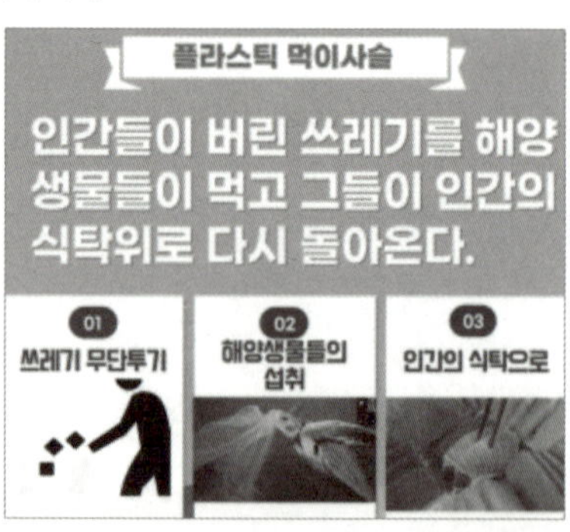

   2022 개정 교육과정과 학생 주도성을 키우는 수업 평가

지만, 읽기 쓰기의 진화 과정을 반영하여 카드뉴스 만들기와 같은 디지털 기반의 활동을 통해서 시각적 표현이 두드러진 논리적 글쓰기를 할 수도 있다.

2) 소셜 리딩을 통한 유튜브 읽기 역량 키우기

소셜 리딩(social reading)은 원래 아마존(www.amazon.com)의 굿리즈(Goodreads)처럼 독자들이 그동안 읽은 책부터 지금 읽고 있는 책, 나중에 읽고 싶은 책의 독서목록이나 독후감을 디지털 공간에 공유하는 형태로 등장했다. 이를 창의적 응용하여 두 명이 함께 협력적으로 소통하면서 문답형식의 글쓰기 능력을 키우기 위해 필자가 개발한 것이다.

대표적 디지털 미디어 텍스트에 해당하는 유튜브를 기반으로 언어 소양을 키우기 위한 소셜 리딩은 〈활동지Ⅱ-4〉를 사용하면 된다.

〈활동지Ⅱ-4〉를 사용할 때는 먼저 두 명이 함께 소셜 리딩할 유튜브 콘텐츠를 의논하여 정한다. 다음으로 함께 결정한 유튜브 영상을 처음부터 끝까지 각자 보고 상대편에 던질 질문을 적은 뒤에 상대편에게 준다. 그 다음으로 상대편의 질문을 잘 읽고 그에 대한 대답을 적어 다시 교환한다. 마지막으로 질문과 대답을 보면서 두 사람이 함께 유튜브의 주요 내용에 관한 이야기를 나누고, 이를 통해 배우고 느낀 점을 각자 적는다.

이 활동이 모두 끝난 뒤에 '존중'을 평가 기준으로 정해 '상대방을 고려해 정확하게 질문하여 올바른 대답이 나오도록 노력한 정도'를 정의적 차원에서 동료가 평가할 수 있다.

<활동지 II-4> 유튜브 기반의 소셜 리딩 활동지

유튜브 기반의 소셜 리딩(social reading)			
유튜브 채널			
유튜브 제목			
콘텐츠	정치, 경제, 사회, 문화, 과학, 역사, 교육, 국제, 스포츠, 군사, 여행, 기타(　　　)		
상영시간 (running time)		업로드 일자	시청 일자
질문		답변	
학번 (　　　) 이름 (　　　)		학번 (　　　) 이름 (　　　)	
❶		①	
❷		②	
❸		③	
❹		④	
❺		⑤	
❻		⑥	
❼		⑦	
배우고 느낀 점			

동료평가 [존중]	탁월	우수	보통	기초
	☐ 상대방을 고려해 정확하게 질문하여 올바른 대답이 나오도록 열심히 노력했다.	☐ 상대방을 고려해 정확하게 질문하여 올바른 대답이 나오도록 비교적 노력했다.	☐ 상대방을 고려해 정확하게 질문하여 올바른 대답이 나오도록 일부 노력했다.	☐ 상대방을 고려해 정확하게 질문하여 올바른 대답이 나오게 노력해야겠다.

3) 생성형 인공지능(AI)을 활용한 언어 소양 키우기

인간의 질문에 대답하는 생성형 인공지능을 활용하여 언어 소양을 키울 수 있다. 여러 방법 중에서 'F-Q-A' 활동이 있다. 이것은 'Fact, Question, Answer'의 첫 글자에서 따온 말이다.

'Fact'는 제시된 기사를 읽고 이를 통해 알게 된 핵심 사실 정리하는 단계이고, 'Question'은 기사를 읽고 이를 통해 생긴 궁금한 점을 질문 형식으로 정리하는 단계이다. 마지막으로 'Answer'는 기사를 읽고 궁금한 점을 챗GPT에게 질문하여 대답을 듣는 단계이다.

'F-Q-A' 활동 때는 언어 소양을 강화하기 위해 〈활동지 II-5〉처럼 기사를 읽기를 기반으로 시작할 수 있다.

빈칸 상태인 '기사 ❶'과 '기사 ❷'에는 수업 주제 관련 기사, 사회적 쟁점 관련 기사, 학생들의 진로 관련 기사 등을 스크랩하여 옮기면 된다. 예를 들어 챗GPT 사용에 논란 기사나 청소년 흡연 문제 관련 기사 등을 스크랩하면 된다.

'Fact'와 'Answer' 단계의 핵심 활동은 기사의 주요 내용을 요약하는 것이다. 요즘은 인공지능을 사용하여 요약할 수 있지만, 자신의 지식과 경험을 반영하여 진정한 요약이 되도록 해야 한다. 인공지능은 데이터를 기반으로 요약하므로 데이터에 포함되지 않은 인간 수준의 이해와 통찰까지 요약하는 데 한계가 있다.

<활동지 II-5> 생성형 인공지능 기반의 언어 소양 키우기

생성형 인공지능(AI) 기반의 언어 소양 키우기		
학번 (　　　　　　) 이름 (　　　　　　)		
• 수행과제: 제시된 기사 ❶, ❷를 읽고 주요 내용을 요약한 뒤에 'F-Q-A' 활동을 하시오.		
기사 ❶		
기사 ❷		
기사 ❶의 주요 내용 요약하기		
기사의 ❷ 주요 내용 요약하기		
기사 ❶을 'F-Q-A' 활동으로 이해하기	Fact	
	Question	
	Answer	
기사 ❷를 'F-Q-A' 활동으로 이해하기	Fact	
	Question	
	Answer	
느낀 점 정리하기		
자기평가 [책임감]	☐ 주어진 과제를 제대로 수행하여 완성도를 높이려고 노력하였다.	☐ 주어진 과제를 제대로 수행하여 완성도를 높이려고 비교적 노력하였다.	☐ 주어진 과제를 제대로 수행하여 완성도를 높이려고 노력하지 않았다.

(4) 수리 소양을 키우는 수업

구글이 차세대 대규모언어모델((LLM, Large Language Model) '제미나이 (Gemini)'를 통해 이미지, 영상, 음성 등을 인식하고 추론하는 멀티모달 (multimodal) 기능을 전면에 내세웠다. 더불어 수학 문제 해석 능력도 향상 됐다. 사용자가 수학 문제를 손글씨로 푼 이미지를 보여주면 문제와 답 을 인식한 뒤 맞는 부분, 틀린 부분을 구별해 낸다. 올바른 풀이와 함께 틀린 부분을 보완할 수 있는 수학 문제도 새로 제시해주는 식으로 맞춤 형 수학 교사 역할까지 한다. 단순히 수학 문제를 풀어 답을 내는 것도 중요하지만, 기초소양 차원에서 수리 소양[14]을 키우는 것이 중요해지고 있다.

'국제학업성취도평가(PISA) 2022'에서는 수리 소양을 '다양한 실생활 맥락에서 수학적으로 추론하고 문제를 해결하기 위하여 수학을 형식화 하고 이용하고 해석하는 개인의 능력'이라고 정의하고 있다. 여기에는 현상을 기술하고 설명하며 예측하기 위해 수학적 개념, 절차, 사실, 도구 를 사용하는 것이 포함된다.[15]

2022 개정 교육과정의 수리 소양을 요약하면, '다양한 상황에서 수리 적 정보와 표현 및 사고 방법을 이해, 해석, 사용하여 문제 해결, 추론, 의 사소통하는 능력'이다. 이를 통해 수리 소양은 수학 교과의 성격을 넘어 서 사회적 맥락 안에서 보편적으로 갖추어야 할 기본적 역량이라는 것 을 알 수 있다. 즉, 수리 소양은 개인적 능력으로부터 사회적 관계 및 맥 락 안에서 필요한 소양으로 영역이 확장되고 있다는 것을 알 수 있다.

14　'OECD 학습 나침판 2030'의 가운데에 있는 지식, 기능, 가치, 태도 등의 역량을 둘러싼 핵심 기초 (core foundation) 중의 하나인 수리력(numeracy)과 밀접하게 관련된 소양이다.

15　https://pisa2022-maths.oecd.org/ko/index.html (검색일: 2023.12.26.)

2022 개정 교육과정에서는 모든 교과의 학습을 통해 함양할 수 있는 기초소양으로 수리 소양의 중요성을 강조하고 있다. 하지만 교육과정 문서 체계에서는 수리 소양에 관하여 정교하고 적합한 정의를 내리지 않고 있다. 이에 따라 모든 교과의 교육과정에 수리 소양을 체계적으로 적용하기 쉽지 않다. 이런 상황을 고려하여 수리 소양에 대한 기본적 정의에 기초하여 다양한 사례를 창출해야 한다.

1) 탐구 활동을 통한 수리 소양 키우기

수리 소양은 반드시 수학 시간에만 키우는 것이 아니다. 모든 교과와 비교과에서 키워야 한다. 〈활동지 II-6〉은 국어과나 사회과 등에서 탐구 활동을 통한 수리 소양을 함양하기 위해 구성한 것이다.

〈활동지 II-6〉은 제시된 통계 자료를 기반으로 다양한 탐구 활동을 통해 우리나라의 정신건강 문제를 이해할 수 있다. 활동지 속의 (3), (4), (5) 번은 인터넷 검색 활동이나 AI를 통해 수집한 정보를 분석·평가한 뒤에 정리할 때 참고할 수도 있다.

탐구 활동을 통한 수리 소양 키우기
학번 (　　　　　　) 이름 (　　　　　　)

• 수행과제: 다음의 그래프에 기초하여 몇 가지 활동을 해보세요.

(1) 제시된 그래프를 보고 통계 리터러시 일람표를 정리해 보세요.

〈통계 리터러시 일람표〉

조사 내용		조사 기관	
조사 기간		조사 지역	
조사 대상		통계 단위	
조사 방법	전수조사(　) 표본조사(　)	통계 출처	

(2) '1000명당 정신질환 진료 인원 상위 50곳 규모 분석'의 출처를 탐색하여 주요 내용을 5가지로 요약하세요.

①
②
③
④
⑤

(3) 출처를 탐색하여 '정신과 진료와 치료를 받을 수 있는 의료기관의 서울 등 대도시에 집
중'에 따른 결과를 탐구하여 정리 보세요.

(4) 일본의 정신과 진료와 치료 현황을 탐구하여 간략하게 정리해 보세요.

(5) 보건복지부 2024년 예산 중에서 정신건강 지원 예산 규모와 주요 지원 분야를 탐색하
여 간략하게 정리해 보세요.

2) 나의 통계 스토리 만들기

'나의 통계 스토리 만들기'는 하나의 주제를 정한 뒤에 그에 관련된 통계를 찾아 자기 생각을 이야기를 풀어내면서 수리 소양을 키우는 방식이다. 자신의 진로와 관련된 통계를 기반으로 이야기를 만들어 발표하면서 진로교육을 할 수도 있다.

〈활동지 II-7〉을 보면 '통계를 중심으로 한국의 부동산 문제 알아보기'를 주제로 정해 주택 보유 현황과 집값 변동 통계를 기반으로 자기 생각을 이야기하고 있다. 이 학생은 부동산에 관심이 많은 학생이라는 것을 짐작할 수 있다.

나의 통계 스토리
학번 (   ) 이름 (   )

• 주제: 통계를 중심으로 한국의 부동산 문제 알아보기

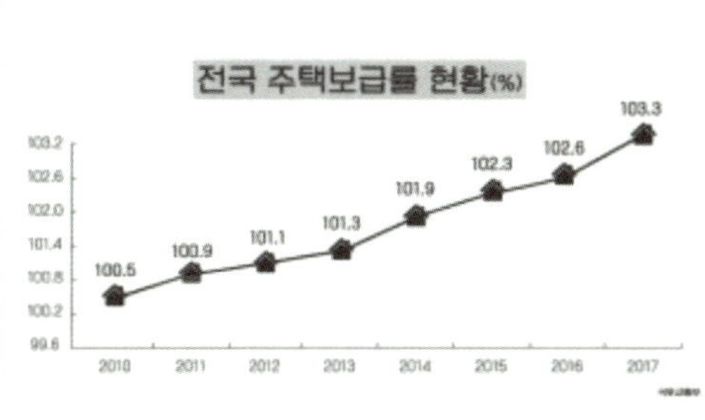

요즘 정부의 부동산 정책 때문에 나라가 시끌벅적합니다. 왼쪽에 있는 전국 주택보급률 현황을 보면 100%가 넘는 것을 확인할 수 있는데, 이는 가구 수보다 주택 수가 많다는 것을 의미합니다. 이 통계만 보면 부동산 문제가 일어날 리가 없어 보입니다. 그러면 부동산 문제는 왜 발생하는 걸까요?

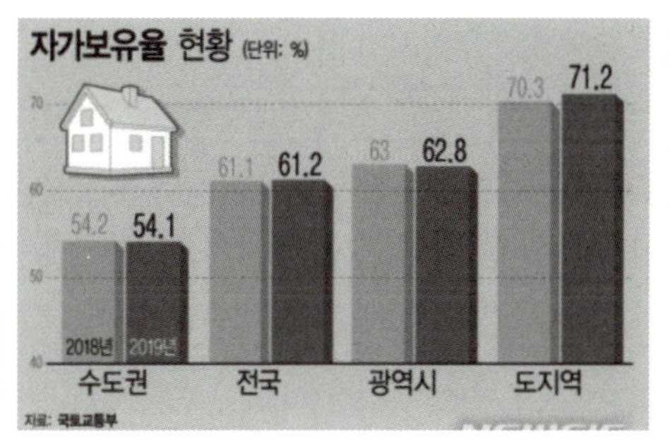

그 원인은 바로 주택 자가보유율에 있습니다. 주택보급률과 달리 자가보유율은 60%대에 머무르는데요. 이 통계는 자기가 소유하고 있는 집에 살고있는 사람이 60%밖에 안 된다는 의미입니다. 특히 수도권은 세입자의 비율이 절반에 가깝다는 통계를 통해 수도권의 부동산 문제가 특히 심각하다는 것을 이해할 수 있습니다.

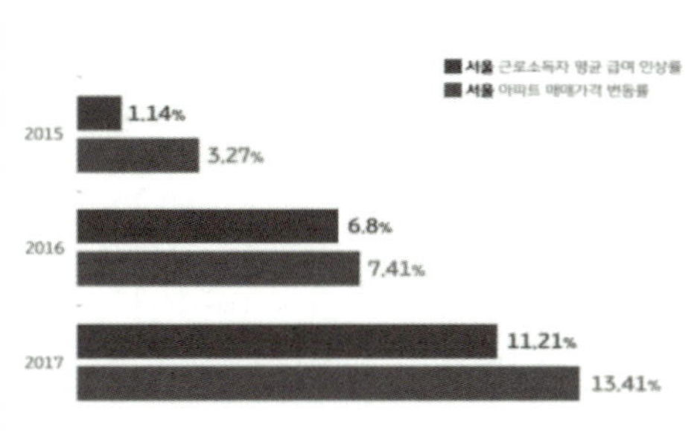

그럼 사람들은 왜 집을 사지 못하는 걸까요? 옆 통계를 보면 아파트 매매가격 변동률을 따라가지 못하는 근로소득자 평균 급여 인상률이 나타나 있는데요, 연봉이 오르는 비율보다 집값이 오르는 비율이 더 높게 되면 시간이 지날수록 주택 구입이 더 어려워지게 됩니다.

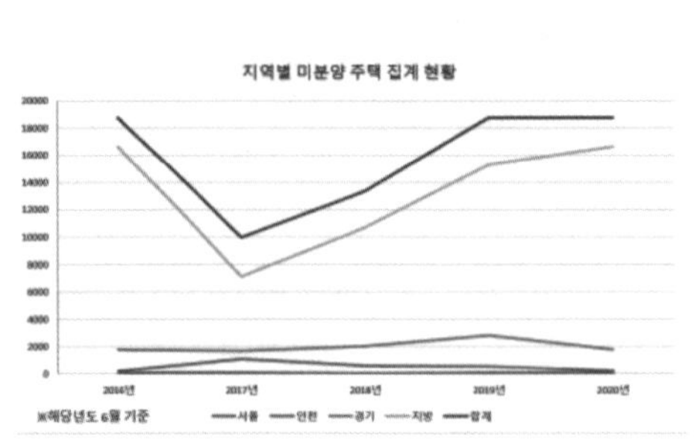

그럼 과연 집은 충분히 공급되고 있을까요? 이 통계를 보면 전국의 미분양 주택이 이십만여 호에 이르는 반면 수도권의 미분양 주택 수는 3천여 호가 채 안 되는 것을 볼 수 있습니다. 이를 통해 수도권에서는 주택의 물량 부족 현상 또한 부동산 가격상승의 원인으로 파악될 수 있습니다.

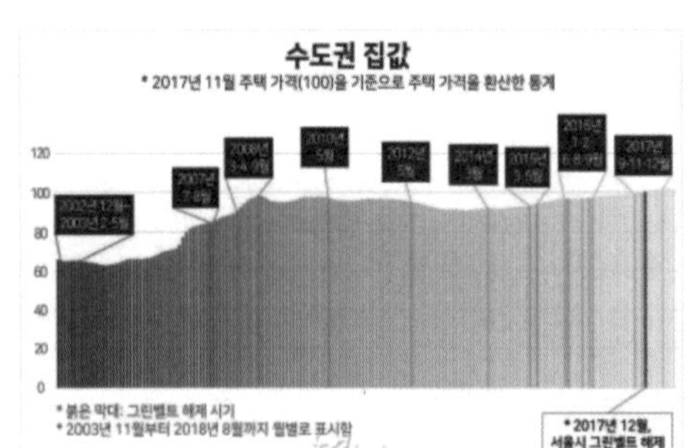

따라서 집값을 인하하기 위해서는 그린벨트를 해제해야 한다는 의견이 나오고 있는데요. 옆 통계를 살펴보면 그린벨트를 해제하는 것이 주택 가격의 하락으로 이어진다는 결과를 찾아보기가 어려웠습니다. 이를 통해 그린벨트 해제가 부동산 문제의 해결책이 되지 못한다는 것을 알아낼 수 있습니다.

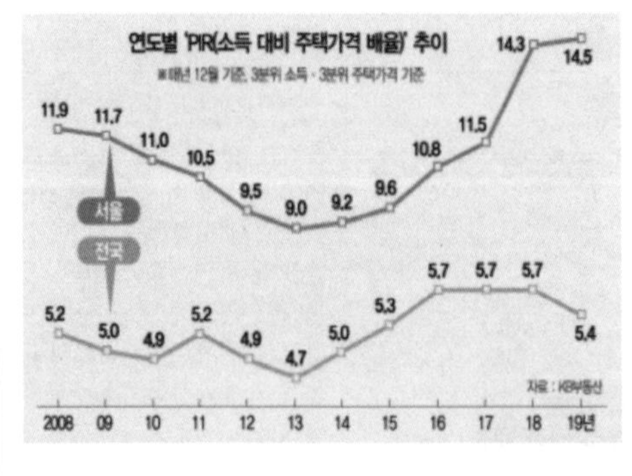

그럼 우리는 몇 년을 일해야 집을 살 수 있을까요? 서울에 집을 갖고 싶다면 최소 15년은 아무것도 하지 않고 돈을 모아야 합니다. 한마디로 저축을 아무리 하고 일을 해도 투자나, 다른 돈을 벌지 않는 이상 30여 년 이상이 걸린다는 겁니다. 하루빨리 부동산 문제가 해결되어 모두가 내 집 마련의 꿈을 이룰 수 있는 날이 왔으면 좋겠습니다.

3) 인포그래픽스 그리기

인포그래픽스((infographics)는 정보를 뜻하는 인포메이션(Information)과 그래픽(Graphic) 및 뉴스(news) 합성어이다. 인포그래픽스를 그릴 때는 뉴스를 읽고 핵심 내용을 요약한 글, 통계적 표현, 시각적 표현이 드러나도록 해야 한다. 예컨대 〈자료 II-14〉와 같은 뉴스를 읽고 〈그림 II-2〉처럼 통계적 표현, 시각적 표현, 요약된 글이 잘 드러나도록 표현하면 된다.

<자료 II-14> 인포그래픽스 그리기를 위한 기사의 일부[16]

◇ 5G가 만드는 세상… 홀로그램부터 무인자동차까지
5G가 상용화되면 머릿속으로만 상상했던 광경들이 눈앞에 현실로 펼쳐진다. 우선 UHD(초고화질) 콘텐츠보다 수백 배 이상 데이터양이 많은 3D(입체) 영상을 활용한 홀로그램 통화, 홀로그램 콘텐츠 시청이 가능해진다. 가상현실(VR) 서비스 역시 확대될 가능성이 크다. 영화 '어벤져스2'의 아이언맨처럼 입체 영상을 눈앞에 띄워놓고 설계하는 것도 가능해진다.
다양한 기기를 서로 연결하고 원격으로 조종하는 사물인터넷(IoT) 서비스도 한 단계 진화한다. 대표적인 것이 바로 무인(無人) 자동차다. 외딴섬이나 재난 지역에서 원격 진료를 하거나 로봇을 이용한 서비스를 만들 수도 있다.
SK텔레콤 종합기술원의 최창순 박사는 "통신 속도가 엄청나게 빨라지는 5G가 상용화되면 하드웨어부터 서비스까지 모든 것이 바뀌는 세상이 펼쳐질 것"이라고 말했다.

인포그래픽스 그리기는 다양한 상황에서 수리적 정보와 표현 및 사고 방법을 적용하고 활용하는 과정을 이해할 수 있는 활동이다. 아울러 주어진 문제를 통계와 이미지를 기반으로 의사소통을 할 방법을 익히는 활동이기도 하다. 이 때문에 수리 소양을 키우는 교육에 적합한 활동이다.

---

16 https://biz.chosun.com/site/data/html_dir/2015/05/18/2015051803415.html (검색일: 2023.12.12.)

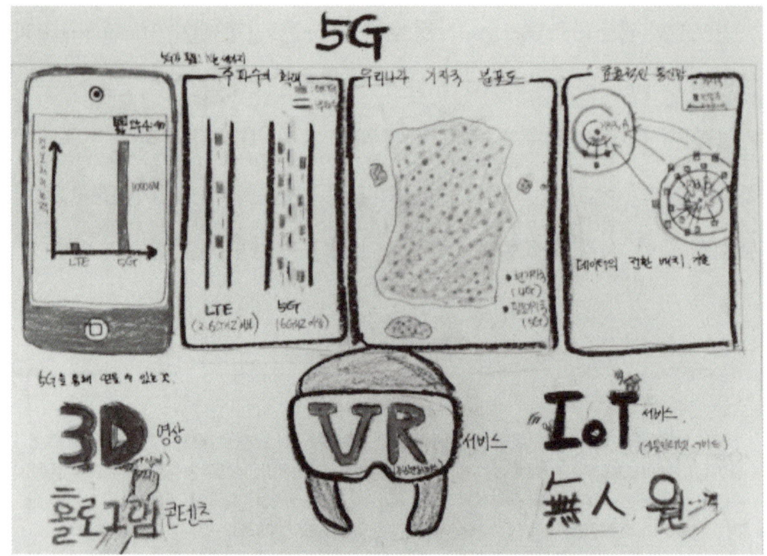

(5) 디지털 소양을 키우는 수업

디지털 소양[18]의 정의를 요약하면, '디지털 지식과 기술에 대한 이해와 윤리의식을 바탕으로 정보를 수집·분석하고 비판적으로 이해·평가하여 새로운 정보와 지식을 생산·활용하는 능력'이다.

디지털 소양은 교과교육에서 다양한 방법으로 실천할 수 있다. 지리 수업 때 지리정보나 빅데이터를 활용할 수 있고, 개별 교과 수업에 필요한 정보를 수집한 뒤에 비판적 시각으로 분석하는 활동을 할 수 있다. 개별 교과 수업에 필요한 정보를 탐색하거나 수집한 데이터를 검증하는

---

17 제시된 기사에 통계적 표현이 없을 때는 디지털 기기를 이용하여 관련 통계를 수집한 뒤에 이를 활용할 수도 있다. 〈그림 II-2〉는 제시된 5G 관련 기사에는 없지만, 우리나라 기지국 분포도, 효율적 통신만 등의 통계 자료를 찾아 인포그래픽스를 그렸다.

18 'OECD 학습 나침판 2030'의 가운데에 있는 지식, 기능, 가치, 태도 등의 역량을 둘러싼 핵심 기초(core foundation) 중의 하나인 디지털 리터러시(digital literacy)와 밀접하게 관련된 소양이다.

활동이나 다양한 자료를 관리하는 방법을 익히게 할 수도 있다. 윤리 수업 때 허위조작정보를 확인하는 활동을 통해 정보윤리를 강조하거나 개인 정보 보완을 준수한다는 서약서를 만드는 활동 등을 할 수 있다.

디지털 소양 교육 차원에서 인공지능을 사용할 때는 옥스퍼드 대학 신문(Oxford university press)의 권고[19] 사항을 눈여겨봐야 한다.

첫째, 교사를 지원하되 대체하지 말아야 한다. AI는 교사들의 역할 수행을 돕는 것이지, 그들을 대체하려고 해서는 안 된다. 교사의 업무 생산성을 높이고 학생들에게 개인화된 학습 기회를 제공하기 위해 AI 기술을 도입할 때, 교사의 역할이 중심에 존재해야 한다는 사실을 잊지 않아야 한다.

둘째, 학생들에게 생성형 인공지능(GAI)의 예측과 판단을 보완하는데 필요한 역량을 갖추도록 해야 한다. 일부 AI 도구가 정보를 잘못 읽거나 부정확한 정보를 생산할 수 있으므로, 비판적 사고, 창의적 문제해결, 디지털 리터러시와 같은 역량을 교육과정 전반에 걸쳐 형성할 수 있도록 해야 하며, 이를 위해 모든 단계와 모든 과목에 이러한 역량개발을 위한 주제들이 통합되어 반영되어야 한다. 특히 교육 환경에서의 AI 도구에 대한 공적 규제는 학생들을 잘못된 정보의 위험으로부터 보호하기 위해서도 필요하다.

셋째, 진정한 주제의 이해를 우선해야 한다. 보급된 인공지능 활용 도구가 지식의 제공자로 위치할 때, 그것은 학생들이 문제해결을 위해 실제 실험을 하고, 독립적인 인지적 추론을 하는 것과 같은 과정을 생략할 수 있다. 따라서 다양한 삶의 주제에 대한 깊이 있는 이해를 적극적으로

---

19   https://corp.oup.com/feature/ai−in−education−where−we−are−and−what−happens−next/(검색일: 2023.12.19.). 권고 사항의 일부만 정리

형성하는 과정을 장려해야 하고, 탐구, 반성, 상호작용이 학습 경험의 핵심이 되도록 수업 평가의 패러다임을 이러한 방향으로 전환해야 한다.

1) 한 컷 다큐멘터리 제작 활동

다큐멘터리는 실제로 있었던 어떤 사건을 사실적으로 담은 영상물이나 기록물을 말한다. 방송을 통해 보는 다큐멘터리는 전문가가 오랜 시간에 걸쳐 제작한 것이다. 학생들이 전문성이 있는 다큐멘터리를 제작하는 데 어려움이 있다.

이런 점을 고려하여 난민, 환경, 저출산, 젠더 갈등 등의 주제를 선정하고 그와 관련된 뉴스를 읽고 문제 상황을 이해한다. 이어서 주제와 관련된 한 컷의 사진을 뉴스에서 선정하여 메시지를 정리해 발표하는 활동을 할 수 있도록 필자가 개발한 것이 '한 컷 다큐멘터리'이다.

'한 컷 다큐멘터리' 활동 때는 주제에 대한 뉴스를 찾아 읽고, 관련 사진을 기반으로 '미리캔버스(www.miricanvas.com)', '캔바(canva)' 등과 같은 디자인 플랫폼을 이용하여 각자 A4 용지 한 장 분량의 개별 다큐멘터리를 제작한다. 그 다음 각자 만든 여러 편의 개별 다큐멘터리를 '키네마스터(kinemastercorp.com)', '캡컷(CapCut)' 등과 같은 동영상 편집 애플리케이션을 사용해 연결한 영상으로 만들어 공유하면 된다.

한 컷 다큐멘터리 활동을 할 때는 학생들이 참고할 사진이 담긴 뉴스를 안내하고, 이에 기초하여 다큐멘터리의 주요 내용을 개략적으로 설계할 수 있도록 활동지를 제공해야 한다. 〈활동지 II—8〉은 난민 이해 교육을 위한 한 컷 다큐멘터리 제작을 위한 것이다.

'한 컷 다큐멘터리'를 통한 난민 이해 교육
학번 (　　　　　　) 이름 (　　　　　　)

• 수행과제: '한 컷 다큐멘터리' 활동으로 난민 이해하기

난민의 이해	난민의 원래 의미는 생활이 어려줄 정도로 가난한 국민, 전쟁이나 천재지변으로 의식주가 힘든 상황에 빠진 이재민을 말한다. 하지만 최근에는 주로 인종 문제, 사상 문제, 정치 문제, 경제 문제, 전쟁 등에 의한 위험을 피해 자기 나라를 탈출하여 다른 나라로 가는 사람을 난민이라고 한다.

'한 컷 다큐멘터리' 작성을 위한 참고뉴스

〈참고뉴스〉
1. 〈동아일보, 2023.6.20.〉 파키스탄인 갑판 아래 갇혀… 난민선 국적 차별
2. 〈한겨레, 2023.3.13.〉 이탈리아행 난민 30명 바다서 실종…79명 사망 사고 뒤 또 참사
3. 〈세계일보, 2023.6.15.〉 누구나 안전하고 사람답게 살 수 있는 사회
4. 〈경향신문, 2023.6.21.〉 침몰한 난민선 가장 후미진 화물칸에 여성과 아동들이 있었다
5. 〈중앙일보, 2022.3.16.〉 유니세프 "우크라이나 난민 중 절반 어린이… 1초에 1명꼴 생겨"
6. 자신이 찾은 난민 관련 뉴스

〈한 컷 다큐멘터리 작성을 위한 준비〉
참고뉴스나 자신이 찾은 난민 관련 뉴스를 보고 주요 내용과 해결 방안 등을 정리하세요.

〈한 컷 다큐멘터리 작성 때 주의 사항〉
- 종결어미는 '~ 밝혔다', '~가 필요하다' 등과 같이 통일하세요.
- '~했습니다', '~ 했어요' 등과 같은 구어체를 사용하지 마세요.

2) AI 기반의 유튜브 큐레이션 활동

숏폼(short form)에 익숙해진 학생들은 상대적으로 상영시간이 긴 유튜브의 주요 내용을 요약하는 활동을 힘들어한다. 이럴 때는 'Lilys.ai'와 같이 유튜브의 내용을 요약해주는 인공지능의 도움을 받으면 수월하게 요약할 수 있다.

인공지능의 도움을 받으면 여러 편의 유튜브 영상을 큐레이션(curation) 할 수 있다. 본래 미술 작품이나 예술 작품의 수집과 보존, 전시하는 일을 지칭하던 큐레이션은 여러 정보를 수집, 선별하고 이에 새로운 가치를 부여해 전파하는 것까지 포함하는 확장된 의미로 사용되고 있다.

AI 기반의 유튜브 큐레이션을 할 때는 〈활동지 II-9〉를 이용하여 자신이 큐레이션을 할 주제를 정한 뒤에 여러 편의 유튜브 영상을 'Lilys.ai'를 이용해 요약하고, 콘텐츠의 신뢰성, 타당성, 적절성, 이념성을 판단하여 별점을 매기고 그 이유를 기록한 뒤에 마지막으로 느낀 점을 중심으로 총평 활동을 하면 된다.

활동지의 '큐레이션 주제'는 학생들이 각자 정하거나, 교사가 하나의 주제 혹은 지구 온난화, 인공지능 의료, 일자리 변화 등의 여러 주제를 정한 뒤에 각자 선택하게 할 수도 있다.

'주요 장면'에는 텍스트를 이미지로 표현해주는 인공지능의 도움을 받을 수 있지만, 학생이 강력하게 기억에 남는 장면을 직접 그리게 할 수도 있다.

'주요 내용 요약'에는 인공지능이 요약한 내용을 학생이 정독한 뒤에 자기 생각으로 다시 요약하면 된다.

'평가'에는 영상 내용이 보편적 이치나 건전한 상식의 기준에 합당한지를 기준으로 '신뢰성'을 평가하고, 주장이나 근거가 객관적 사실에 입각하여 다뤄졌는지를 기준으로 '타당성'을 평가하면 된다. 영상이 전하는 내용이나 관점 외에 다른 내용이나 관점이 있을 수 있음을 고려하고 있는지를 기준으로 '적절성'을 판단하고, 영상의 관점이 특정 견해를 옹호하거나 비난하는 등 한쪽으로 치우치지 않았는지를 잣대로 '이념성'을 판단하면 된다.

'총평'에는 자신이 선정한 주제나 AI 기반의 유튜브 큐레이션 활동을 통해 배우고 느낀 점을 정리하면 된다.

<활동지 II-9> AI 기반의 유튜브 큐레이션

AI 기반의 유튜브 큐레이션(AI-based YouTube curation)								
큐레이션 주제:						학번 ( ) 이름 ( )		
유튜브 제목			유튜브 제목			유튜브 제목		
주요 장면			주요 장면			주요 장면		
주요 내용 요약			주요 내용 요약			주요 내용 요약		
평가	평점	이유	평가	평점	이유	평가	평점	이유
신뢰성	☆☆☆☆☆			☆☆☆☆☆			☆☆☆☆☆	
타당성	☆☆☆☆☆			☆☆☆☆☆			☆☆☆☆☆	
적절성	☆☆☆☆☆			☆☆☆☆☆			☆☆☆☆☆	
이념성	☆☆☆☆☆			☆☆☆☆☆			☆☆☆☆☆	
총평								

<그림 II-3> AI 기반의 유튜브 큐레이션 활동 결과물

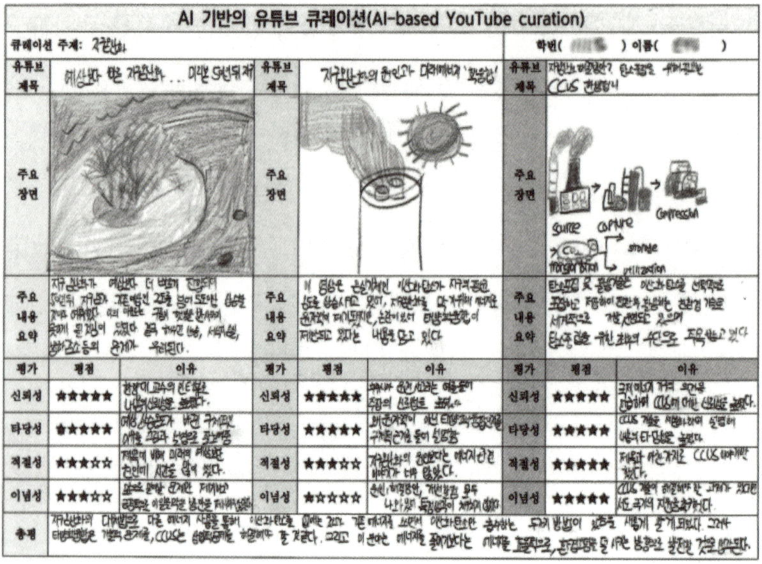

〈그림 II–3〉은 AI 기반의 유튜브 큐레이션 활동을 실천한 결과물이다.

3) 허위조작정보 판별 활동

디지털 미디어의 발달에 따라 다양한 지식, 정보, 뉴스 등을 신속하게 접할 수 있는 편리함도 있지만, 특정 대상을 속이거나 해를 가할 목적으로 의도적으로 만들어진 허위조작정보(disinformation)가 유통되면서 개인과 사회에 악영향을 미치고 있다. 이런 상황에서 다양한 방식으로 허위조작정보를 판별하는 활동을 통해 디지털 소양을 키울 필요가 있다.

〈자료 II–15〉는 생명과학 정보를 올바르게 판별하는 기준을 만들기 위한 3차시의 수업 활동의 흐름을 정리한 것이다. 1차시에는 가짜 과학 정보의 개념과 사례를 탐구하고, 2차시에는 생명과학 정보의 올바른 판별 기준 만들기를 하고, 3차시에는 가짜 생명과학 정보 분석 및 진짜 생

명과학 정보로 바꾸기 활동을 한다.[20]

이 수업 활동을 참고하여 생명과학 정보를 비롯한 여러 가지 정보를 기반으로 허위조작정보 판별 활동을 할 수 있다.

허위조작정보 판별 활동의 3차시는 '가짜 생명과학 정보의 분석 및 진짜 생명과학 정보로 바꾸기' 활동이다. 이 활동을 위해 우선 〈자료 II-16〉처럼 원래 기사 중에서 일부분을 가짜 내용으로 고쳐 학생들에게 제공한 뒤에 실시해야 한다. 밑줄 친 ①, ②, ③, ④, ⑤번 부분은 올바른 내용을 가짜 내용으로 고친 것이다. 다음으로 〈자료 II-16〉의 ①, ②, ③, ④, ⑤번을 올바른 정보로 수정하는 활동을 〈활동지 II-9〉처럼 하면 진행하면 된다.

---

[20] '허위조작정보 판별 활동'은 필자를 비롯하여 5명의 교사가 '동북미디어프로젝트수업연구회'를 결성하여 2023년에 연구한 결과물의 한 부분이다. 자세한 내용은 한국언론진흥재단의 계간지 '미디어 리터러시, 2023년 겨울호(통권 제27호)'를 통해 볼 수 있다.

차시	교수·학습 활동	지도 및 피드백
1	**[가짜 과학정보의 개념 및 사례 탐구하기]** • 가짜 과학 정보란 무엇인가? 　- 디지털 매체를 통해 정보를 탐색하고 모둠별 토의 활동 • 가짜 과학정보를 생성하고 유포하는 이유는 무엇인가? 　- 디지털 매체를 통해 정보를 탐색하고 모둠별 토의 활동 및 발표 • 다양한 디지털 매체(뉴스, 유튜브, SNS 등)에서 가짜 과학정보 찾기 　- 디지털 매체를 통해 정보를 탐색한 후 패들렛에 정보 공유, 모둠별 공통 주제 정하기	• 장난으로 임하거나 소극적인 학생에게 개별적으로 피드백한다. • 학생 스스로 다양한 가짜 과학정보를 찾아볼 수 있도록 지도하되 잘 찾지 못할 때 몇 가지 사례를 제시한다. • 패들렛에 QR 코드로 입장하도록 지도한다.
2	**[생명과학 정보의 올바른 판별 기준 만들기]** • 가짜 과학정보를 판별하는 것은 왜 중요한가? 　- 디지털 매체를 통해 정보를 탐색, 모둠별 토의 활동 후 패들렛에 공유하기 • 생명과학 정보를 올바르게 판별하는 기준은? 　- 아름다운 디지털 세상 및 SNU 팩트체크 사이트, 교사가 제시한 판단 기준을 참고하여 모둠별 토의 • 모둠별로 1차시에서 탐색한 가짜 과학 정보(공통 주제)를 요약하고 판별 기준에 따라 오류 찾기 　- 모둠별 토의 및 발표 • 퀴즈앤으로 학습 내용(판별 기준) 정리	• 과학의 입장에서 판별의 중요성을 생각해보자고 피드백한다. • 팩트체크를 통해 중요도 순으로 판별 기준 5가지를 적도록 피드백한다. • 가짜 과학정보에서 판별 기준을 바탕으로 오류를 찾을 수 있도록 피드백한다.
3	**[가짜 생명과학 정보 분석 및 진짜 생명과학 정보로 바꾸기]** • 교사가 제시한 가짜 생명과학 정보 분석 및 탐구하기 　- 모둠별 토의 활동으로 생명과학 정보를 올바르게 판별하기 위한 탐구형 질문 만들어 탐구하기 　- 활동지 작성 및 모둠별 탐구 내용을 이젤 패드에 적어보기 • 진짜 생명과학 정보로 바꾸기 　- 이젤 패드에 적어보기 • 조별 탐구 내용 발표 　- 판별 기준에 따른 탐구형 질문과 탐구 내용, 진짜 생명과학 정보 발표하기 • 퀴즈앤으로 학습 내용(유전 정보) 정리	• 탐구형 질문은 생명과학 내용을 중심으로 만들 수 있도록 피드백한다. • 질문 만들기를 어려워하는 학생이 있으면 교사가 작성한 판별 기준을 참고하도록 피드백한다. • 챗GPT 같은 인공지능을 이용하지 않도록 지도한다. • 발표를 듣고 탐구형 질문을 잘 만들었는지, 탐구 내용이 사실인지, 적절한 출처를 활용했는지를 적절히 피드백한다.

늙은 쥐와 젊은 쥐의 혈관을 연결해 혈액을 공유하게 했더니 늙은 쥐의 노화 진행이 느려지고 수명도 최대 ① **20%** 늘어났다는 연구 결과가 나왔다. 연구팀은 4개월 된 어린 쥐(사람으로 치면 18세)와 2년 된 쥐(사람으로 치면 50세)의 순환계를 외과 수술로 연결, 12주간 혈액을 공유하게 한 다음 서로 분리하고 2개월간 추적 관찰했다. 후속 관찰 결과 결합에서 분리된 늙은 쥐에게서는 세포 수준에서 혈액과 간 조직의 후생 유전학적 나이가 크게 젊어지고 노화와 반대되는 유전자 발현 변화가 나타났다. 또 병체결합을 했던 쥐들은 하지 않은 대조군 쥐들보다 생리적 능력이 개선되고 수명도 10% 더 길어진 것으로 나타났다. 연구팀은 이 결과는 젊은 개체와의 병체결합이 늙은 개체의 노화 속도를 늦추고 수명을 연장할 수 있다는 최초 증거라며 사람으로 치면 50세와 18세를 약 8년간 병체결합 해 수명이 8년 늘어나는 것과 같다고 설명했다. 또한 ② **〈네이처〉** 논문에서는 젊은 쥐의 혈장이 늙은 쥐의 신경 성장을 자극해 장기가 다시 젊어졌다고 밝혔다. ③ **에메이 웨이져스**는 이 논문에서 '피를 몽땅 바꿀 필요가 없었어요. 혈장은 약물과 같은 힘을 갖고 있었죠'라고 말했다.

미국인 사업가 OOO은(46세)은 ④ **이러한 획기적인 연구 결과를 바탕으로** 회춘 프로젝트에 돌입했다. 열일곱 살짜리 아들의 피를 1L가량 뽑아 자기 몸에 수혈하여 ⑤ **큰 효과를 보았다.** 현재 브라이언의 심장 나이는 37세, 피부 나이는 28세, 구강 건강은 17세, 폐활량과 체력은 18세 수준이다. 전체적으로 자기 나이보다 5.1세 젊게 살고 있다. 또한 매년 200만 달러(약 26억원)를 들여 특별 점검을 받고, 채식 위주 식단에 따라 1777칼로리에 해당하는 음식을 먹으며 복용하는 영양 보충제만도 60종이다.

> 출처: 젊은 쥐 늙은 쥐 혈관 연결했더니…"노화 방지·수명 10% 연장"〈연합뉴스, 2023.7.28.〉 늙은 세포와 피를 젊게 되돌려 드립니다… 현대판 '불로초' 전쟁〈조선경제, 2023.9.10.〉 마크 짐머(2022). 10대가 가짜 과학에 빠지지 않는 20가지 방법

〈활동지 II-10〉에는 제시된 〈자료 II-16〉의 밑줄 친 부분에 관한 정확한 정보를 탐색하여 올바르게 수정하면 된다. 〈활동지 II-10〉에는 원래는 '탐색 질문'만 넣고, '기준, 탐색 결과, 출처'는 빈칸으로 두어 학생들이 허위정보 판별 활동한 뒤에 채워 넣어야 하지만, 활동하는 방법에 대한 이해를 돕기 위해 완성된 결과물을 제시하였다.

허위조작정보 수정하기			
학번 (　　　　) 　이름 (　　　　　)			

기준	탐색 질문	탐색 결과	출처
체크리스트 1, 6	믿을 만한 수치 데이터인가?	① 수명이 20%가 아닌 10% 늘어났다.	뉴스
체크리스트 2	전문 학술지에 게재된 내용인가?	② 발표된 논문은 네이처가 아니라 '네이처 메디슨'이다.	구글 학술검색
체크리스트 1, 6, 7	해당 분야 전문가의 의견인가?	③ 젊은 쥐의 혈장이 늙은 쥐의 신경 성장을 자극해 장기가 다시 젊어졌다고 밝힌 사람은 토니 이스-코레이와 동료학자들이다. 하버드 교수인 에메이 웨이져스는 젊은 쥐의 피에서 발견된 노화를 막아주는 역할을 하는 단백질인 'GDF11'이 개체 결합 이후 늙은 쥐에게서 나타난 운동능력 향상의 요인일 수 있다는 점을 연구했다.	구글 학술검색
체크리스트 8, 9	인간을 대상으로 연구가 이루어졌는가?	④ 쥐에게서의 효과가 인간에게서의 효과를 의미하는 것은 아니다.	토의 내용
체크리스트 9	과장된 표현은 없는가?	⑤ 미국 비즈니스 인사이더 등 외신의 11일(현지시간) 보도에 따르면, 미국의 IT 사업가 브라이언 존슨(45)은 최근 자신의 트위터에 "젊은이의 혈장 수혈에 이점이 감지되지 않았다"며 혈장 수혈 실험을 중단했다고 밝혔다.	뉴스 〈중앙일보, 2023.7.15.〉

　〈활동지 II-10〉의 '기준' 칸에는 〈자료 II-17〉의 가짜 생명과학 정보 확인을 위한 10가지 체크리스트를 보고 해당하는 '연번' 찾아 기록하면 된다. 예를 들어 〈자료 II-16〉의 '① 20%'에 대하여 '믿을 만한 수치 데이터인가?'에 기초하여 탐색할 때는 체크리스트의 연번 중에서 1번(해당

분야의 전문가가 작성한 것인가?)과 6번(편향적 사고가 드러나지 않는가?)을 기준으로 탐색하면 된다.

이런 활동을 통해 우리가 손쉽게 접하는 생명과학 정보를 비롯한 다양한 정보를 판별하는 역량을 키울 수 있다. 이런 활동 과정에서 디지털 지식과 기술에 대한 이해와 윤리의식을 바탕으로 정보를 수집·분석하고 비판적으로 이해·평가하여 새로운 정보와 지식을 생산·활용하는 능력을 키워 디지털 소양을 함양할 수 있다.

<자료 II-17> 가짜 생명과학 정보 확인을 위한 10가지 체크리스트[21]

연번	기준	설명
1	해당 분야의 전문가가 작성한 것인가?	• 과학자가 아닌 정치가, 개인 블로거, 홍보 전문가 등이 작성한 것은 주의 • 교과서, 대학 교재 등 전문가가 만든 자료와 비교할 것
2	동료 심사를 거친 학술지에 게재된 연구 논문인가?	• 사이언스, 네이처, 셀 등 권위 있는 학술지인지 확인할 것 • 학술지나 뉴스에 소개됐다고 전부 검증된 것은 아님에 유의
3	최근 자료인가?	• 과학의 성과와 검증은 최신의 자료를 통해 확인할 것
4	상관관계를 인과 관계로 해석하지는 않는가?	• 서로 관련이 있다고 해서 둘의 관계가 자동적으로 인과적으로 설명되는 것이 아님에 유의
5	정치적 이념이나 경제적 이윤 추구 동기가 강하게 드러나지 않는가?	• 정치인의 입맛에 맞게 과학 지식을 활용하는 것에 유의 • 연예인, 의사, 약사가 자극적으로 홍보하는 의약품 경계
6	편향적 사고가 드러나지 않는가?	• 자신의 기존 생각을 강화해 주는 정보만 받아들이지 않는지 유의 • 많은 사람이 믿는 신념을 쉽게 받아들이지 않는지 유의
7	거센 감정, 기상천외한 주장이 포함되어 있지 않은가?	• 정보를 접했을 때 격한 감정이 생기지 않는지 유의 • 평소에 접하지 못했던 정보여서 관심을 가지지 않는지 유의
8	의약품의 경우 인간을 대상으로 연구가 이루어졌는가?	• 동물 실험의 효과가 사람에게 그대로 적용되는 것은 아님에 유의 • 임상시험의 규모를 확인하고, 플라시보 효과가 아닌지 확인
9	환자 개인의 경험담, 과장 광고인가?	• 환자의 특별한 경험담이 과학적 증거를 대신할 수 없음에 유의 • '과학적 성과', '기적의 치료', '비밀 성분', '고대의 치료법', '천연적', '무독성' 등 광고문 경계
10	맞춤법과 문법에 오류가 많은 정보인가?	• 맞춤법을 신경 쓰지 않는 글은 급하게 만들어진 정보로 신뢰성에 문제가 있음에 유의

---

[21] 마크 짐머의 '10대가 가짜 과학에 빠지지 않는 20가지 방법', 마이 티 응우옌 킴의 '세상은 온통 과학이야'를 참고하여 재구성한 것이다.

학생 주도성의 이해

실행
Action
변혁적 역량
Transformative competencies
새로운 가치 창조
Creating new value
핵심기초
Core foundations
지식
역량
태도
가치
기능
예측
Anticipation
책임감 고취
Taking responsibility
갈등과 딜레마 조정
Reconciling tensions & dilemmas
성찰
Reflection

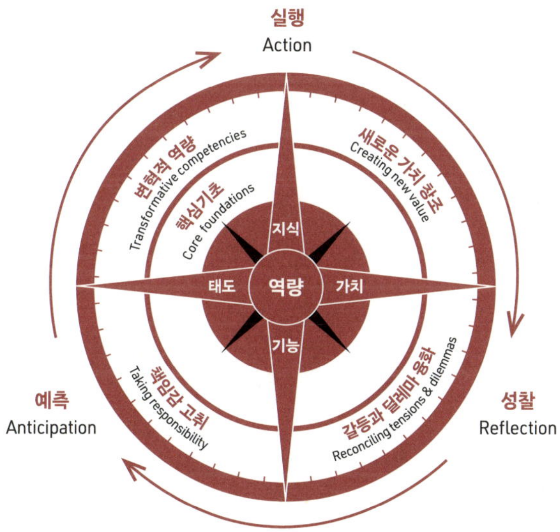

1

현실 상황을 고려한 이해

미래 교육의 중심에 있는 학생 주도성[22]을 키우는 교육의 중요성을 의심하는 사람은 없다. 하지만 비판적 성찰 없이 받아들이면 방향성을 상실하고 표류할 수 있다. 이 때문에 학생 주도성의 개념에 대한 이해를 현실 상황을 고려하여 짚고 넘어가야 한다.

첫째, 학생 주도성에 대한 올바른 이해가 필요하다. 학생 주도성은 학생만 주도성을 키운다는 의미가 아니다. 아울러 학생 주도성과 교사 주도성은 대립하는 개념도 아니다. 학생 없는 교육이 없듯이 교사 없는 교육도 있을 수 없다. 학생 주도성을 키운다고 교사의 설명식 수업이 필요 없다는 뜻도 아니다. 존 듀이(John Dewey)를 비롯한 교육학자들은 교육에

---

22   학생 주도성은 OECD Future of Education and Skills 2030과 2022 개정 교육과정을 통해 교육개혁 및 미래교육 담론의 중심에 있는데, 학습자 주도성, 학생 행위 주체성, 행위자 주체성 등으로 불리기도 한다. 학생 주도성은 노동자들이 갖추어야 할 노동력의 필수요소로 규정한 것인데, 이것으로 교육과정을 바라보는 것은 자본에 대한 노동의 지배를 지속하는 것에 불과하다는 시각과 신자유주의적 관점에서 비강제적으로 개인의 욕망을 공적인 것으로 전환하는 과정이라고 보는 관점이 존재하고 있다.

서 흥미가 절대적으로 중요하다고 강조하고 있다. 지적 호기심이나 흥미의 정도는 선천적으로 타고나기도 하지만, 학습에 있어 흥미의 매개는 주로 교사의 설명을 통해 구현된다.

학생 주도성은 교사 주도성과 함께하는 공동 주도성(co-agency)이 발휘될 때 안정적으로 자리 잡을 수 있다. 더불어 동료, 부모, 교육기관, 지역사회 등의 주도성이 함께 발현되어야 한다. 이것은 'OECD 학습 나침반 2030(learning compass 2030)'을 통해서 알 수 있다.

둘째, 교사가 주도성을 발휘할 수 있는 환경을 마련해야 한다. 교사가 주도성을 발휘하려면 교육 활동의 선택과 결정을 자유롭게 할 수 있는 환경이 마련되어야 한다. 교육은 단순히 지식 전달만으로 이뤄지는 게 아니다. 학생이 자신의 역량을 발전시키고, 자신과 세상 사이의 관계를 이해하도록 육성해야 한다. 그런데 지금처럼 대학 입시 중심 교육, 선행 학습 중심 교육, 변별 중심 교육, 수업 준비를 위한 물리적 시간 부족 등의 문제를 안고 운영되는 교육 환경에서는 교사가 주도성을 제대로 발휘하기 어렵다.

결국에는 학교 문화를 민주적으로 바꿔야 교사 주도성이 자리 잡을 수 있다. 그래야 학생과 교사가 함께하는 공동 주도성도 발휘될 수 있다. 학교 교육은 학생들이 공공선을 중심으로 세상에 이바지할 수 있도록 도와야 한다. 이를 위해 학교는 물론 가정과 지역사회 등 삶의 전반적 영역에서 비민주적 요소를 걷어내야 한다.

셋째, 학생들을 행위 주체자로서 인정해야 한다. 학생을 가르쳐야 하는 대상이 아니라 배움의 과정을 함께하는 행위 주체자로서 인식해야 한다. 학생들을 행위 주체자로 인정한다고 하여 학생이 혼자 고립적이고 배타적으로 학습하는 것을 허용한다는 의미는 아니다. 학습은 혼자

서 하는 것이 아니다. 교사, 동료 등과 협력적 소통을 통해 배우는 과정이다. 아울러 학생이 원하는 것만을 배운다거나 개인의 만족만을 충족시키는 의미도 아니다. 학생의 흥미를 존중하되 학생이 배우고 싶은 것만을 배운다거나 일시적 만족을 충족시키는 것에 머물지 않고, 사회적 영향력과 자신의 행동에 대한 책임감을 지게 해야 한다.

학생들이 지식을 단편적으로 습득하기보다 학습한 내용을 자신의 삶 속에 적용하도록 해야 행위 주체성이 커진다. 이를 위해 학생들이 주도적으로 복잡한 문제를 해결할 수 있도록 역량을 키워야 한다.

개념 차원의 이해

2022 개정 교육과정의 총론에 따르면, '주도성'은 자주성, 자기관리 역량, 자율성 등의 개념에 더하여 공적인 책임 의식까지 포함하는 개념으로서 교육의 개인적 측면과 공공성 측면을 포괄한다. 아울러 주도적인 사람은 삶을 스스로 설계하고 성찰하며 개척하는 사람이자, 책임감 있는 행동으로 세계를 바람직한 방향으로 변화시킬 능력과 의지를 가진 사람으로서, 이에 필요한 역량과 자질을 끊임없이 배우고 익히며 성장해가는 사람이다.

학생 주도성을 OECD(경제협력개발기구)는 '개인의 삶과 학교 교육, 사회생활에서 목표를 정하고 반성적으로 결정하고 책임 있게 행동하는 역량'으로 정의하고 있다. 리드비터(C. Leadbeater)는 '학생이 자신의 목표를 설정하고 달성하는 데 있어서 목적적이고 반성적이고 책임 있는 행위 주체로서 수업에 참여하는 것'으로 정의하고 있다. 이를 통해 OECD와 리드비터의 학생 주도성에 관한 정의는 2022 개정 교육과정의 총론에서 말하는 주도성과 궤를 같이한다고 할 수 있다.

리드비터는 학생 주도성의 주요 요소[23]를 여러 가지 제시하고 있다.[24]

첫째, 목적의식이 필요하다. 자신이 무엇인가를 추구하고자 한다면 목적의식을 가져야 한다. 목적의식은 타인에 의해 주어진 것이 아니다. 무엇을 위해 왜 추구하는지 그 목적을 분명히 할 때 구현되는 것이다. 이를 위해 학생은 교육과 삶에서 어떤 목표를 설정하고 어떻게 달성할 것인가를 배워야 한다.

둘째, 성찰적 태도가 요구된다. 자신의 학습 과정에서 자신의 태도와 자세를 성찰하고, 학습 목적과 교육적 정체성을 숙고해야 한다. 이를 위해 학생들의 자율성에 기반을 둔 체험과 활동을 통한 학습이 일반화되어야 한다.

셋째, 시간과 노력의 투자가 있어야 한다. 자신의 목적을 달성하려면 일정 시간을 할애해 지적 노력 등에 투자할 필요가 있다. 여러 대안 중에서 하나를 선택하는 것이 아니라 위험을 감수하고 목표를 달성하기 위해 노력하는 자세가 필요하다. 시간과 노력의 투자는 자기조절 능력 또는 자기관리 능력이라고 할 수 있다.

넷째, 책임감을 지녀야 한다. 학생은 자신이 참여하고 행동한 결과에 대해 책임지는 자세를 배울 필요가 있다. 학습 활동은 개인적 행위로만 그치는 것이 아니라, 사회적 영향력과 그에 따른 책임감 있는 자세가 요구되기 때문이다. 책임감은 학생이 독립성을 가지고 자신의 행동을 규제하며 미리 계획하는 자제력을 발휘하는 제반적 실천을 의미한다.

---

[23]　학생 주도성의 주요 요소는 리드비터의 규정을 그대로 따랐지만, 구체적 설명은 필자가 재구성하였다. 학생 주도성의 주요 요소에는 리드비터의 규정 이외에도 '학생의 의견 존중, 선택의 기회 부여, 적극적 참여 유도, 동기부여, 주도권 이양, 자기효능감 강화' 등이 있다.

[24]　코로나 이후의 미래교육. 박상준. 교육과학사. 2020 (내용 재구성).

학생 주도성의 주요 요소인 목적의식, 성찰적 태도, 시간과 노력의 투자, 책임감 등은 가치, 태도에 기반을 둔 정의적 영역이다. 그렇다고 학생 주도성을 키우기 위해 학교에서 정의적 영역만을 키우는 수업만 추구할 수는 없다. 인지적 영역을 키우는 수업도 중요하다. 이 때문에 학교에서는 <표 III-1>처럼 인지적 주도성과 정의적 주도성이 조화를 이루도록 수업 평가 활동을 실천해야 한다.

<표 III-1> 인지적 주도성과 정의적 주도성

구분	의미
인지적 주도성	지식, 기능 등의 영역에서 역량을 발휘하여 문제 해결의 기초를 다지고, 다양한 분야의 지식과 경험을 통해 넓고 깊은 시야를 가지고 문제를 해결하고 목표를 달성하는데 필요한 주도성
정의적 주도성	가치, 태도 등의 영역에서 역량을 발휘하여 도덕적 발달을 촉진하고 사회적 통합을 강화하며, 문화적 이해와 자기 존중감을 향상하여 비판적 사고에 기초한 행복한 삶의 유지에 필요한 주도성

2022 개정 교육과정의 핵심 아이디어는 목적의식, 성찰적 태도, 시간과 노력 투자, 책임감 등의 정의적 영역의 역량이 부족하면 발견하기 어렵다. 다시 말해 학생이 주도성을 발휘하기 위해서는 학습 상황에서 무엇을 왜 추구하는지를 올바르게 인식하고, 자신의 정체성과 학습 목적을 생각하면서, 시간을 할애하고 투자하여 목표나 과제 달성에 대해 집중하여, 자신이 참여하고 행동한 결과에 대해 책임지는 자세를 갖추기 위한 정의적 영역의 주도성도 필요하다.

학생 주도성을 강화하려면 수업 평가에서 교사 주도성을 긍정적으로 포용하는 문화가 구축돼야 한다. 전통적 관점으로 수업 평가를 볼 것이 아니라 교사의 새로운 시도에 대하여 열린 시각으로 격려해 주고 지원

해 줄 때 교사 주도성이 빛을 발할 수 있다. 이를 위해 교사 주도성 함양
을 목표로 교사교육 내용의 개선, 전문성 신장을 위한 교사 연수 및 제도
적 지원 등이 이루어질 필요가 있다.[25]

---

25 OECD Education 2030 프레임워크에 기반한 우리나라 교사의 역량 개발 방향 탐색. 한국교육과정 평가원. 2020 (내용 일부 수정)

성취기준 차원의 이해

코로나19 시기를 겪은 학생들의 학력이 급격하게 추락했고, 그 심각성이 수면 위로 드러났다. 학력 저하는 학생들이 주도적으로 학습할 수 있는 역량을 갖추었다면 일정 정도는 해소될 수 있는 문제이다. 그동안 학생들은 교사 주도의 수업을 받아왔기 때문에 스스로 지식을 구성하거나 상황을 판단할 기회가 턱없이 부족했다. 이런 환경에서 학생 주도성에 관한 논의가 이전보다 훨씬 더 주목받게 되었다. 물론 학생 주도성은 교사 주도성과 함께 하는 공동 주도성 차원에서 함께 논의되어야 한다.

2022 개정 교육과정에는 학생 주도성과 교사 주도성을 발휘할 수 있도록 성취기준이 구성되어 있다. 이를 〈자료 III-1〉의 중학교 사회 일반 사회 영역의 성취기준을 통해 알아보자.

[9사(일사)04-01] 선거의 기능과 기본 원칙을 검토하고, 선거 과정에서 유권자와 정당이 수행하는 활동을 조사한다.
[9사(일사)04-02] 정치 활동에 참여하는 다양한 정치 주체의 역할을 탐색하고, 정치과정의 의미를 설명한다.
[9사(일사)04-03] 민주주의의 발전을 위한 지방 자치의 중요성을 설명하고, 지역사회의 문제를 해결하기 위한 시민 참여 활동을 계획한다.

제시된 성취기준에서 '검토하고', '조사하고', '탐색하고', '설명하고', '계획할' 주체는 학생이다. 학생들이 탐구하지 않으면 도달할 수 없기 때문이다. 조사하고, 설명하고, 계획할 수 있도록 수업 평가 활동을 설계해야 할 주체는 교사이다. 이 과정에서 학생과 교사는 인지적 주도성과 정의적 주도성을 수업 평가 활동의 중심에 두고 공동 주도성을 발휘해야 한다.

2022 개정 교육과정에서는 기초소양을 키워야 한다. 기초소양에는 언어 소양, 수리 소양, 디지털 소양이 있다. 〈자료 Ⅲ-1〉의 성취기준에서 진술한 '정당이 수행하는 활동 조사'와 '다양한 정치 주체의 역할을 탐색' 등의 활동은 디지털 소양이 필요하다. AI·디지털 기반으로 필요한 수집하여 탐구하면 학습 성과를 낼 수 있다. 이처럼 2022 개정 교육과정의 성취기준은 AI·디지털을 활용하여 도달할 수 있는 것들이 많다.

[12매의01-01] 매체의 기능과 역할에 대한 이해를 바탕으로 시대별 매체 환경과 소통 문화의 변화 과정을 탐색한다.
[12매의01-02] 소셜 미디어나 온라인 동영상 플랫폼 등의 디지털 매체 환경에서 청소년 문화가 지닌 문제와 가능성을 탐구한다.
[12매의01-03] 영화, 게임, 웹툰 등의 매체 자료가 현실을 재현하는 방식을 분석하며 생산자의 의도나 관점을 파악한다.

<자료 III-2>는 고등학교 국어과의 '매체 의사소통' 과목의 성취기준을 봐도 학생 주도성과 교사 주도성을 함께 요구하고 있다.

제시된 성취기준에서 요구하는 탐색, 탐구, 분석, 파악하기는 학생이 참여하여 탐구하지 않으면 성취할 수 없다. 아울러 탐색, 분석, 파악할 수 있도록 수업 평가 활동을 설계하고 진행해야 할 교사의 역할도 중요하다. 이처럼 초·중·고등학교의 성취기준을 분석하면 모두가 학생 주도성과 교사 주도성을 통한 공동 주도성의 발현을 전제하고 있음을 알 수 있다.

이런 측면에서 교사는 성취기준을 기반으로 수업 평가 활동을 설계하여 이를 학생들이 제대로 실현하도록 돕고 이끌어야 한다. 이를 통해 학생의 실재감과 교사의 실재감이 공존하는 조화로운 교육이 뿌리를 내려야 한다.

  2022 개정 교육과정과 학생 주도성을 키우는 수업 평가

4

학생 주도성 신장을 위한 고려 사항

학생 주도성을 키우는 수업을 위해 시대 상황에 맞지 않는 부분은 과감하게 버리고, 새로운 것을 다시 배우는 자세가 필요하다. 이런 측면에서 현실적으로 고려할 사항을 짚어 봐야 한다.

첫째, 교육과정을 읽어야 한다. 교육과정은 교육의 목적과 목표에 근거하여 학생들에게 제공할 경험, 학습 내용과 학습 방법 및 평가를 체계적으로 조직한 교육 계획서이다. 2022 개정 교육과정에 새로 등장한 개념인 핵심 아이디어나 기초소양 등을 살리는 수업을 실천하려면 반드시 교육과정을 읽어야 한다. 그래야 성취기준의 변화 양상[26]을 파악할 수 있고, 깊이 있는 학습을 위한 방안을 찾을 수 있다. 깊이 있는 학습을 위해 '교과 내 영역 간, 교과 간 내용의 연계성을 고려한 수업, 삶과 연계한

---

[26] 2022 개정 교육은 이전과 달리 탐구, 탐색, 분석, 성찰, 책임 등과 연계된 과정·기능 차원의 성취기준이 많아졌다. 이뿐만이 아니라 성찰, 책임, 태도 등과 연계된 가치·태도 차원의 성취기준도 대폭 증가했다.

의미 있는 학습'을 위해 전이 역량을 키우는 수업을 설계할 때도 교육과정에 대한 정확한 이해가 있어야 한다. 아울러 성취기준을 기반으로 지식·이해, 과정·기능, 가치·태도를 어떻게 가르치고 평가할 것인가를 설계할 수 있다.

둘째, 학생 주도성을 키우는 수업 평가의 의미를 설명해야 한다. 시대 상황의 변화에 따라 학생 주도성과 역량을 키우는 수업 평가가 필요하다. 그렇지만 학생과 교사가 체감하는 정도가 다를 수 있다. 학생 중에는 지식을 암기하고 재생하는 게 학습의 모든 것이라고 여기는 경우가 있다. 학부모도 그런 경우가 있다. 이럴 때는 학생 주도성의 의미와 가치를 구체적으로 설명해야 한다. 이때 지식이 일반화되고 대중화된 사회이므로 인지적 영역의 주도성과 정의적 영역의 주도성을 함께 발휘하여 자기 지식을 축적해야 한다는 것을 강조해야 한다. 아울러 지식은 맹목적으로 암기하는 게 아니라 이해를 기반으로 삶의 영역에 전이할 수 있어야 한다는 것을 설명하고, 사회에서도 지식보다 주도성을 갖춘 사람을 원하고 있다는 것을 강조할 필요가 있다.

셋째, 역량을 키우는 탐구 중심 수업을 해야 한다. 2015 개정 교육과정에서 학생 참여형 수업이라는 용어로 인해 역량을 키우는 교육을 학생 활동 중심 수업으로 오해하여 프로젝트 수업, 토론수업, 거꾸로 수업 등 수업방법을 지나치게 강조했다. 학생들의 주도성을 키우려면 학생들이 학습 목표를 달성하는 과정을 탐구 중심 수업으로 진행해야 한다. 이를 통해 자기주도적 성장을 위해 최선의 노력을 다할 수 있도록 해야 한다. 교사는 학생들의 주도성을 키우는 방향으로 탐구를 기반으로 수업 평가 활동을 구성해야 한다. 아울러 진로 탐색과 관련된 수업 활동을 적극적으로 해야 한다. 자신의 진로나 관심 분야를 탐구하면서 자신의 열정과 관심사를 발견할수록 역량이 커지기 때문이다.

넷째, 질문이 살아있는 수업을 구현해야 한다. 2022 개정 교육과정의 내용 요소인 과정·기능의 대부분은 탐구에 기반을 두고 구성되어 있다. 탐구는 질문과 토론이 함께해야 제대로 성취할 수 있다. 그러므로 질문을 통해 생긴 궁금증을 탐구하는 과정이 살아있는 수업을 진행할 필요가 있다. 2022 개정 교육과정의 핵심역량 중에서 유일하게 새로 구성된 역량이 '협력적 소통' 역량이다. 질문하고 탐구하고 토론하려면 협력적 소통이 필요하고, 협력 수업을 일반화시켜야 한다. AI·디지털 활용 수업 때도 질문이 중요하다. 생성형 AI의 등장으로 질문을 제대로 하면 그에 상응하는 알찬 대답을 얻을 수 있다.

다섯째, 공동 주도성을 발휘할 기회를 마련해야 한다. 수업 평가의 권한을 교사의 전유물로 여기는 사고에서 벗어나야 한다. 수업 평가를 학생과 함께 논의하여 결정할 수 있어야 한다. 예컨대 학기 초에 연중 이뤄질 수업 평가의 방향을 함께 의논할 수 있다. 학생 주도성을 키우는 수업을 위해 학생들이 수업에서 해야 할 일과 교사가 해야 할 일을 결정할 수 있다. 예컨대 평가 목표 설정과 평가 기준을 함께 만들거나, 평가에 대한 학생들의 다양한 의견 수렴과 향후 개선 방안 도출할 수도 있다. 자기평가와 동료평가에 따른 피드백을 어떻게 할 것인가를 학생과 교사가 함께 논의하여 결정할 수도 있다.

여섯째, 지역사회와 연계한 활동을 운영해야 한다. 교육은 세상을 향해 열려있어야 한다. 학생들이 안착해야 할 지역사회와 협력하여 다양한 문제를 해결할 기회를 줄수록 학생 주도성도 높아진다. 이런 측면에서 지역사회의 교통, 환경, 상하수도 등을 조사하여 해결책을 마련하는 활동, 지역 전문가 초청 강의 기회 마련, 침체한 전통시장을 살리기 위한 프로젝트[27] 등을 학생들이 주도적으로 실천할 기회를 마련해야 한다. 이를 통해 학생들은 지역사회의 문제를 회피하지 않고, 한 사회의 구성원으로서 어떻게 주도적 역할을 할 것인가를 숙고하도록 해야 한다.

---

27 필자의 저서인 '미디어 리터러시 교육 어떻게 할 것인가?(지식프레임)'의 '커뮤니티 매핑 활동을 통한 사회참여교육'을 보면 지역의 전통시장을 살리기 위한 프로젝트의 준비와 진행 과정을 상세히 알 수 있다.

4장

학생 주도성을 키우는 수업 평가 준비

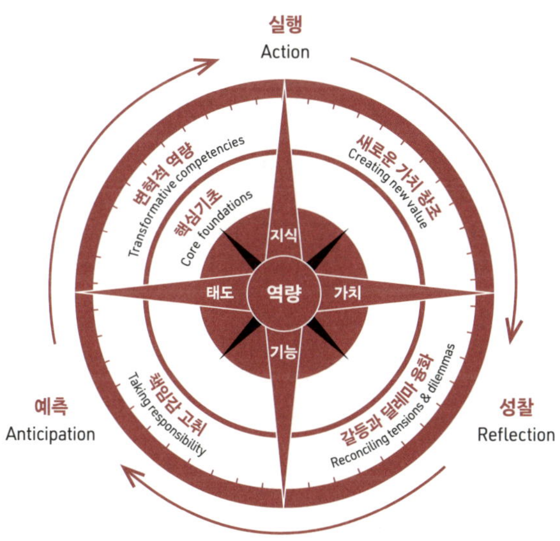

1

역량 검사와 모둠 구성 및
질문과 발표 방법 설계

2022 개정 교육과정에서 강조하는 학생들의 주도성과 역량을 키우는 깊이 있는 학습을 하려면 준비할 것들이 있다.

첫째, 학생들이 지닌 인지적·정의적 영역의 역량을 검사해야 한다. 이를 통해 학생들이 지닌 지식, 기능, 가치, 태도의 정도를 확인할 수 있다. 이때 지식, 기능 등의 인지적 영역과 가치, 태도와 같은 정의적 영역의 역량이 우수한 학생도 있고, 그렇지 못한 학생도 있을 수 있다. 이를 참고하여 개별 학습과 협력 학습을 진행할 수 있다.

둘째, 검사 결과를 토대로 학습 역량 프로파일을 작성하여 모둠을 구성해야 한다. 인지적 영역과 정의적 영역의 역량을 검사한 결과를 정리하여 학생들의 역량을 한눈에 파악할 수 있는 학습 역량 파일을 만든 뒤에 이를 바탕으로 협력 학습에 필요한 모둠을 구성해야 한다.

셋째, 수업에 필요한 질문과 창의적 발표 방법을 설계해야 한다. 사유 역량을 키우고, 깊이 있는 학습을 하려면 수업 시간에 질문과 발표가 살아나야 한다. 질문과 발표 방법을 설계하여 실제 수업에서 적극적으로 실천해야 한다.

이런 일련의 준비 사항을 정리하면 〈표 Ⅳ-1〉과 같다.

<표 Ⅳ-1> 학생 주도성을 키우는 수업 평가 준비 사항

구분	내용	비고
검사	인지적 영역의 역량 검사하기	지식, 기능 중심 역량 검사
검사	정의적 영역의 역량 검사하기	가치, 태도 중심 역량 검사
구성	학습 역량 프로파일 구성하기	학급 단위 역량 프로파일 구성
구성	협력적 소통을 위한 모둠 구성하기	인지적, 정의적 영역의 조합을 통한 구성
설계	탐구 역량을 키우는 질문 설계하기	탐구 역량을 키우는 다양한 질문 설계
설계	창의적 발표 방법 설계하기	디지털과 아날로그 형식의 발표 방식 설계

인지적 영역의 검사를 통해 학생의 지식, 기능 정도를 파악할 수 있고, 정의적 영역의 역량 검사를 통해 가치, 태도 정도를 확인할 수 있다. 이런 측면을 고려하여 개발한 것이 〈표 Ⅳ-2〉와 같은 인지적 영역과 정의적 영역의 역량 확인 검사이다.

<표 Ⅳ-2> 인지적 영역과 정의적 영역의 역량 검사

구분	인지적 영역 역량 검사	정의적 영역 역량 검사
검사 역량	지식, 기능	가치, 태도
검사 방법	리터러시 역량 테스트	활동 역량 테스트
검사 내용	산문, 문서, 이미지, 수량 리터러시 표현 정도 검사	가치·태도 관련 질문에 대한 자기평가 검사

 2022 개정 교육과정과 학생 주도성을 키우는 수업 평가

이런 검사를 바탕으로 다양성과 선택권을 존중하는 개별 학습과 협력적 소통을 전제한 협력 학습을 효율적으로 실행할 수 있다.

2

인지적 영역의
역량 검사하기

학생이 지닌 인지적 영역의 역량은 〈표 IV-3〉처럼 산문, 문서, 이미지, 수량 리터러시 역량 테스트를 통해 확인할 수 있다. 리터러시(문해력)는 이미 언급했듯이 '읽기 쓰기를 기반으로 교과서와 같은 인쇄 문자 텍스트와 유튜브를 비롯한 다양한 디지털 미디어 텍스트를 이해, 분석, 해석, 종합, 창작하면서 문제 상황을 해결하는 개별 역량'을 말한다.

리터러시 역량 테스트의 산문과 이미지 리터러시는 감성적 역량 부분으로 글쓰기와 이미지로 표현하는 활동이 요구된다. 상대적으로 문서와 수량 리터러시는 이성적 역량 부분으로 그래프와 도표를 분석하거나 수량적 계산 문제를 풀거나 만드는 역량을 필요로 한다.

한편 2022 개정 교육과정에서 강조하는 깊이 있는 학습을 위한 기초 소양을 키울 때 리터러시 역량 테스트를 통해 학생들이 지닌 소양의 정도를 일정 정도 가늠할 수 있다. 산문 리터러시 테스트를 통해 언어 소양을 알 수 있고, 문서와 수량 리터러시 테스트를 통해 수리 소양을 알 수 있다. 이미지 리터러시 테스트를 통해 디지털 소양도 어느 정도 확인할 수 있다. 이를 토대로 기초소양 교육을 어떤 수준에서 어떻게 할 것인가를 설계할 수 있다.

<표 IV-3> 리터러시 역량 테스트

구분	내용	주요 역량	기초소양
산문 리터러시 (prose literacy)	주어진 텍스트를 읽고 이해한 뒤에 자기 입장을 논리적 글쓰기로 표현하는 문해적 역량	감성적 역량	언어 소양
문서 리터러시 (document literacy)	그래프·도표·지도 등에 포함된 정보를 찾고 비판적으로 평가하거나 그래프·도표·지도를 그리는 역량	이성적 역량	수리 소양
이미지 리터러시 (image literacy)	그림, 영상 등의 이미지에 담긴 메시지를 이해거나 문제 상황을 이미지로 표현하여 해결하는 비주얼 씽킹(visual thinking) 역량	감성적 역량	디지털 소양
수량 리터러시 (quantitative literacy)	수량적 계산 문제를 비판적으로 분석·평가하여 답을 도출하거나 수리적 문제를 창의적으로 구성하는 역량	이성적 역량	수리 소양

〈활동지 IV-1〉은 학기 초에 인지적 영역의 역량 검사를 위한 '리터러시 역량 테스트' 활동지이다. 활동지는 위에서부터 순서대로 산문, 문서, 이미지, 수량 리터러시 역량을 검사하기 위한 문제이다.

학생들에게는 리터러시 역량 테스트는 생소한 영역이다. 그러므로 각 문항에 대한 설명을 해줘야 한다. '산문은 제시된 문제를 읽고 자기 생각을 두 문장 이상으로 답하라', '문서는 제시문을 읽고 그 내용을 상대방이 알기 쉽게 막대그래프나 꺾은선그래프로 나타내라', '이미지는 직장 이동 간에 생기는 실업을 그림으로 그리고 색칠해라', '수량은 제시

<활동지 IV-1> 인지적 영역의 역량 확인을 위한 '리터러시 역량 테스트'

리터러시 역량 테스트	
학번 ( ) 이름 ( )	
구분	표현하기
• 삶의 질이 강조되면서 문화에 대한 수요가 급격하게 증가하고 있습니다. 그 때문에 문화예술시장이 확대되고 습니다. 특히 한류 문화 확산으로 공연, 기념품, 음반 등의 판매 수익이 큰 폭으로 증가했습니다. 이런 상황을 고려해 문화가 경제에 미치는 영향에 대한 자기 생각을 서술하세요.	
• 다음 글을 읽고 주요 내용을 그래프로 나타내세요. 2016년 통계청이 발표한 2분기 가계 동향에 따르면 2분기 평균소비성향은 70.9%로 지난해 같은 기간보다 0.7%포인트 하락했다. 통계청이 관련 통계를 발표하기 시작한 2003년 이후 가장 낮은 수치다. 평균소비성향은 2010년 말 77.8%에서 꾸준히 하락 추세다.	
• 다음 글을 읽고 주요 내용을 이미지로 표현하세요. 마찰적 실업이란 직업을 바꾸는 과정에서 일시적으로 발생하는 실업을 말하는데, 일할 능력도 있고 직업도 있었으나 보다 나은 임금과 근무조건 등을 위해 직업을 바꾸는 과정에서 생깁니다. 더 나은 일자리를 찾는 과정에서 생긴다고 하여 탐색적 실업이라고도 합니다.	
• 시간당 1만 원의 임금을 받는 사람이 7,000원을 주고 2시간 동안 상영하는 영화를 보았을 때의 기회비용은 얼마인지 풀이 과정과 정답을 모두 작성하세요. 기회비용은 선택에 따른 포기된 대안의 가치를 뜻합니다.	

된 기회비용 개념을 바탕으로 풀이 과정과 답을 모두 작성하라' 라는 형식으로 세세하게 설명해야 한다.

각각의 리터러시 역량 테스트를 결과를 참고하여 수업 평가의 수준을 정할 수 있다. 예컨대, '산문 리터러시 역량 테스트'의 결과를 토대로 학생들의 논·서술 수준을 가늠할 수 있다. 이를 참고하여 학생들의 수준을 고려한 논·서술형 문항을 출제할 수 있다. 학생들의 산문 리터러시 수준을 고려하지 않고 높은 수준의 문제를 내면 백지 답안이 속출하거나, 평균 점수 하락으로 인해 원성을 살 수도 있다. 문서, 이미지, 수량 리터러시 역량 테스트의 결과도 살펴야 한다. 이런 영역의 리터러시 역량 수준을 고려하지 않은 채 수업 평가 활동을 진행하면 주도성과 역량을 키우는데 한계 상황에 부닥칠 수 있다.

테스트 결과를 보면 산문, 문서, 이미지, 수량 리터러시 역량이 모두 뛰어난 학생도 있지만, 부족한 학생도 있다. 리터러시 역량이 부족한 학생은 성장할 수 있도록 도와주고, 우수한 역량을 지닌 학생은 발전할 수 있도록 이끌어 주면 된다.

〈그림 IV-1〉을 작성한 학생은 산문, 문서, 이미지 리터러시 역량은 우수하지만, 수량 리터러시 역량은 상대적으로 부족하다. 풀이 과정 및 답이 틀렸기 때문이다. 이런 경우에는 교사가 관심을 가지고 수량 리터러시 역량을 키울 수 있도록 지속해서 관심을 가지고 피드백해야 한다.

<그림 IV-1> '리터러시 역량 테스트' 결과물

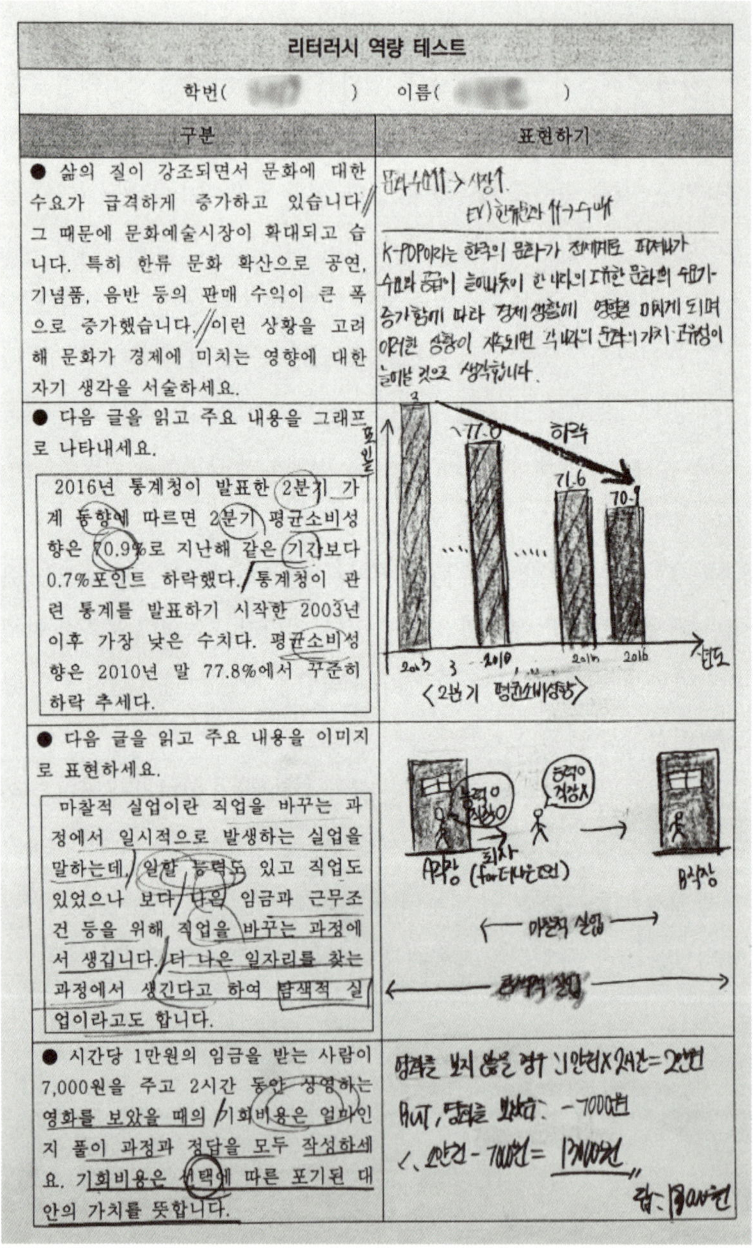

리터러시 역량 테스트

학번( ) 이름( )

구분	표현하기
● 삶의 질이 강조되면서 문화에 대한 수요가 급격하게 증가하고 있습니다. 그 때문에 문화예술시장이 확대되고 습니다. 특히 한류 문화 확산으로 공연, 기념품, 음반 등의 판매 수익이 큰 폭으로 증가했습니다. 이런 상황을 고려해 문화가 경제에 미치는 영향에 대한 자기 생각을 서술하세요.	*(손글씨 답안)*
● 다음 글을 읽고 주요 내용을 그래프로 나타내세요. 2016년 통계청이 발표한 2분기 가계 동향에 따르면 2분기 평균소비성향은 70.9%로 지난해 같은 기간보다 0.7%포인트 하락했다. 통계청이 관련 통계를 발표하기 시작한 2003년 이후 가장 낮은 수치다. 평균소비성향은 2010년 말 77.8%에서 꾸준히 하락 추세다.	*(손글씨 그래프)*
● 다음 글을 읽고 주요 내용을 이미지로 표현하세요. 마찰적 실업이란 직업을 바꾸는 과정에서 일시적으로 발생하는 실업을 말하는데, 일할 능력도 있고 직업도 있었으나 보다 나은 임금과 근무조건 등을 위해 직업을 바꾸는 과정에서 생깁니다. 더 나은 일자리를 찾는 과정에서 생긴다고 하여 탐색적 실업이라고도 합니다.	*(손글씨 그림)*
● 시간당 1만원의 임금을 받는 사람이 7,000원을 주고 2시간 동안 상영하는 영화를 보았을 때의 기회비용은 얼마인지 풀이 과정과 정답을 모두 작성하세요. 기회비용은 선택에 따른 포기된 대안의 가치를 뜻합니다.	*(손글씨 답안)*

3

정의적 영역의
역량 검사하기

리터러시 역량 테스트를 통해 지식과 기능 중심의 인지적 영역의 역량은 어느 정도 알 수 있지만, 가치와 태도 차원의 정의적 영역의 역량은 전혀 알 수 없다. 〈활동지 IV-2〉는 활동 역량 테스트를 통해 정의적 영역의 역량을 확인하기 위한 것이다.

<활동지 IV-2> 정의적 영역의 역량 확인을 위한 '활동 역량 테스트'

활동 역량 테스트		
학번 (　　　　　) 이름 (　　　　　)		
순번	구분	나의 활동 역량
❶	내가 알고 있는 내용을 자신 있게 설명할 수 있다.	☆☆☆☆☆☆☆☆☆☆
❷	내가 모르는 내용을 자신 있게 질문할 수 있다.	☆☆☆☆☆☆☆☆☆☆
❸	내가 모르는 내용이 있을 때 급우들과 의논하여 해결할 수 있다.	☆☆☆☆☆☆☆☆☆☆

❹	내가 알고 있는 내용을 설명하는 활동이 나에게 도움이 된다는 것을 알고 있다.	☆☆☆☆☆☆☆☆☆☆
❺	내가 모르는 내용을 급우가 설명해줄 때 흔쾌히 받아들일 수 있다.	☆☆☆☆☆☆☆☆☆☆
❻	학습 목표나 수행과제를 정확하게 이해하여 자신의 말로 구체적으로 설명할 수 있다.	☆☆☆☆☆☆☆☆☆☆
❼	목표나 과제 완수를 위해 스스로 체계적인 계획을 세우고 빠뜨리는 경우 없이 행동할 수 있다.	☆☆☆☆☆☆☆☆☆☆
❽	자신이 부족하거나 미흡한 점을 솔직하게 인정하고 실제로 개선할 수 있다.	☆☆☆☆☆☆☆☆☆☆
❾	다른 사람의 감정을 스스로 먼저 파악하여 말하고 행동할 수 있다.	☆☆☆☆☆☆☆☆☆☆
❿	수업 시간에 필요한 지식, 뉴스, 정보 등을 디지털 기기를 활용하여 적극적으로 수집·활용할 수 있다.	☆☆☆☆☆☆☆☆☆☆

활동 역량 테스트는 제시된 항목을 읽고 10개의 별 중에서 자신에게 해당하는 별만큼 색칠하면 된다. 예컨대 특정 항목에 대해 자신감이 있을 때는 8개 이상의 별에 색칠하면 되고, 보통일 때는 5개, 자신이 없을 때는 한두 개의 별에 색칠하면 된다. 모든 질문에 한두 개의 별에만 색칠한 학생이 있다면, 타인과의 소통이 힘든 상황일 수 있으므로 그 이유를 알아보고 변화를 위한 피드백을 할 필요가 있다.

〈그림 IV-2〉 활동지를 작성한 학생은 자신이 모르는 내용을 자신 있게 질문하는 것을 힘겨워하고, 다른 학생의 설명을 수용하는 것도 힘들어하는 특성이 있다. 이런 학생은 모둠 기반의 협력 학습 때 모둠의 구성원들과 의사소통이 힘들 수 있다. 이런 학생에게 무조건 협력 학습을 강요하지 말아야 한다. 그렇지만 ❽번을 보면 개선의 여지가 있으므로 다른 사람과 소통하는 방법과 협력적 소통의 중요성을 설명하면서 기다려

<그림 IV-2> '활동 역량 테스트' 결과물

순번	구분	나의 활동 역량
❶	내가 알고 있는 내용을 자신 있게 설명할 수 있다.	★★☆☆☆☆☆☆☆☆
❷	내가 모르는 내용을 자신 있게 질문할 수 있다.	★☆☆☆☆☆☆☆☆☆
❸	내가 모르는 내용이 있을 때 급우들과 의논하여 해결할 수 있다.	★★★☆☆☆☆☆☆☆
❹	내가 알고 있는 내용을 설명하는 활동이 나에게 도움이 된다는 것을 알고 있다.	★★★★★★☆☆☆☆
❺	내가 모르는 내용을 급우가 설명해줄 때 흔쾌히 받아들일 수 있다.	★☆☆☆☆☆☆☆☆☆
❻	학습 목표나 수행과제를 정확하게 이해하여 자신의 말로 구체적으로 설명할 수 있다.	★★★☆☆☆☆☆☆☆
❼	목표나 과제 완수를 위해 스스로 체계적인 계획을 세우고 빠뜨리는 경우 없이 행동할 수 있다.	★★★★☆☆☆☆☆☆
❽	자신이 부족하거나 미흡한 점을 솔직하게 인정하고 실제로 개선할 수 있다.	★★★★★★★☆☆☆
❾	다른 사람의 감정을 스스로 먼저 파악하여 말하고 행동할 수 있다.	★★★★★★☆☆☆☆
❿	수업 시간에 필요한 지식, 뉴스, 정보 등을 디지털 기기를 활용하여 적극적으로 수집·활용할 수 있다.	★★★★★★★☆☆☆

경제 수업·평가 활동지 [2]

활동 역량 테스트

학번(   ) 이름(   )

줘야 한다.

'리터러시 역량 테스트'와 '활동 역량 테스트'는 학생들이 지닌 인지적 영역과 정의적 영역의 역량을 파악하여 협력 학습을 위한 모둠을 구성할 때 필요하지만, 개별 학습을 위해서도 필요한 부분이 있다.

첫째, 개인 맞춤형 동기부여를 통해 학습 의욕을 불러일으킬 수 있다. 리터러시 역량 테스트 결과를 보면 학생마다 다양한 모습을 보인다. 모든 리터러시 역량이 우수한 학생도 있고, 특정 리터러시 영역은 우수하지만, 다른 리터러시 역량은 부족한 부분도 있다. 이를 바탕으로 특정 영역의 역량이 우수한 학생에게는 한 단계 발전하도록 도와주고, 특정 영역의 역량이 떨어지는 학생에게는 성장할 수 있도록 피드백 하는 것으로 개인별 맞춤형으로 동기부여를 할 수 있다.

둘째, 학생의 다양성과 선택권을 존중하는 수업을 할 수 있다. 만약 문서 리터러시 역량을 확인하는 활동지를 투입하면, 문서 리터러시 역량이 부족한 학생은 수업 활동이 힘들 수 있다. 마찬가지로 이미지로 표현하는 활동을 하면, 이미지 리터러시 역량이 부족한 학생은 그 활동을 수행하기 힘들 것이다. 이럴 때는 〈그림 Ⅳ-3〉처럼 '경제생활을 이해한 뒤에 표현하여 설명하기' 활동을 할 때 자신이 좋아하는 리터러시 역량에 맞춰 자유롭게 정리하게 하면 된다. 이렇게 다양성과 선택권을 인정해줘야 학생들의 주도성도 커진다.

<그림 IV-3> 다양성과 선택권을 존중하는 수업의 결과물

글쓰기 중심 표현 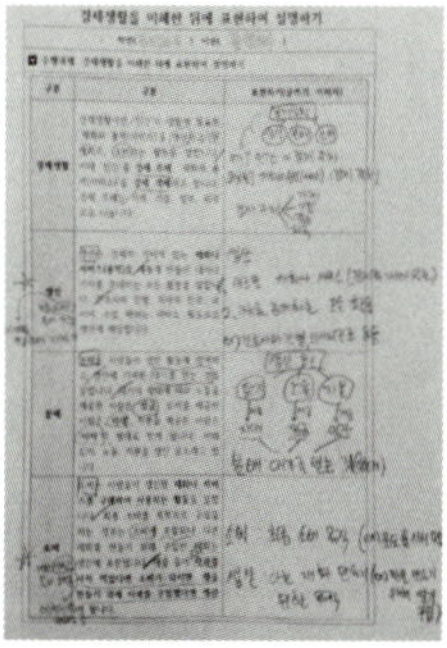	이미지 중심 표현 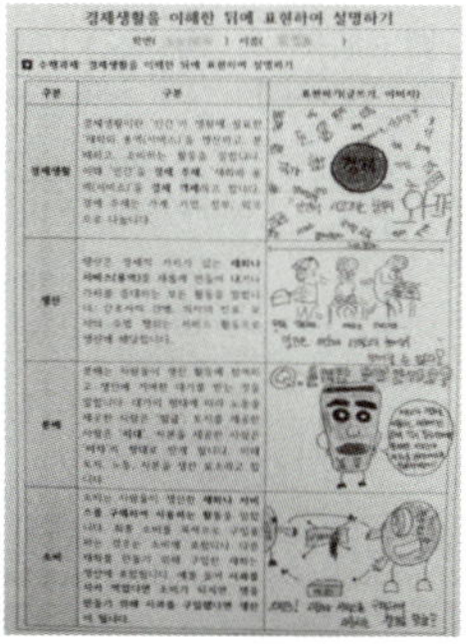	글쓰기와 이미지 혼합표현 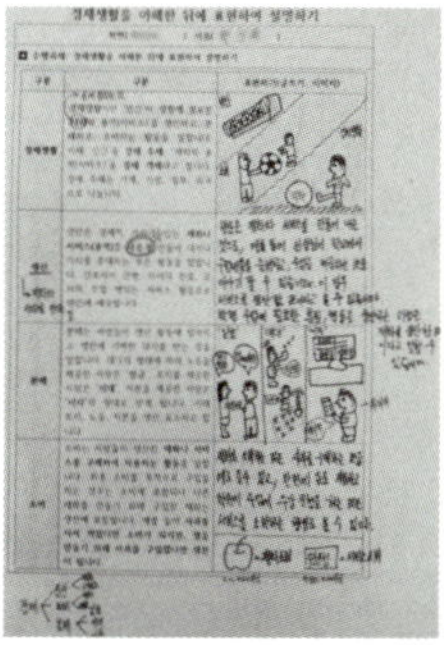

리터러시 역량 테스트와 활동 역량 테스트는 가능하면 학기 초 첫날 첫 시간에 실시하는 것이 효과적이다. 학기 초이기 때문에 학기 중반보다 적극적으로 검사를 받는다. 일찍 검사할수록 학생 파악을 위한 자료가 확보되므로 교과 수업을 설계할 때도 도움이 된다. 검사를 할 때는 학생들에게 자신이 지닌 역량을 솔직하게 표현하도록 당부할 필요가 있다.

4

학습 역량 프로파일 구성하기

인지적 영역과 정의적 영역의 역량 테스트가 끝나면 이에 바탕으로 학생들의 학습 역량 프로파일을 만들 수 있다. 학습 역량 프로파일은 〈자료 Ⅳ-1〉처럼 학생들의 인지적·정의적 영역의 역량을 한눈에 알아볼 수 있도록 정리한 것이다.

<자료 Ⅳ-1> 학급 단위 학습 역량 프로파일

3학년 2반 학습 역량 프로파일					
번호	이름	리터러시 역량 (인지적 영역)	활동 역량 (정의적 영역)	역량 변화	비고
1	강○규	산문, 문서 우수	질문력 이외는 중간 수준		
2	강○휘	문서 우수	수용력, 설득력 우수		
3	권○건	이미지 우수	질문력 우수		
4	김○용	수량 우수	설명력 우수		

5	김○근	산문, 이미지 우수	모든 항목 중간 수준		
6	김○준	모두 우수	설명력, 수용력 우수		
7	김○준	문서 우수	설명력 이외 모두 우수		
8	김○한	이미지 우수	모든 항목 우수		
9	김○기	산문 우수	정보 관리 우수		
10	김○환	산문 우수	질문력, 설명력 우수		
11	김○욱	모두 우수	협동력 우수		
12	김○훈	산문, 수량 우수	설명력, 설득력 우수		
13	김○호	수량 이외 우수	협동력, 설득력 우수		
14	김○우	산문, 문서 우수	의사소통력 우수	이미지 우수	
30	이○형	산문 우수	의사소통력 우수		
31	임○준	이미지 우수	모든 항목 중간 이상		
32	장○범	이미지 우수	수용력, 인정력 우수		
33	장○원	산문, 문서 우수	설명력, 설득력 우수	수량 우수	
34	정○명	문서 우수	계획력 우수		
35	정○진	산문 우수	의사소통력 우수		
36	조○원	문서 우수	설명력 우수		
37	차○석	산문 우수	모든 영역 중간 이상 수준		
38	최○림	산문, 이미지 우수	소통력 우수		
39	한○호	산문, 이미지 우수	계획력, 설명력 우수		
40	한○철	수량 이외 우수	의논력, 인정력 우수		전입

학습 역량 프로파일의 '리터러시 역량' 칸에는 산문, 문서, 이미지, 수량 리터러시 중에서 어떤 부분이 우수하고 어떤 부분은 취약한지를 기록하면 된다.

'활동 역량' 칸에는 가치·태도 테스트 결과를 압축하여 정리하면 된다.

'역량 변화' 칸에는 처음 검사를 한 이후 성장한 역량이나 새롭게 발견된 역량 부분을 기록하면 된다. 검사 당시에는 이미지 리터러시 역량이 부족했던 학생이 개인의 노력이나 동료 또는 교사의 도움을 받아 성장했다면, 그 부분을 기록하면 된다. 또는 활동 역량 테스트 때는 특정 질문에 소극적으로 반응했던 학생이 적극적인 태도를 보였다면 그 내용을 기록하면 된다. 예컨대 '❶ 내가 알고 있는 내용을 자신 있게 설명할 수 있다' 라는 항목에 별 두 개 정도로 소극적으로 반응했던 학생이 일정 시간이 지난 뒤에 별 8개 정도로 성장했다면 그 부분을 기록하면 된다.

역량 변화 부분은 한 학생의 성장 증거이다. 그러므로 성장한 내용을 학교생활기록부의 '과목별 세부능력 특기 사항' 에 기록할 수도 있다.

5

협력적 소통을 위한
모둠 구성하기

학습 역량 프로파일을 만들어지면 협력 학습을 위한 모둠을 구성할 수 있다. 역량 검사 결과를 보면 모든 역량이 우수한 학생도 있고, 상대적으로 특정 역량이 떨어지는 학생도 있다. 산문, 문서, 이미지, 수량 리터러시 우수자를 고루 섞어 모둠을 구성한 뒤에 모둠 구성원이 협력적 소통에 기초하여 서로 돕고 가르치는 협력 학습을 할 수 있다.

〈표 IV-4〉는 네 명을 한 모둠(팀)을 구성할 때 산문, 문서, 이미지, 수량 리터러시 우수자를 한 명씩 배치한 모둠 구성 형식이다.

〈표 IV-4〉 학습 프로파일에 근거한 모둠 구성 사례(1)

산문 리터러시 역량 우수자(1명)	문서 리터러시 역량 우수자(1명)
이미지 리터러시 역량 우수자(1명)	수량 리터러시 역량 우수자(1명)

이렇게 모둠이 구성되면 그 시간에 투입되는 활동지의 성격에 따라 리더가 결정된다. 산문 리터러시 중심의 협력 수업 때는 산문 리터러시 우수자가 리더가 되고, 수량 리터러시 중심의 수업 때는 수량 리터러시 우수자가 모둠을 이끌면 된다.

모둠 중심의 협력 학습 때는 리더는 수업 시간에 교사가 제시한 활동지를 모둠의 구성원들과 논의하여 능동적으로 처리하는 일, 처리한 활동지의 주요 내용을 모둠원에게 알기 쉽게 설명하는 일, 모둠원 중에서 한 명을 뽑아 자기 모둠을 대표하여 한 학급의 전체 학생을 대상으로 설명하는 일을 주도적으로 처리해야 한다. 리더가 해야 할 일이 확실하게 정해져 있어야 모둠 활동 과정에 생길 수 있는 문제들을 일정 정도 예방할 수 있다.

〈표 IV-4〉를 참고하여 네 명을 한 모둠으로 구성할 때 '산문+문서', '산문+문서', '산문+이미지', '산문+문서+수량' 등 복수의 리터러시 우수자 1명을 배치한 뒤에 나머지에 자리에 그 외 리터러시 역량 우수자나 가치·태도 우수자를 배치하는 등 〈표 IV-5〉처럼 조합할 수도 있다.

<표 IV-5> 학습 프로파일에 근거한 모둠 구성 사례(2)

산문과 문서 리터러시 역량 우수자(1명)	가치·태도 우수자(1명)
이미지 리터러시 역량 우수자(1명)	수량 리터러시 역량 우수자(1명)

리터러시 역량과 활동 역량 테스트에 기초하여 모둠을 구성되면 몇 가지 유용성이 있다.

첫째, 학생 주도성을 키울 수 있다. 특정 단원의 그래프로 표현하는 수업을 할 때는 모둠원 중에서 문서 리터러시 우수자가 주도성을 발휘할 수 있고, 이미지로 표현하는 활동 때는 이미지 리터러시 우수자가 자기 모둠을 이끌 수 있다. 자기가 이끌 수 있는 리터러시 부분이기 때문에 능동적으로 주도성을 발휘할 수 있다. 이런 일련의 과정이 반복될수록 목적의식, 자기조절, 성찰적 태도, 책임감 등의 주도성이 커질 수 있다.

둘째, 협력적 소통을 수업의 중심에 둘 수 있다. 리터러시 역량은 우수하지만 설명하는 것을 힘들어하는 학생이 리더라면 활동지 처리는 리터러시 역량이 우수한 학생이 맡고, 발표는 모둠원 중에서 가치·태도 우수자가 맡아 서로 협력하면서 소통할 수 있다. 이런 점을 고려하여 모둠 구성 때 인지적 영역의 역량 우수자와 정의적 영역의 역량 우수자가 특정한 모둠에 쏠리지 않게 배치하여야 한다.

6

탐구 역량을 키우는
질문 설계하기

학생들이 주체적으로 자신의 미래를 설계하려면 탐구 역량을 키우는 질문을 할 수 있어야 한다. 질문은 학생들의 호기심과 상상력을 자극하며, 탐구 역량을 키우는 데 중요한 역할을 한다. 이를 위해 탐구 역량을 키우는 다양한 질문을 수업 시작, 수업 중간, 수업 마무리 시점에 배치하여 활기찬 수업 평가 활동이 되도록 해야 한다. 예컨대 수업을 시작할 때는 동기를 유발하는 질문을 하고, 수업 중간에도 탐구 의욕을 유인하는 질문을 해야 한다. 수업을 마무리할 때도 무조건 깔끔하게 개념 정리로 끝맺는 것보다 탐구심을 자극하는 질문을 해야 한다. 이때 교과서에 답이 있는 지식, 기능 중심의 인지적 영역의 역량을 키우는 질문을 할 수 있지만, 가치, 태도 중심의 정의적 영역의 역량을 키우는 질문을 통해 학생들의 사유 역량을 키워야 한다.

질문은 교사만 할 수 있는 일이 아니다. 학생들도 질문을 만들고 그에 맞춰 탐구 활동을 할 수 있어야 한다. 학생들이 스스로 질문을 만들어 그에 관련된 생각을 하면서 탐구하는 과정에서 학생 주도성이 강화될 수 있다. 탐구 역량을 키우기 위해 <표 IV-6>처럼 다양한 방식으로 질문을 설계할 수 있어야 한다.

<표 IV-6> 탐구 역량을 키우기 위한 질문 만들기

구분	내용
핵심 질문 만들기	열린 답변, 토론 가능성, 전이 가능성, 계속성 등을 담아내는 핵심 질문 만들기
성취기준 수준 핵심 질문 만들기	교과의 성취기준을 활용하여 학습 효율을 높이기 위한 핵심 질문 만들기
내용 요소 중심의 탐구 질문 만들기	내용 요소인 지식·이해, 과정·기능, 가치·태도 차원의 다양한 질문 만들기
학생들이 주도적으로 질문 만들기	학생들이 주도적으로 개념에 대한 이해력을 높이기 위해 스스로 질문 만들기
생성형 인공지능(AI) 활용을 위한질문 만들기	생성형 인공지능을 활용하여 자신의 원하는 답을 얻기 위한 질문 만들기

한편 AI·디지털을 활용하는 수업을 할수록 창의적 발표가 중요하다. 검색이나 질문 등을 사용해 확보한 지식, 뉴스, 정보 등을 제대로 이해했는지는 발표를 통해 확인할 수 있다. 제대로 발표하려면 검색과 질문을 통해 확보한 자료를 정확하게 읽고 그 내용을 이해해야 하기 때문이다.

(1) 핵심 질문 만들기

깊이 있는 학습을 하려면, 스스로 질문하고 스스로 답하는 능력을 키워야 한다. 이때 일반적 질문보다 사고의 확장의 꾀하는 '핵심 질문'을 해야 한다. 예를 들어 '실업은 무슨 뜻인가요?' 라는 질문에는 '일할 의사와 노동력이 있는 사람이 일자리를 잃거나 일할 기회를 얻지 못하는 상태'라는 답이 정해져 있다. 이처럼 정답이 있는 닫힌 질문에는 '맞습니다'라는 대답 이외에는 특별히 논의할 게 없다.

하지만 '일자리를 잃은 사람들의 일상생활은 어떻게 될까?'와 같은 핵심 질문[28]은 〈표 IV-7〉처럼 다양한 특징을 지니고 있다.

<표 IV-7> 핵심 질문의 특징

특징	내용
개방성	답을 찾는 과정에서 여러 관점이 요구된다.
고차원적 사고 유도	비교, 추론, 분석, 종합, 평가하는 능력이 요구된다.
탐구 질문 유도	답을 찾는 과정에서 부가적인 질문이 요구된다.
토론 가능성	자기 생각을 정당화하기 위한 논증력이 요구된다.
전이 가능성	다른 문제 상황에서도 적용하여 해결할 수 있다.
계속성	지속적으로 탐구되는 질문으로 삶의 경험과 수준에 따라 답이 달리 나타난다.

앞서 제시한 '일자리를 잃은 사람들의 일상생활은 어떻게 될까?'라는 질문에 기초하여 핵심 질문의 특징을 알아보자.

'개방성' 측면에서 보면, '일자리를 잃은 사람'의 범주를 개인적 차원에 국한하여 논의할 수도 있지만, 사회적, 세계적 차원으로 범위를 넓혀 논의할 수도 있다. 실업은 개인적으로는 자아정체성이 훼손되고 사회적으로 고립을 초래할 수도 있다. 스트레스와 긴장을 유발하여 가족 구성원들 사이의 관계에도 악영향을 미친다. 세계적 차원에서 보면, 한 국가

28　핵심 질문, 학생들에게 이해의 문 열어주기. Jay McTighe, Grant Wiggins. 사회평론. 2013.

의 실업 문제가 다른 국가에도 파급될 수 있다.

'고차원적 사고 유도' 측면에서 보면, 일자리를 잃은 사람과 일자리를 가진 사람을 비교하여 문제 상황을 추론할 수 있고, 일자리를 잃은 사람의 불안감을 심리적 차원에서 분석할 수도 있으며, 실업이 가지는 경제적 사회적 효과를 종합하여 평가할 수도 있다.

'탐구 질문 유도' 측면에서 보면, 일자리를 잃은 사람들에 대한 대책을 논의할 때 경제적 관점에서 일자리 상실에 따른 개인과 가정의 소득 감소 현황을 탐구하도록 하는 질문을 할 수 있다. 심리적 차원에서 실업에 따른 우울증, 불안장애 등의 해소책을 질문하여 그에 관한 탐구를 유도할 수도 있다.

'토론 가능성'의 측면에서 보면, 일자리를 잃은 사람들을 위한 대책을 주제로 토론할 수 있다. 이때 자기 입장을 정당화하려면 논증력이 요구된다. 논증력은 자기주장의 정당성을 확보하기 위해 적절한 근거를 제시하고, 근거를 구체적으로 설명하는 힘이다.

'전이 가능성' 차원에서 보면, '일자리를 잃은 사람들의 일상생활은 어떻게 될까?' 라는 핵심 질문은 다른 교과 영역으로 전이할 가능성을 갖춘 것이다. 예컨대 사회학 영역에서는 '실업이 사회적 구조와 상호작용에 미치는 영향은 무엇인가?' 로 전이할 수 있으며, 교육학 영역에서 '실업이 교육체계와 미래 직업에 미치는 영향은 무엇인가?' 로 영역 전이할 수 있다.

'계속성' 차원에서 보면, 핵심 질문은 지식의 확장과 발전, 문제해결의 향상에 중요한 역할을 하며, 지속적인 탐구를 통해 깊이 있는 이해와 창의적인 해결책을 모색할 수 있도록 한다. '일자리를 잃은 사람들의 일상생활은 어떻게 될까?' 라는 핵심 질문에 대한 논의를 계속해서 탐구하면 새로운 관점이나 아이디어를 발견할 수 있고, 다양한 시각에서 문제를 다시 고려하고 새로운 관점을 찾을 수 있는 계속성이 있다.

수업 시간, 동아리 활동, 창의적 체험활동 때 학생이 스스로 질문을 만들어 탐구 활동을 할 수 있다. 이때 〈활동지 Ⅳ-3〉을 사용하면 스스로 질문을 만들어 평가도 할 수 있다.

〈활동지 Ⅳ-3〉의 '소단원' 칸에는 수업하고 있는 교과서의 소단원을 기록하고, '소단원의 핵심 내용' 칸에는 소단원의 주요 내용을 간략하게 요약하여 정리하면 된다.

'핵심 개념' 칸에는 소단원의 핵심 내용에 있는 핵심 개념을 명사형으로 기록하면 되고, '핵심 질문' 칸에서 앞서 정리한 '소단원의 핵심 내용'과 '핵심 개념'을 바탕으로 핵심 질문을 만들어 기록하면 된다. '핵심 질문 평가'는 스스로 만든 핵심 질문을 '개방성, 고차원적 사고 유도, 토론 가능성, 전이 가능성, 계속성' 등의 의미에 부합하는 정도를 따져 해당 정도에 별점을 매기고 그 이유를 정리하면 된다.

마지막으로 '핵심 질문 만들기를 통해 느낀 점' 칸에는 핵심 질문을 만들어야 하는 이유나 필요성, 질문 생성 과정의 어려운 점 등을 상세하게 정리하면 된다.

<활동지 IV-3> 핵심 질문 만들기 활동지

핵심 질문 만들기 활동지	
학번 ( ) 이름 ( )	
• 수행과제: 핵심 질문 만들기	
소단원	
소단원의 핵심 내용	
핵심 개념	
핵심 질문	

핵심 질문 평가

항목	평점	이유
개방성	☆☆☆☆☆☆☆☆☆☆	
고차원적 사고 유도	☆☆☆☆☆☆☆☆☆☆	
탐구 질문 유도	☆☆☆☆☆☆☆☆☆☆	
토론 가능성	☆☆☆☆☆☆☆☆☆☆	
전이 가능성	☆☆☆☆☆☆☆☆☆☆	
계속성	☆☆☆☆☆☆☆☆☆☆	

핵심 질문 만들기를 통해 느낀 점

(2) 성취기준 수준 핵심 질문 만들기

성취기준 수준 핵심 질문은 말 그대로 수업할 때 필요한 질문을 성취기준을 기반으로 구성하는 것이다. 성취기준 수준 핵심 질문은 수업 평가의 방향성을 고려하여 교사가 만들거나, 필요에 따라 학생들에게 성취기준을 제공하고 질문을 만들게 할 수도 있다.

중학교 국어과의 '문학' 영역 성취기준을 기반으로 성취기준 수준 핵심 질문의 구성 과정을 〈자료 IV-2〉를 통해 알아보자.

〈자료 IV-2〉 중학교 국어 '문학' 영역 성취기준 수준 핵심 질문

성취기준	성취기준 수준 핵심 질문
[9국05-04] 보는 이나 말하는 이의 특성과 효과를 파악하며 작품을 감상한다.	보는 사람과 말하는 사람의 특성과 효과를 파악하며 작품을 감상하려면 어떻게 해야 할까?
[9국05-05] 작품에 반영된 사회·문화적 상황을 이해하며 작품을 감상한다.	작품에 반영된 사회·문화적 상황을 이해하며 작품을 감상하려면 어떻게 해야 할까?

성취기준 [9국05-04]는 보는 사람과 말하는 사람이 누구인지, 어떤 특성을 가지고 있는지 파악하고, 보는 사람과 말하는 사람의 특성이 작품 전체의 주제나 분위기에 어떤 효과를 미치는가에 주목하며 작품을 감상하게 하므로 '보는 사람과 말하는 사람의 특성과 효과를 파악하며 작품을 감상하려면 어떻게 해야 할까?' 라는 성취기준 수준 핵심 질문을 만들 수 있다.

성취기준 [9국05-05]도 마찬가지이다. 문학작품을 제대로 감상하려면 그 작품에 반영된 사회적이고 문화적 상황을 파악해야 깊이 있는 감상이 가능하므로 '작품에 반영된 사회·문화적 상황을 이해하며 작품을 감상하려면 어떻게 해야 할까?' 라는 성취기준 수준 핵심 질문을 만들 수 있다.

이렇게 성취기준 수준 핵심 질문을 일반화시키면 교과 수업에 핵심 질문을 수월하게 적용할 수 있다. 이런 맥락에서 수업 지도안을 작성할 때 성취기준 수준 핵심 질문을 기술하는 것도 의미 있다.

중학교 사회의 일반사회 영역에서도 <자료 IV-3>처럼 성취기준을 토대로 성취기준 수준 핵심 질문을 만들 수 있다.

<자료 IV-3> 중학교 사회 '일반사회' 영역 성취기준 수준 핵심 질문

성취기준	성취기준 수준 핵심 질문
[9사(일사)02-01] 일상생활에서 접하는 문화의 사례를 탐색하고, 이를 바탕으로 문화의 의미와 특징을 도출한다.	• 문화가 우리의 일상에 미치는 영향은 무엇일까?
[9사(일사)02-02] 우리 주변에서 활용되는 미디어들을 탐색하고, 미디어를 통해 경험하는 다양한 문화와 정보들을 비판적으로 검토한다.	• 미디어 정보를 비판적으로 살펴보기 위해 해야 할 것은 무엇일까? • 우리 주변에서 활용되는 미디어들을 어떻게 탐색해야 할까?

성취기준 [9사(일사)02-01]은 우리 주변에서 익숙하게 접할 수 있는 의식주 등의 문화 사례들을 찾아보고 문화의 의미와 특징을 귀납적으로 도출함으로써 문화가 우리의 일상과 밀접하게 관련된다는 사실을 인식하도록 진술하고 있다. 이런 의미를 반영하여 '문화가 우리의 일상에 미치는 영향은 무엇일까?' 라는 성취기준 수준 핵심 질문을 만들 수 있다.

성취기준 [9사(일사)02-02]는 자신이 활용하고 있는 다양한 미디어들을 찾아보고, 이를 통해 경험하는 다양한 문화 사례와 정보들을 비판적으로 살펴보기를 바란다. 이를 통해 구체적 맥락에서 미디어의 사례들을 확인하고, 정보를 분석·평가하는 미디어 리터러시가 함양되기를 기대하고 있다. 이런 의미에 기초하여 '미디어 정보를 비판적으로 살펴보기 위해 해야 할 것은 무엇일까?' 라는 성취기준 수준 핵심 질문을 생성할 수 있다.

성취기준 [9사(일사)02-02]는 학습할 요소가 여러 가지이다. 이 때문에 하나의 성취기준 수준 핵심 질문만으로 학생들의 흥미를 이끄는 데 한계가 있다. 이런 경우에는 성취기준 수준 핵심 질문을 추가로 만들 수 있다. 예컨대 '우리 주변에서 활용되는 미디어들을 어떻게 탐색해야 할까?' 라는 질문을 추가로 생성할 수 있다.

성취기준 수준 핵심 질문은 성취기준, 성취기준 해설, 교과서를 검토하여 만들어야 한다. 그래야 실제 수업 평가 활동과 밀도 있게 연결되는 질문이 된다.

(3) 내용 요소 중심의 탐구 질문 만들기

탐구는 현상을 보고 지적 호기심을 가졌을 때 시작되고, 탐구는 진리, 사실, 정보, 지식을 찾는 끊임없는 지적 탐험의 과정이다. 탐구는 지적 호기심을 질문으로 표현한 뒤에 그에 대한 답을 찾아 제시해야 마무리되는 활동이기 때문이다.

우리는 일상생활에서 사소한 문제부터 학문적 문제까지 다양한 문제를 접하며 이를 해결하기 위해 탐구 활동을 하며 살아간다. 탐구는 학생, 교사를 비롯하여 모든 사람이 경험하는 삶의 한 부분이다. 따라서 주어진 문제를 잘 해결하기 위해서는 탐구와 질문이 일상화되는 수업을 만들어야 한다.

내용 요소의 지식·이해 차원에서는 개념적 질문, 과정·기능 차원에서는 기능적 질문, 가치·태도 차원에서 가치적 질문을 통해 구체화할 수 있다. 내용 요소를 중심으로 탐구할 때 필요한 질문을 정리하면 〈표 IV-8〉과 같다.

구분		내용 요소	예시
인지적 질문	개념적 질문	지식·이해	• 함수는 무엇인가? • 촉매는 무엇인가?
	기능적 질문	과정·기능	• 타당성 평가는 어떻게 할까? • 인간의 심리는 어떻게 분석해야 할까?
정의적 질문	가치적 질문	가치·태도	• 성찰적 자세를 갖추기 위해 우리가 할 일은? • 자기조절은 어떻게 해야 할까?

'개념적 질문'은 어떤 사물이나 현상에 대한 일반적 지식을 이해하기 위한 질문을 뜻한다. 그러므로 특정 단원을 수업할 때 그 단원의 핵심 개념을 이해하기 위한 질문을 해야 한다.

'기능적 질문'은 수업 목표를 성취하기 위해 책임감 있는 방식으로 지식을 활용하고 과정을 수행할 수 있는 질문을 말한다. 내용 요소의 과정·기능 차원의 진술을 보면 탐구하기, 조사하기, 평가하기, 비교하기 등으로 기술되어 있다. 이를 반영하여 실제 수업 때 학생들의 수행력을 높이기 위한 기능적 질문을 해야 한다.

'가치적 질문'은 학생의 선택, 판단, 행동에 영향을 미치는 원리이자 신념에 관한 것으로 학생들의 태도, 도덕적 가치, 사회적 가치 등을 포함하여 질문할 수 있다.

〈표 IV-9〉는 사회과의 '통합사회 1'의 따른 내용 요소이다. 이에 맞춰 다른 교과에서도 내용 요소 차원의 탐구 질문을 만들 수 있다.

<표 IV-9> 내용 요소 중심의 탐구 질문

범주		내용 요소	내용 요소 중심의 탐구 질문
지식 · 이해	통합적 관점	• 통합적 관점　• 시간적 관점 • 공간적 관점　• 사회적 관점 • 윤리적 관점	• 통합적 관점이 뭐지? • 시간적 관점은 무엇인가?
	인간, 사회, 환경과 행복	• 행복의 의미 • 행복의 조건	• 행복이란 무엇인가? • 행복의 조건은 무엇인가?
	자연환경과 인간	• 자연환경　• 자연관 • 환경문제　• 생태시민	• 자연관이 무슨 뜻이지? • 생태시민의 의미는 무엇인가?
	문화와 다양성	• 문화권　• 문화 변동 • 문화 상대주의와 보편윤리 • 다문화 사회	• 문화 상대주의는 무엇인가? • 문화 사회는 어떻게 형성되는가?
	생활공간과 사회	• 산업화와 도시화 • 교통 • 통신과 과학기술의 발달 • 생활공간과 생활양식 • 지역사회	• 산업화의 개념이 뭐지? • 생활양식은 무엇인가?
과정·기능		• 탐구주제의 역사적 배경 조사하기 • 의견 및 주장을 자료 및 매체를 활용하여 효과적으로 전달하기 • 통합적 관점에서 해결 방안을 도출하고 타당성 평가하기 • 민주적 절차와 방법을 활용하여 합의 도출하기 …이하 생략…	• 탐구주제의 역사적 배경은 어떻게 조사해야 할까? • 탐구주제에 적합한 자료를 수집하고 분석하는 합리적 방법은? • 매체를 활용하여 자신의 주장을 효과적으로 전달하는 방법은 무엇인가? • 민주적 절차와 방법을 통해 합의된 의견을 무조건 따라야 할까?
가치·태도		• 갈등 해결을 위한 타인과의 소통과 협력 • 타인의 감정 이해 및 타인의 가치와 태도 존중 • 공동체 문제해결을 위한 적극적 참여와 공동선의 실천 …이하 생략…	• 갈등 해결을 위해 타인과 소통하고 협력하는 자세를 어떻게 갖추어야 할까? • 타인의 감정을 존중하는 태도를 갖추면 나에게 어떤 긍정적 효과가 있을까? • 공동선을 실천하면 공동체 문제가 해결될까?

학생들이 내용 요소를 중심으로 질문을 만들면 교과서의 흐름을 파악
하는 데 도움이 된다. 교과서의 목차에 맞춰 순서대로 수업하면 학생들
이 전체적 흐름을 파악하는 데 한계가 있다. 이 때문에 내용 요소 중심의
탐구 질문 만들기를 하면 교과의 전체 내용을 파악할 수 있으므로 학기
초나 대단원을 시작할 때 실천하는 게 의미 있다.

(4) 학생들이 주도적으로 질문 만들기

핵심 질문, 성취기준 수준 핵심 질문, 탐구 질문을 설계하는 역량은 학
생과 교사 모두가 갖춰야 한다. 그러나 현실을 보면 교사가 설계하여 질
문하는 게 일반적이다. 학생들이 주도적으로 개념에 대한 이해력을 높
이기 위해서는 스스로 질문을 만들고 그에 대한 답을 할 수 있도록 해야
한다. 이때는 성취기준을 기반으로 질문하고 대답하는 과정을 수업 전
반에 걸쳐 진행하면 효과적이다.

중학교 사회 '일반사회' 영역의 '일상생활과 법' 단원을 중심으로 성
취기준 기반으로 질문 만들기 활동 과정을 알아보자. 우선 교사가 수
업을 시작하기 전에 '성취기준 기반으로 질문 만들기'를 위한 〈활동지
IV-4〉를 학생들에게 나눠주고, 학생들에게 성취기준을 보고 스스로 질
문을 만들게 지도한다. 질문 만들기가 끝난 뒤에 해당 단원의 수업을 교
사가 진행한다.

<활동지 Ⅳ-4> 수업을 듣기 전에 성취기준 기반으로 질문 만들기

성취기준 기반으로 질문하고 대답하기			
학번 ( ) 이름 ( )			
단원	일반사회 영역, (5) 일상생활과 법		
성취기준	[9사(일사)05-01] 법의 의미와 특징을 설명하고, 일상생활에서 접하는 법의 사례를 통해 법의 목적을 도출한다.		
핵심어	법		
질문 ❶	법이 뭐지?	대답 ❶	
질문 ❷	법은 왜 만들었을까?	대답 ❷	
질문 ❸	법을 지키지 않으면 어떤 일이 벌어지나요?	대답 ❸	
질문 ❹	법의 종류에는 무엇이 있나요?	대답 ❹	
질문 ❺	일생 생활에서 어떻게 법을 경험할 수 있지?	대답 ❺	
질문 ❻	법의 목적은 뭐지?	대답 ❻	

교사의 수업이 마무리된 뒤에 앞서 정리한 질문에 대한 대답을 〈활동지 Ⅳ-5〉의 예시처럼 정리하도록 한다.

수업을 시작하기에 앞서 학생들이 성취기준을 기반으로 질문을 만들고, 이후 교사의 수업을 듣고 자신이 만든 질문에 대답하는 과정을 지속하면 수업 집중도가 높아지고, 자신이 만든 질문의 가치를 판단할 수 있다. 아울러 질문에 알맞은 답을 찾는 과정이 익숙해지고, 주도적으로 학습할 수 있는 역량도 키울 수 있다.

<활동지 IV-5> 수업을 듣고 난 이후 질문에 대답하기

성취기준 기반으로 질문하고 대답하기			
학번 (　　　　　) 이름 (　　　　　)			
단원	일반사회 영역, (5) 일상생활과 법		
성취기준	[9사(일사)05-01] 법의 의미와 특징을 설명하고, 일상생활에서 접하는 법의 사례를 통해 법의 목적을 도출한다.		
핵심어	법		
질문 ❶	법이 뭐지?	대답 ❶	모든 국민이 지키기로 약속한 강제력을 수반하는 사회 규범을 말한다.
질문 ❷	법은 왜 만들었을까?	대답 ❷	국민 전체의 권리를 보호하고 범죄로 인해 발생하는 혼란과 무질서를 막아 사회 질서를 유지하기 위해서 만들었다.
질문 ❸	법을 지키지 않으면 어떤 일이 벌어지나요?	대답 ❸	법을 지키지 않으면 벌금을 내거나 감옥에 갈 수도 있다.
질문 ❹	법의 종류에는 무엇이 있나요?	대답 ❹	존재형식에 따라 성문법과 불문법이 있고, 법의 효력이 미치는 범위에 따라 일반법과 특별법이 있다.
질문 ❺	일생 생활에서 어떻게 법을 경험할 수 있지?	대답 ❺	도로를 무단횡단한 사람을 교통경찰이 적발하여 도로교통법에 따라 과태료 부과하는 경우이다.
질문 ❻	법의 목적은 뭐지?	대답 ❻	정의를 실현하는 것이다.

생성형 인공지능이 등장하면서 좋은 질문이 좋은 답을 얻는 시대가 되었다. 하지만 학생들이 지나치게 의존하지 않도록 해야 한다. 인간은 사유의 동물이다. 자기 사유에 뿌리를 두지 않은 활동에 치중하면 인간의 존재적 가치를 잃어버릴 수 있다. 그러므로 절실하게 필요성을 느낄 때만 사용할 수 있도록 나름의 원칙을 정해야 한다. OPEN AI는 만13세 미만의 초등학생은 챗GPT 사용을 권장하지 않으며 만13세~18세 학생은 부모의 관리 아래서 챗GPT를 사용하도록 권장하고 있다.

학생들이 생성형 인공지능(AI)을 대표하는 챗GPT에게 질문할 때는 몇 가지 원칙[29]을 지켜야 한다.

첫째, 명확성이 있어야 한다. 이를 위해 질문을 이해하기 쉽게 작성하여 모호성을 없애야 한다. 다시 말해 명확하게 질문하면 챗GPT가 정확하게 질문의 의도를 이해하고 원하는 답을 주기 때문이다. 이를 위해 어려운 용어나 복잡한 구문을 피하고 가능한 한 간단명료한 언어를 사용해야 한다. 모호한 단어나 구문을 피하고, 특히 여러 해석이 가능한 단어를 사용할 때는 설명을 추가하여 명확하게 설명해야 한다. 핵심어는 큰따옴표(" ")로 강조하면 보다 정확한 답을 얻을 수 있다.

둘째, 간결성이 있어야 한다. 질문에 불필요한 정보나 중복을 피하고 핵심적 내용만을 포함해야 한다. 간결한 질문을 하면 챗GPT가 주요 내용을 집중하여 효과적인 답을 준다. 그러므로 핵심적 질문에 초점을 맞추어 불필요한 정보나 세부 사항은 제거해야 한다. 단순하고 직관적 언어를 사용하여 복잡한 구문은 피하는 게 좋다.

---

29   생성형 AI, 교사와 함께 수업을 디자인하다. 전라북도교육청. 2023 (내용 재정리).

셋째, 구체성이 있어야 한다. 질문에 정확한 답을 생성할 수 있도록 충분한 정보를 포함해야 한다. 구체적으로 질문하면 챗GPT가 보다 자세하고 유용한 답을 제공할 가능성이 있다. 이 때문에 필요한 경우에는 세부 사항이나 내용을 추가하여 답의 정확성을 높여야 한다. 이때 질문이 너무 일반적이지 않도록 하고, 특정 사실이나 정보에 집중하여 질문을 구성할 필요가 있다.

넷째, 일관성이 있어야 한다. 질문을 대화의 흐름과 문맥을 유지하게 작성해야 한다. 질문에 일관성을 유지하면 챗GPT가 전체 대화의 문맥과 흐름을 이해하고 명확한 답을 제공하는 도움이 된다. 이전 대화나 질문의 내용을 간략하게 언급하여 현재 질문과 연결할 필요가 있다. 대화 중에 사용한 용어나 개념을 일관되게 사용하여 혼란을 주지 말아야 한다. 대화가 진행되면서 새로운 주제나 개념을 도입할 때 이를 기존 내용과 일치하도록 차근차근 질문해야 한다.

이런 원칙을 토대로 꼭 필요한 경우에만 최소한으로 챗GPT를 사용하도록 지도할 필요가 있다.

7
창의적 발표 방법
설계하기

학생들이 주도적으로 수업 평가 활동에 참여하여 결과물을 창출했을 때 이것을 발표를 통해 공유하는 시간을 가져야 한다. 이때 창의적 발표 방식을 도입하여 학습 효율을 높일 필요가 있다.

<표 IV-10> 창의적 발표 방식

구분	주요 내용
스토리텔링 방식	이야기를 나누면서 듣는 이들의 호기심을 유발하고 관심을 집중시키는 방식
핫시팅(hot seating) 방식	특정 인물을 가상으로 설정하여 인터뷰한 내용을 자문자답 형식으로 정리하여 1인 2역으로 발표하는 형식
역할 전환 방식	특정한 학생이 교사가 되어 동료 학생들을 가르치는 형식
창의적 아이디어 활용 방식	비정형적이고 예측 불가능한 형식을 사용하여 발표를 진행하는 방식
모둠을 창의적으로 조합하는 방식	처음 모둠부터 마지막 모둠까지 순서대로 발표하기보다 모둠과 모둠을 창의적으로 조합하여 재미있게 발표하는 형식

창의적 발표는 〈표 IV-10〉처럼 다양한 방식으로 실천할 수 있다.

(1) 스토리텔링(storytelling) 방식의 발표

스토리텔링은 말하는 사람이 듣는 사람에게 알리고자 하는 바를 생생한 이야기로 설득력 있게 전달하는 것을 말한다. 스토리텔링 방식의 발표는 수행과제(탐구주제)를 처리한 뒤에 주요 내용을 한 학생이 학급의 모든 학생에게 이야기하듯 전달하는 발표하는 방식이다.

스토리텔링 방식의 발표는 감정과 경험을 공유함으로써 사람들에게 더욱 인상적이고 기억에 남는 메시지를 전달할 수 있고, 복잡한 개념을 이해하기 쉽게 만드는 효과가 있다. 또한 이야기를 듣는 사람은 그 내용을 오래 기억할 수 있으며, 잘 구성된 이야기는 상대방의 흥미를 유발할 수 있다.

스토리텔링 방식의 발표를 할 때는 〈활동지 IV-6〉처럼 이야기 형식으로 전달하도록 수행과제를 제시해야 한다. 제시된 활동지는 환율을 이야기 형식으로 발표할 수 있도록 수행과제를 설정한 것이다. 이 활동지는 협력 학습에 투입된 것이다. 모둠의 구성원들이 협력하여 환율을 재미있는 이야기 형식으로 전달할지 논의한 뒤에 주요 내용을 정리한 뒤에 모둠의 대표가 모든 학생에게 전달하면 된다.

스토리텔링 형식으로 발표할 때는 이야기할 내용을 글쓰기를 통해 구체적으로 정리해도 되지만, 〈활동지 IV-6〉처럼 개략적으로 이미지로 정리한 뒤에 이를 바탕으로 이야기를 이끌어낼 수도 있다.

<활동지 IV-6> 스토리텔링 방식의 발표를 위한 활동지

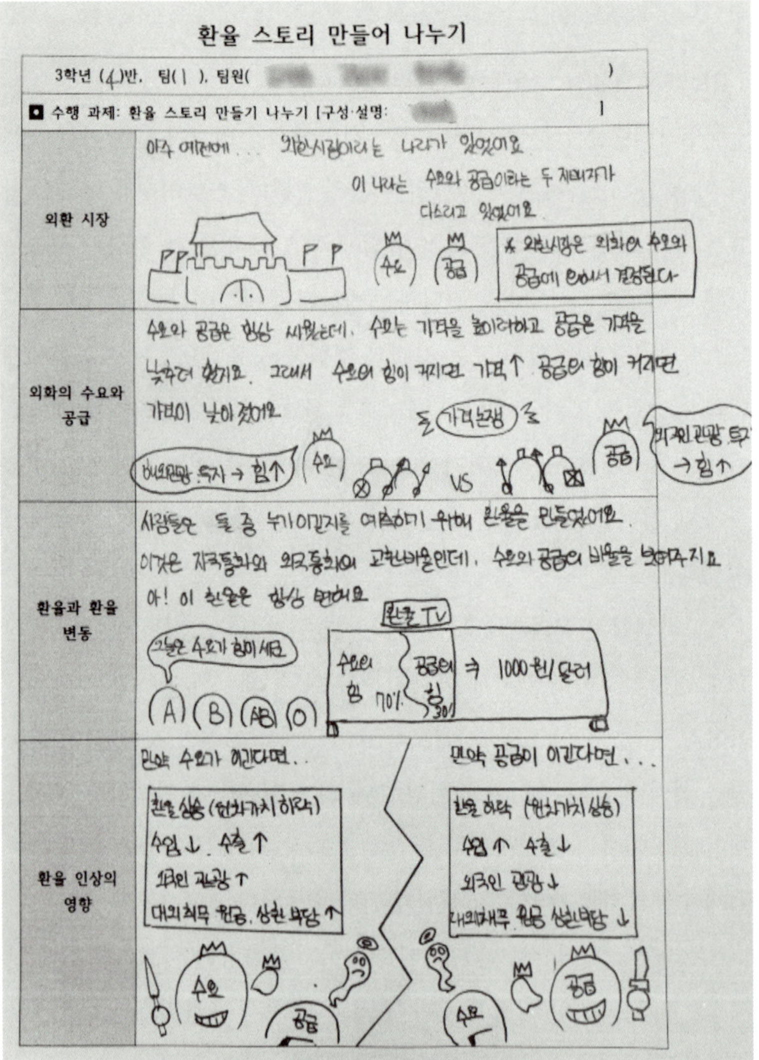

(2) 핫시팅(hot seating) 방식의 발표

핫시팅은 한 학급의 학생이 모두 참여하여 하나로 어우러져 이뤄지는 '인터뷰 놀이'이다. 일반적으로 특정한 책을 함께 읽고 한 학생이 그 책 속의 등장인물이 되어 의자에 앉으면 다른 학생들이 그 학생에게 인터뷰하는 형식으로 진행된다. 핫시팅은 질문과 대답에 기초한 인터뷰 형식으로 이루어지기 때문에 발표력을 키우는 데 도움이 된다. 이런 측면에서 핫시팅을 여러 가지 방면에 응용하여 발표력을 키울 수 있다.

첫째, 작품 속의 특정 등장인물을 핫시팅할 수 있다. 실제로 문학작품 속에 등장하는 인물을 볼 수 없지만, 가상으로 한 학생을 문학작품 속의 특정한 인물 역할을 맡도록 한 뒤에 핫시팅 할 수 있다. 이때 가상의 인물에게 한 사람씩 다가가 하나씩 질문하면 된다. 이를 통해 문학작품을 이해하는 시간이 되도록 하면 된다. 순조로운 진행을 위해 의자에 앉을 학생을 미리 선정한 뒤에 사전에 문학작품 속의 특정 등장인물을 충분히 이해할 시간을 주어야 한다.

둘째, 뉴스, 유튜브, 영화 등에 등장하는 사람을 대상으로 핫시팅을 할 수 있다. 예를 들어 정보 취약계층에 해당하는 어르신을 대상으로 무인 안내기나 애플리케이션(앱) 사용법 등을 가르쳐주는 사람들에 관한 뉴스를 함께 읽고 그 사람을 대상자로 삼아 질문하고 대답을 듣는 활동을 할 수 있다. 이때도 한 학생이 뉴스 속의 등장인물이 되어 의자에 앉아 다른 학생들의 질문에 대답하는 형식으로 진행하면 된다.

셋째, 한 사람이 질문과 대답을 모두 맡아 1인 2역 형태로 핫시팅할 수도 있다. 1인 2역 형태의 핫시팅은 〈활동지 IV-7〉처럼 젠더 갈등을 소재로 'K를 생각한다'라는 책을 낸 작가에 관련된 기사를 읽고 문답형식으로 인터뷰한 사례이다.

<활동지 IV-7> 1인 2역 형태의 핫시팅 사례

1인 2역 핫시팅으로 뉴스 읽기	
학번 ( ) 이름 ( )	
• 수행과제: 미디어를 기반으로 젠더 갈등을 핫시팅으로 알아보기	
미디어 텍스트 출처	https://www.news1.kr/articles/?4336999([90년대생을 말하다] ③높은 성평등 의식이 '남녀 갈등' 격화시켜, 뉴스1(2021.6.13.)
핫시팅할 인물	'K를 생각한다'를 펴낸 작가
핫시팅 이유	1990년대생으로 젠더 갈등에 관하여 다른 세대에 비해 높은 성평등 의식을 가진 세대라고 판단되기 때문에 선정하였다.
문❶	남초 커뮤니티 에펨코리아와 여초 커뮤니티 여성시대에 올라온 인기가 있는 글을 무엇인가요?
답①	자존심 상한 여경들의 불만, 여자들이 결혼 안하는 이유(feat.그냥), 2030 남성은 가스라이팅에 너무 당했어, 할당제는 페미운동권 파이 늘리기지 일반여성·남성들 다 일자리 빼앗는 거임, 코인투자한 한남들 현상황, 한남들의 페미탄압 아무렇지 않은 달글 캡쳐, 지금 한남민국 없애려면 비혼 정말 정말 중요함, 몸캠피싱 사건에 관한 한남들에게 전하는 팩폭 등이 있어요.
문❷	지금 온라인 상에서 진행되고 있는 젠더 갈등의 특징은?
답②	상대방의 이야기는 전혀 듣지 않게 되고. 대신에 온라인에서 확인할 수 있는 몇 가지 상징들 내지는 콘텐츠들 아니면 사건들에 집단적으로 몰려가 여론을 만들려 하고 정부를 움직인다든지 현실에서 행동력을 발휘하는 방식으로 움직이고 있다는 것입니다.
문❸	90년대생이 주도하는 온라인 공간이 이토록 젠더 갈등이 투쟁적인 이유는 뭔가요?
답③	그들이 겪었던 사회적 압박과 스트레스의 반영물이라고 봅니다.
문❹	90년대생의 특징은 무엇인가요?
답④	90년대생 대부분이 대학에 진학했으나, 대외 영역에 들어가기는 더욱 힘들어졌고, 대내 영역에서는 더 격한 경쟁을 마주해야 했다. 어릴 적부터 디지털 문화를 접했던 이들은 자신들의 분노를 사이버 공간으로 표출했고, 온라인 커뮤니티는 90년대생의 전장이 되었다는 점입니다.

문 ❺	20대 남성의 성평등 의식 점수가 모든 세대를 통틀어서 20대 여성에 이어 두 번째로 높았다는 연구 결과에 동의합니까?
답 ⑤	동의합니다.
문 ❻	경제·사회적인 측면에서 한국의 성불평등 지수가 여전히 높다고 봅니까?
답 ⑥	어느 정도 수긍합니다. 하지만 범죄를 제외한 일상생활 면에서는 두 성별 서로가 자기 좋은 것만 하려고 하는데서 오는 충돌인 측면이 있는 것 같습니다.

1인 2역 형태의 핫시팅 때는 한 학생이 질문자와 발표자의 목소리를 달리하여 재미있게 발표할 수 있다.

〈활동지 Ⅳ-7〉처럼 뉴스를 기반으로 1인 2역 형태의 핫시팅 때는 미디어 텍스트 출처, 핫시팅할 사람, 핫시팅 이유를 정리한 뒤에 문답형식으로 정리하면 된다. 이때 관련된 정보를 AI·디지털 검색을 통해 구한 뒤에 이를 바탕으로 밀도 있는 문답이 되도록 할 수 있다.

넷째, 짝 활동 중심의 핫시팅을 할 수 있다. 이때 두 사람 중에서 질문할 사람과 대답할 사람을 정한 뒤에 활동지에 제시된 수행과제를 중심으로 질의응답 형식으로 발표 활동을 진행하면 된다. 이 활동은 두 명이 한 장의 활동지를 사용하여 진행하는 방식이다. 두 사람이 질문과 대답을 주고받는 과정도 넓은 의미에서 발표 활동에 해당한다.

<활동지 IV-8> 짝 활동 중심의 핫시팅 방식 활동지

수업 평가 활동지	
질문한 사람: 학번 ( ) 이름 ( )	대답한 사람: 학번 ( ) 이름 ( )

• 핵심 아이디어:
• 수행과제:

질문	대답
①	①
②	②
③	③
④	④
⑤	⑤
⑥	⑥
⑦	⑦
⑧	⑧

평가 활동 [서술형 동료평가]	질문한 사람 평가	
	대답한 사람 평가	
전이 활동		

<활동지 IV-8>의 '핵심 아이디어'에는 해당 수업과 관련된 핵심 아이디어를 찾아 정리하면 된다. '수행과제'는 핫시팅할 해당 수업 관련 과제를 제시하면 된다. '질문'과 '대답'에는 두 명의 학생이 짝이 되어 수행과제를 중심으로 질문과 대답을 주고받은 뒤에 그 내용을 정리하면 된다. '평가 활동'에는 질문한 사람과 대답한 사람을 서술형 동료평가를 하도록 지도하면 된다. 이때 질문한 사람은 대답한 사람이 평가하고, 대답한 사람은 질문한 사람이 평가하면 되고, 평가 기준은 질문과 대답의 우수함으로 정해 서술형 평가를 하면 된다. '전이 활동'에는 핫시팅한 수업의 내용을 다른 교과의 내용에 전이하거나 일상생활과 연계성을 고려한 뒤에 그 내용을 정리하면 된다.

(3) 역할 전환 방식의 발표

발표 역량을 키우기 위해 한 번쯤 학생이 교사 역할을 할 수도 있다. 이러한 역할 전환은 '오늘은 내가 선생님이다'라는 방식으로 실천할 수 있다. 이 방식은 특정한 학생이 교사가 되어 동료들을 가르치면서 발표력을 강화하는 방식이다. 실제로 한 시간 동안 한 학생이 수업을 진행하면 발표력과 주도성이 커진다.

역할 전환 방식으로 발표하는 수업을 진행할 때는, ❶ 교사 역할을 맡을 학생을 선발해야 한다. ❷ 교사와 함께 수업할 단원을 결정해야 한다. ❸ 수업 평가를 어떻게 할 것인가를 함께 의논한 뒤에 수업 진행 시나리오를 구성해야 한다. ❹ 수업 때 필요한 활동지와 설명 자료를 교사와 학생이 함께 구성해야 한다. ❺ 구성한 수업 자료를 바탕으로 정해진 시간 동안 학생이 독자적으로 수업을 진행해야 한다. ❻ 수업에 참여한 학생들은 '오늘의 선생님'이 진행하는 수업을 듣고 궁금한 점이 있으면 질문해야 한다. ❼ '오늘의 선생님'이 수업한 내용을 기준으로 서술형으로 평가를 해야 한다. ❽ 오늘 수업 내용을 교과 내 다른 영역이나 다른 교과의 내용과 연결하는 전이 활동을 각자 정리해야 한다.

〈활동지 Ⅳ-9〉는 '오늘은 내가 선생님이다' 라는 수업 때 사용할 활동지이다.

<활동지 Ⅳ-9> '오늘은 내가 선생님이다' 활동지

'오늘은 내가 선생님이다' 활동지				
오늘의 선생님	학번 (　　　) 이름 (　　　)	수업 듣는 학생	학번 (　　　) 이름 (　　　)	
◼ 핵심 아이디어:				
◼ 수업 주제:				
학습 요소	주요 내용			
평가 활동 [오늘의 선생님에 대한 서술형 동료평가]				
전이 활동				

　2022 개정 교육과정과 학생 주도성을 키우는 수업 평가

활동지의 '핵심 아이디어'와 '수업 주제'는 오늘의 선생님이 판서를 통해 전달하면 된다. '학습 요소'에는 오늘의 선생님이 수업한 내용을 정리하면 된다. '평가 활동'에는 오늘의 선생님에 대한 서술형으로 평가를 하면 된다. 이때 좋은 점, 부족한 점, 개선할 점 등을 중심으로 서술하면 된다. '전이 활동'에는 오늘의 선생님이 수업한 내용을 교과 내, 교과 간, 삶의 현장 등에 전이할 수 있는 내용을 정리하면 된다.

(4) 창의적 아이디어를 활용하는 방식의 발표

창의적 아이디어를 활용하는 방식은 비정형적이고 예측 불가능한 방식을 사용하여 발표하는 방식이다. 이를 통해 독특한 시각이나 유머, 상상력을 자극하는 요소를 활용하여 발표를 흥미롭게 만들 수 있다.

창의적 아이디어를 활용하는 발표 때는 〈활동지 Ⅳ-10〉처럼 '상상력을 키우는 +3 -4 수업 평가' 방식을 동원할 수 있다. 이 방식은 먼저 수업을 시작하기 전에 학생들에게 오늘 가장 마음에 드는 숫자를 손가락으로 꼽도록 한다. 다음으로 활동지를 배부한 뒤에 1부터 5까지 꼽은 사람은 자신이 꼽은 숫자에 3을 더한 만큼 수행과제를 처리하면 되고, 6부터 10까지 꼽은 사람은 자신이 꼽은 숫자에 4를 뺀 만큼의 수행과제를 처리하여 발표하면 된다. 만약 5를 꼽은 학생은 여러 개의 수행과제 중에서 3개만 처리하면 되고, 10을 꼽은 학생은 두 개의 수행과제만 처리한 뒤에 발표하면 된다. 4를 꼽은 학생이 있으면 3을 더해 7개의 수행과제를 처리하여 발표해야 한다. 이때는 제시된 수행과제는 6개이므로 6개만 처리하여 발표하면 된다.

수요의 가격 탄력성 이해를 위한 수업 평가 활동지		
학번 ( ) 이름 ( )		
내가 좋아하는 숫자는 ( )이다.		
단원	4. 수요와 공급의 가격 탄력성(4-1. 수요의 가격 탄력성)	
나의 선택	**수행과제**	**수행과제 정리**
❶	수요의 가격 탄력성 정리하기	
❷	수요의 가격 탄력성 유형을 그래프로 나타내고 설명하기	
❸	재화의 성격과 수요의 가격 탄력성을 이미지로 나타내기	
❹	대체재와 수요의 가격 탄력성을 이미지로 나타내기	
❺	기업의 총수입 변화를 (e〈1) 그래프로 분석하기	
❻	기업의 총수입 변화를 (e〉1) 그래프로 분석하기	

어떤 학생이 1을 꼽았다면 3을 더해 4개의 수행과제만 처리하여 발표하게 된다. 그렇게 되면 두 개의 수행과제를 처리하지 않게 된다. 그럴 때는 나머지 두 개의 수행과제는 다른 학생의 발표를 듣고 이해하거나, 교과서나 AI·디지털을 활용하여 스스로 정리하도록 유연하게 대처하면 된다.

'상상력을 키우는 +3, −4 수업 평가' 발표 방식을 응용하여 어떤 날에는 자신이 꼽은 손가락 숫자만큼 수행과제를 처리하게 할 수도 있다. 창의적 아이디어를 활용하는 방식은 교과 수업을 물론 동아리 활동, 학급 활동, 창의적 체험 활동을 할 때도 적용할 수 있다.

창의적 아이디어를 활용하는 발표 방식을 디지털 도구와 연계하여 진행할 수 있다. 예를 들어 싱크와이즈(www.thinkwise.co.kr)를 이용하면 마인드맵(mind map)을 기반으로 다양한 발표를 할 수 있다.

(5) 모둠을 창의적으로 조합하는 방식의 발표

6개의 모둠을 편성하여 협력 학습을 할 때 1모둠부터 6모둠까지 순서대로 발표하는 형식을 되풀이하면 흥미를 잃는다. 이럴 때는 〈그림 IV-4〉의 왼쪽처럼 1모둠과 4모둠, 2모둠과 5모둠, 3모둠과 6모둠 대표가 각각 상대 모둠에서 가서 발표하는 형식으로 바꾸어 진행하면 효과적이다.

<그림 IV-4> 모둠을 창의적으로 조합하여 발표하는 방식 예시

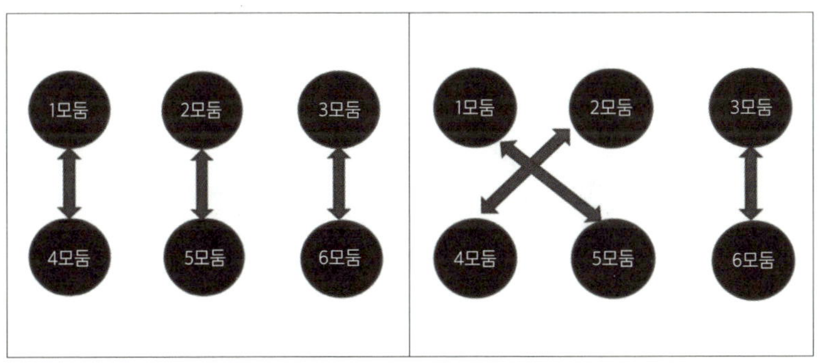

또는 오른쪽 그림처럼 1모둠과 5모둠, 2모둠과 4모둠, 3모둠과 6모둠 끼리 모둠별 대표자가 상대 모둠에 가서 발표하는 것도 가능하다. 이런 방식으로 다양한 변화를 줄 수 있다.

그런데 〈그림 IV-4〉처럼 조합하여 발표하는 활동을 지속하면 예측 가능성 있으므로 학생들이 흥미를 잃게 된다. 이때는 〈그림 IV-5〉처럼 창의적으로 조합하여 방식을 적용할 수 있다.

<그림 IV-5> 모둠 간 조합을 창의적으로 활용한 방식 예시

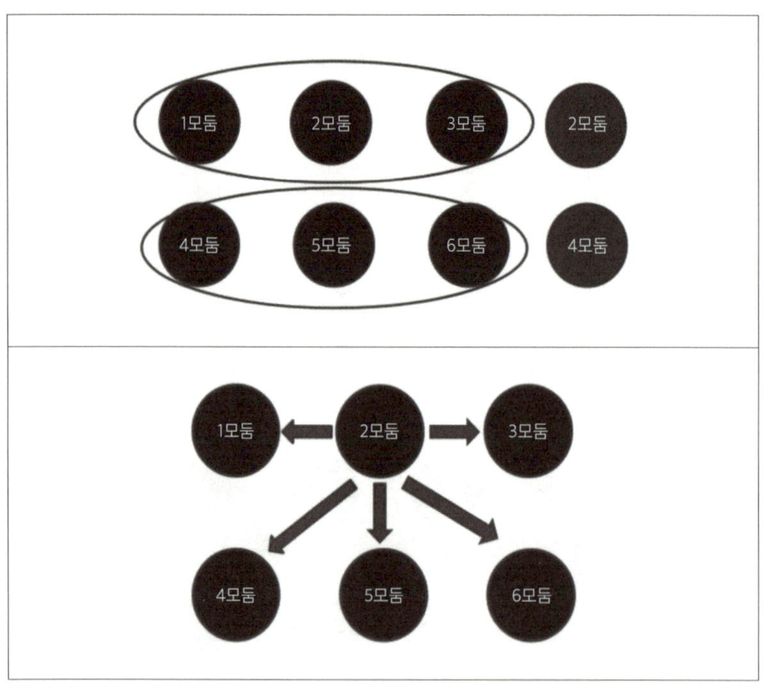

〈그림 IV-5〉의 위쪽은 1, 2, 3모둠의 대표가 '가위 바위 보'를 하여 만 약 2모둠이 졌다면, 2모둠의 대표자가 1모둠, 3모둠으로 이동하여 그 모 둠을 대상으로 발표하는 형식이다. 같은 방식으로 4, 5, 6모둠에서 4모둠

　　　　2022 개정 교육과정과 학생 주도성을 키우는 수업 평가

이 졌다면 5, 6모둠에서 가서 발표하면 된다.

아래쪽은 협력 학습 때 다른 모둠보다 빨리 수행과제를 우수하게 처리한 모둠을 뽑아 그 모둠 구성원 모두가 다른 모둠에 가서 발표하는 방식이다. 만약에 2모둠이 우수했다면, 2모둠의 구성원들이 각각 1모둠, 3모둠, 4모둠, 5모둠, 6모둠을 찾아가서 발표하는 방식이다. 이렇게 모둠 간 조합을 통해 창의적 발표 방식을 실천하면 문제해결과 의사소통 능력이 향상되고, 자신감과 리더십도 강화될 수 있다.

5장

학생 주도성을 키우는
수업 평가 설계

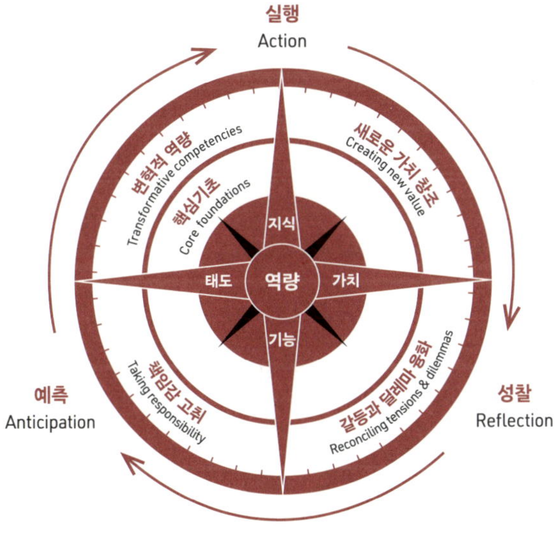

1

학생 주도성을 키우는
수업 평가 설계

(1) 학생 주도성을 키우는 수업 평가 설계의 의미

2022 개정 교육과정 총론에 따르면, 수업(교수·학습) 측면에서 학생들이 깊이 있는 학습을 통해 핵심역량을 함양할 수 있도록 교수·학습을 설계하여 운영할 것을 강조하고 있다. 이를 위해 수업 평가 설계의 실질적 변화가 필요하다.

첫째, 유기적 연계성이 있도록 한다. 단편적 지식의 암기를 지양하고 각 교과목의 핵심 아이디어를 중심으로 지식·이해, 과정·기능, 가치·태도의 내용 요소를 유기적으로 연계하며 학생의 발달 단계에 따라 학습 경험의 폭과 깊이를 확장할 수 있도록 수업을 설계해야 한다.

둘째, 전이 역량을 키우도록 해야 한다. 교과 내 영역 간, 교과 간 내용 연계성을 고려하여 수업을 설계하고 지도함으로써 학생들이 융합적으로 사고하고 창의적으로 문제를 해결하는 능력을 함양할 수 있도록 해야 한다.

셋째, 삶과 연계되도록 해야 한다. 학습 내용을 실생활 맥락 속에서 이해하고 적용하는 기회를 제공함으로써 학교에서의 학습이 학생의 삶에 의미 있는 학습 경험이 되도록 해야 한다.

넷째, 학생이 주도적으로 학습하게 해야 한다. 학생이 여러 교과의 고유한 탐구 방법을 익히고 자신의 학습 과정과 학습 전략을 점검하며 개선하는 기회를 제공하여 스스로 탐구하고 학습할 수 있는 자기주도 학습 능력을 함양할 수 있도록 해야 한다.

다섯째, 기초소양을 키우도록 해야 한다. 교과의 깊이 있는 학습에 기반이 되는 언어·수리·디지털 기초소양을 모든 교과를 통해 함양할 수 있도록 수업을 설계해야 한다.

이런 변화를 반영하려면 차시별 수업 설계보다 단원별로 수업 평가 지도안 설계가 필요하다.

(2) 학생 주도성을 키우는 수업 평가 설계 방법

〈표 V−1〉은 2022 개정 교육과정에서 강조하는 '깊이 있는 학습'이 되도록 핵심 아이디어에서 출발하여 성취기준, 기초소양, 핵심 질문을 중심으로 수업 활동, 평가 활동, 전이 활동, 피드백 활동이 흐름을 유지하도록 설계하여 '수업·평가·전이·피드백의 동시화[30]'를 추구한 수업 평가(교수·학습) 지도안으로 고등학교 사회과의 경제 과목 사례이다. 이를 바탕으로 다른 교과(목)에서도 학생 주도성을 키우는 수업 평가를 설계할 때 참고할 수 있다.

---

[30] '수업·평가·전이·피드백의 동시화'는 학생과 교사가 함께하는 수업 시간 중에 수업, 평가, 전이, 피드백이 연속적으로 이뤄지도록 수업을 설계하여 진행하는 방식으로 필자가 창안한 것이다.

단원명	(2) 미시 경제		차시	3차시
핵심 아이디어	수요와 공급을 통해 시장에서 자원 배분이 효율적으로 이루어진다.			
성취기준	[12경제02-01] 수요와 공급에 의한 시장 균형의 결정과 변동 원리를 파악하고, 이를 다양한 시장에 적용한다.			
차시	기초소양	핵심 질문	수업 활동 [AI·디지털 활용 활동]	평가 활동	전이 활동
1	언어 소양, 수리 소양	수요 공급의 변동은 어떤 요인에 의해 이뤄질까?	수요와 공급의 의미를 이해하고 수요량과 수요의 변동, 공급량과 공급의 변동 요인을 알아보고, 이를 그래프를 그려 확인하기	그래프 그리기에 대한 자기평가	학교생활 중에서 수요와 공급의 원리가 적용된 사례를 설명하기
2	언어 소양, 수리 소양	시장 균형 가격과 거래량의 결정과 변동 원리는 무엇인가?	수요와 공급에 따른 시장 균형 가격 및 거래량의 결정과 변동 원리를 탐구하기	탐구하기에 대한 동료평가	시장의 균형을 물리 현상과 연결하여 생각해보기
3	수리 소양, 디지털소양	생산물 시장과 생산 요소 시장의 가격 결정의 공통점과 차이점은 무엇인가?	상품 시장의 수요와 공급에 따른 시장 가격 결정 과정을 노동 시장, 금융 시장 등 다양한 생산 요소 시장에 적용하기	적용하기에 대한 본인과 교사의 공동평가	외환 시장의 환율 결정 과정을 생각해보기
피드백 활동	3차시의 자기평가와 교사평가 사이에 차이가 있는 학생에게 이것을 극복할 구체적 방안을 피드백			

'단원명'에는 해당 수업의 성취기준과 연계된 단원을 기록하면 된다. 이때 성취기준과 연계된 중단원이나 소단원을 기록할 수도 있다.

'차시'에는 하나의 성취기준을 몇 개의 차시에 걸쳐 수업할 것인가를 기준으로 구분하여 기록하면 된다.

'핵심 아이디어'에는 해당 수업의 성취기준과 관련된 핵심 아이디어를 기록한다. 핵심 아이디어는 광범위하고 추상적이기 때문에 성취기준의 내용과 반드시 일치하지 않을 수도 있다. 이런 경우에는 교육과정의 내용 체계에 있는 핵심 아이디어를 보고 성취기준과 가까운 내용을 담은 것을 그대로 기록하면 된다.

'성취기준'은 수업할 단원의 성취기준을 그대로 옮겨 적으면 된다. 이때 성취기준이 담고 있는 내용 요소의 세 가지 차원인 '지식·이해, 과정·기능, 가치·태도' 중에서 어떤 부분을 중심을 두고 수업을 설계할 것인가도 생각할 필요가 있다. 가치·태도 차원이 포함된 성취기준의 경우에는 정의적 영역 측면을 어떻게 수업 평가에 반영할 것인가를 특별히 고려해야 한다.

'기초소양'에는 차시별 수업 때 집중해야 할 소양을 기록하면 된다. 기초소양에는 언어 소양, 수리 소양, 디지털 소양이 있다. 기초소양은 초·중·고등학교 전 과정에서 교과 학습과 실생활 문제를 다루는 과정에서 적용하고 활용할 수 있다. 기초소양은 모든 교과 학습에 필요한 것이다. 이 때문에 가르치는 과목과 상관없어 보이는 소양도 반드시 지도해야 한다. 〈표 V-1〉의 1, 2차시에는 언어 소양, 수리 소양을 키울 수 있다. 수요와 공급의 의미를 이해했다면 이것을 논리적으로 정리하는 과정에서 언어 소양이 필요하고, 그래프를 정확하게 분석하는 과정에서 수리 소양이 필요하기 때문이다. 3차시에는 수리 소양, 디지털 소양을 키울 수 있다. 노동 시장, 금융 시장의 그래프를 분석할 때 수리 소양이 필요하고, 외환 시장의 환율 결정 과정을 검색 활동이나 AI를 활용하여 정리할 때 디지털 소양이 필요하기 때문이다. 기초소양은 차시별 학습을 위한 몸 풀기 단계로 생각할 수 있다. 기본적 소양이 있으면 차시별 수업이 한

층 수월해진다. 기초소양은 깊이 있는 학습을 위한 여러 영역 중의 하나
이다.

'핵심 질문'에는 '핵심 질문, 성취기준 수준 핵심 질문, 내용 요소 중
심의 탐구 질문' 등에서 차시 수업에 적합한 질문을 생성하여 기록하면
된다. 〈표 V-1〉에는 여러 가지 핵심 질문 중에서 '성취기준 수준 핵심
질문'을 사용하였다.

'수업 활동 [AI·디지털 활용 활동]'에는 성취기준과 교과서를 기반으
로 교사가 수업할 내용과 학생의 활동 내용을 정리하면 된다. 성취기준
은 수업 평가를 설계하기 위한 기준이다. 〈표 V-1〉은 '수요와 공급을 통
해 시장에서 자원 배분이 효율적으로 이루어진다'라는 성취기준과 교
과서를 기반으로 3차시로 구분하였다. 만약 해당 차시 수업에 AI·디지
털을 활용할 계획이 있다면, 그 내용도 사실대로 기록하면 된다. '수업
활동 [AI·디지털 활용 활동]'은 수행과제(탐구주제) 역할을 한다. 그러므
로 해당 차시의 성취기준과 연계될 수 있는 활동이 될 수 있도록 구체적
으로 제시해야 한다. '수업 활동 [AI·디지털 활용 활동]'에 필요한 활동
지는 이후에 소개하는 '사유 역량을 키우는 활동지 만들기'를 참고하여
해당 차시 수업에 적합한 활동지를 만들면 된다.

'평가 활동'에는 해당 차시의 수업 활동과 연계된 평가 내용을 기록하
면 된다. 이때 '학습을 위한 평가'와 '학습으로서의 평가' 측면에서 자
기평가, 동료평가, 교사평가 및 공동평가(자기평가+동료평가, 자기평가+교사
평가, 동료평가+교사평가) 중에서 해당 차시에 적합한 평가를 기록하면 된
다. 이때 수업 평가 활동에 대한 지식, 기능 등의 차원의 인지적 영역을
평가할 수 있지만, 가치, 태도 차원의 정의적 영역의 평가와 조화를 이루
도록 설계할 필요가 있다.

'전이 활동'에는 해당 차시 수업에서 다룬 핵심 개념이나 내용을 '교과 내 영역 간 및 교과 간 내용의 연계성 고려한 학습, 삶과 연계한 의미 있는 학습'이 되도록 정리하면 된다.

2022 개정 교육과정은 깊이 있는 학습을 위해 전이 활동을 강조한다. 이 때문에 수업 평가를 설계할 때 전이 활동을 구체적으로 구성할 필요가 있다.

〈표 V-1〉에서는 1차시의 '수요와 공급의 의미를 이해하고 수요량과 수요의 변동, 공급량과 공급의 변동 요인을 알아보고, 이를 그래프를 그려 확인하기' 활동에 기초하여 '학교생활 중에 수요 공급의 원리가 적용되는 사례 설명하기' 활동으로 전이해 보게 했다.

2차시의 '수요와 공급에 따른 시장 균형 가격 및 거래량의 결정과 변동 원리를 탐구하기' 활동은 '시장의 균형을 물리 현상과 연결하여 생각해보기' 활동을 통해 전이 역량을 키우도록 했다. 수요 공급이 균형을 이루는 상태가 초과 수요와 초과 공급이 없는 가장 안정된 상태인데, 이런 상태를 물리에서는 균형 또는 안정 평형(정적 평형)이라 한다. 이를 통해 교과 간 내용 연계성을 고려한 전이 활동이 가능하다.

3차시의 '상품 시장의 수요와 공급에 따른 시장 가격 결정 과정을 노동 시장, 금융 시장 등 다양한 생산 요소 시장에 적용하기'는 '외환 시장의 환율 결정 과정을 생각해보기'를 통해 상품 시장의 수요 공급 과정을 생산물 시장에 전이하여 이해할 수 있는 역량을 키우도록 설계했다.

만약 전이 활동을 차시마다 실행하기 힘들다면, 전체 차시 중에서 일부 차시를 대상으로 구성할 수도 있다. 하지만 전이로서의 역량은 깊이 있는 학습을 위해 필요하므로 가능하면 차시별로 설계하는 게 필요하다.

경제 수업 평가 2차시 활동지			
학번 ( ) 이름 ( )			
• 핵심 아이디어: 수요와 공급을 통해 시장에서 자원 배분이 효율적으로 이루어진다.			
• 수행과제: 시장 균형 가격과 거래량의 결정 및 변동을 그래프로 나타내기			

학습 요소	수행 활동(1): 그래프로 나타내기	수행 활동(2): 그래프 설명하기
시장 균형 가격과 거래량 결정		
초과 수요		
초과 공급		

평가 활동 [교사평가]	평가 기준	A	B	C
	설명력	□ 학습 요소의 내용을 이해하여 수요 공급 그래프로 정확하게 그리고, 그 의미를 구체적으로 알기 쉽게 설명하였다.	□ 학습 요소의 내용을 이해하여 수요 공급 그래프로 그리고, 그 의미를 개략적으로 설명하였다.	□ 학습 요소의 내용을 이해하여 수요 공급 그래프로 그리고, 그 의미를 구체적으로 알기 쉽게 설명하지 못했다.

전이 활동	

'피드백 활동'에는 차시마다 피드백 계획을 기록하는 게 원칙이지만, 특정 차시를 중심으로 피드백 실천 계획을 세울 수도 있다. 피드백 활동의 구체적 방법은 '학생 주도성을 키우는 피드백 활동'에서 따로 상세하게 다룬다.

고등학교 사회과 '경제' 과목 수업 평가 설계를 바탕으로 2차시의 '수요와 공급에 따른 시장 균형 가격 및 거래량의 결정과 변동 원리를 탐구하기'에 필요한 활동지는 〈활동지 V-1〉처럼 구성할 수 있다.

이처럼 핵심 아이디어에서 출발하여 성취기준, 기초소양, 핵심 질문을 중심으로 수업 활동, 평가 활동, 전이 활동, 피드백 활동이 흐름을 유지하도록 설계하면 차시별 활동지 구성을 할 수 있다.

〈표 V-1〉은 단원별 수업(교수·학습)을 설계한 지도안이다. 만약 차시별 간편안이나 세안을 작성해야 한다면, 수업 활동, 평가 활동, 전이 활동, 피드백 활동이 구체적으로 드러나게 자세히 정리하면 된다.

제시된 고등학교 경제 과목의 사례를 참고하여 다른 교과에서도 핵심 아이디어에서 출발하여 성취기준, 기초소양, 핵심 질문을 중심으로 수업 활동, 평가 활동, 전이 활동, 피드백 활동을 담아내는 수업 평가 활동을 설계할 수 있다.

〈표 V-2〉는 중학교 '국어' 수업 평가를 위한 설계이다.

단원명	(2) 쓰기, 글의 유형	차시	4차시
핵심 아이디어	필자는 상황 맥락 및 사회·문화적 맥락 속에서 자신의 의사소통 목적을 달성하기 위하여 다양한 유형의 글을 쓴다.		
성취기준	[9국03-04] 의견 차이가 있는 사안에 대해 자료를 수집하고 사회·문화적 맥락을 고려하며 주장하는 글을 쓴다.		

차시	기초소양	핵심 질문	수업 활동 [AI·디지털 활용 활동]	평가 활동	전이 활동
1	언어소양, 디지털소양	의견 차이가 있는 사안은 어떻게 찾아야 할까?	디지털 기기를 이용하여 정치, 경제, 사회, 문화, 국제 등의 분야에서 의견 차이가 있는 사안 찾기	의견 차이가 있는 사안 찾기에 대한 자기평가	자신이 찾은 분야 이외의 분야에서 의견 차이가 있는 사안 찾기
2	언어소양, 디지털소양, 수리소양	쟁점에 관한 다양한 의견과 자료는 어떻게 수집해야 할까?	쟁점을 분석하고 쟁점에 대한 다양한 의견과 자료를 AI·디지털 등을 활용하여 수집하기	다양한 의견과 자료 수집에 대한 동료평가	쟁점에 관한 통계 자료를 찾아 수리적으로 분석해 보기
3	언어소양, 디지털소양	자신의 관점을 정한 뒤에 주장하는 글쓰기는 어떻게 해야 할까?	쟁점에 대한 자신의 관점을 수립하여 주장을 논리적으로 전개하기	주장하는 글쓰기에 대한 교사평가	자신의 주장을 AI를 이용하여 그림으로 표현하기
4	언어소양, 디지털소양	자신의 주장을 사회·문화적 맥락 내에서 받아들이게 할 방법은 무엇일까?	자신의 주장이 사회·문화적 맥락 내에서 수용될 수 있도록 소셜 미디어(social media)에 제시하기	자신의 주장에 대한 수용 방안 제시에 대한 본인과 교사의 공동평가	자신의 주장이 사회·문화적 맥락 내에서 수용될 수 있도록 카드뉴스 만들기
피드백 활동					

〈표 V-2〉의 수업 활동, 평가 활동, 전이 활동, 피드백 활동은 앞서 다룬 '경제' 과목의 설명을 참고하면 이해할 수 있다. 다만 '전이 활동'은 내용이 변경되므로 〈자료 V-1〉을 참고하여 이해하면 된다.

<자료 V-1> 중학교 '국어'의 수업 평가 설계와 연계된 전이 활동

1차시의 '디지털 기기를 이용하여 정치, 경제, 사회, 문화, 국제 등의 분야에서 의견 차이가 있는 사안 찾기'를 할 때, 만약 정치 분야에서 의견 차이가 있는 사안을 찾았다면, 경제, 사회, 문화 분야에서 의견 차이가 있는 사안을 찾아보면서 전이 역량을 키우면 된다. 이 과정에 사안을 제대로 찾기 위해 언어 소양이 필요하고, 디지털 기기를 이용하여 사안을 찾아야 하므로 디지털 소양이 필요하다. 차시와 관련된 언어 소양과 디지털 소양은 교사가 구체적으로 설명해야 한다.

2차시의 '쟁점을 분석하고 쟁점에 대한 다양한 의견과 자료를 AI·디지털 등을 활용하여 수집하기' 활동 뒤에 이를 바탕으로 '자신이 찾은 쟁점에 관한 통계 자료를 찾아 수리적으로 분석해 보기'를 통해 통계 분석 역량을 키우는 전이 활동을 하면 된다. 이때 언어 소양, 디지털 소양, 수리 소양이 모두 필요하다. 다양한 의견과 자료를 AI·디지털을 이용하여 찾는 과정에 언어 소양과 디지털 소양이 필요하고, 자신이 찾은 쟁점에 관한 통계 자료 분석 때 수리 소양이 필요하기 때문이다.

3차시의 '쟁점에 대한 자신의 관점을 수립하여 주장을 논리적으로 전개하기' 활동 뒤에 '자신의 주장을 AI를 이용하여 그림으로 표현하기' 활동을 통해 텍스트를 이미지로 전환하는 전이 활동을 할 수 있도록 했다. 이때 언어 소양, 디지털 소양이 필요하다. 주장을 논리적으로 전개할 때 언어 소양이 필요하고, 자신의 주장을 AI를 이용하여 그림으로 표현할 때 디지털 소양이 필요하다.

4차시의 '자신의 주장이 사회·문화적 맥락 내에서 수용될 수 있도록 소셜 미디어(social media)에 제시하기' 활동은 '자신의 주장이 사회·문화적 맥락 내에서 수용될 수 있도록 카드뉴스 만들기'를 통해 실생활과 연결하는 전이 활동이 되도록 했다. 이 과정에 언어 소양, 디지털 소양이 필요하다. 자신의 주장을 펼치는 과정에 언어 소양이 필요하고, 카드뉴스를 만드는 과정에서 디지털 소양이 필요하다.

제시된 중학교 '국어' 수업 평가 활동 설계에 따라 4차시 수업을 할 때 필요한 활동지는 〈활동지 V-2〉처럼 구성하면 된다.

<활동지 V-2> 중학교 국어 수업 평가 설계의 '4차시' 활동지

국어 수업 평가 활동지			
학번 ( ) 이름 ( )			
• 핵심 아이디어: 필자는 상황 맥락 및 사회·문화적 맥락 속에서 자신의 의사소통 목적을 달성하기 위하여 다양한 유형의 글을 쓴다.			
• 수행과제: 자신의 주장이 사회·문화적 맥락 내에서 수용될 수 있도록 소셜 미디어(social media)에 제시할 글쓰기			

찾은 사안	정치, 경제, 사회, 문화, 국제, 기타( )		
소셜 미디어에 제시할 글쓰기			

평가 활동 [동료평가] 학번( ) 이름( )	평가 기준	A	B	C
	논증력	☐ 자신의 주장이 사회·문화적 맥락 내에서 수용될 수 있도록 주장과 근거를 선명하게 제시했다.	☐ 자신의 주장이 사회·문화적 맥락 내에서 수용될 수 있도록 주장과 근거를 개략적으로 제시했다.	☐ 자신의 주장이 사회·문화적 맥락 내에서 수용될 수 있도록 주장과 근거를 선명하게 제시하지 못했다.
전이 활동 [카드뉴스 만들기]				

〈활동지 V-2〉 속의 '찾은 사안' 칸에는 자신의 주장이 사회·문화적 맥락 내에서 수용될 수 있도록 소셜 미디어에 제시할 때 선택한 사안에 동그라미를 치면 된다. 만약에 정치 분야의 사안이면 정치에 동그라미를 치면 되고, 정치, 경제, 사회, 문화, 국제 이외의 사안이면 '기타' 영역의 괄호 속에 그 내용을 기록하면 된다.

'소셜 미디어에 제시할 글쓰기'에는 자신의 주장이 사회·문화적 맥락 내에서 수용될 수 있도록 주장하는 글쓰기를 하면 된다.

'평가 활동'에는 주장하는 글쓰기를 동료가 읽고 논증력을 중심으로 평가하면 된다.

'전이 활동' 칸에는 자신의 주장이 사회·문화적 맥락 내에서 수용될 수 있도록 카드뉴스를 만들면 된다. 이때 디지털 도구를 사용하여 카드뉴스를 만들 수도 있고, 학생들이 직접 그릴 수도 있다.

학생 주도성을 키우려면 '핵심 아이디어 발견 활동, 기초소양 학습, 수업 활동, 평가 활동, 전이 활동, 피드백 활동' 등의 학생 활동을 강화해야 한다. 이런 다양한 활동을 해야 만이 목적의식, 시간과 노력 투자, 성찰적 태도, 책임감 등의 학생 주도성의 주요 요소를 발휘할 수 있다.

'학생 주도성을 키우는 수업 평가 설계'는 고등학교 사회과의 '경제' 과목과 중학교 '국어'에 적용한 사례이다. 이 내용을 참고하여 다른 교과(목)에도 세부 내용만 달리하여 그대로 적용할 수 있다.

2

사유 역량을 키우는
활동지 만들기

그동안 학교에서는 지식 전달을 위한 학습지를 주로 제작했다. 학습지는 지식을 이해하는 데 도움이 되도록 보조교재 형태로 제작했다. 학습지는 주로 해당 차시 수업을 요약하거나 특정 개념의 정리에 초점을 맞춰 지식의 전달을 최우선으로 삼았다. 이러한 학습지는 교사가 지식을 전달할 때는 효과적이지만, 학생들의 사유 역량을 키우는 데는 부족한 측면이 있었다. 사유 역량은 '학생들이 개념을 이해하고, 자기 판단에 따라 내용을 구성하는 등의 행위를 주체적으로 해나가는 과정에서 형성되는 것'이다.

활동지는 학생들의 사유를 담아내는 그릇이다. 그릇에 담긴 따뜻한 밥처럼 우리가 매일 마주해야 하는 소중한 도구가 활동지이다. 매일 먹어도 질리지 않도록 다양한 형식으로 사유 기반의 활동지를 제작해야 한다. 이런 측면에서 지식을 담은 학습지보다 사유를 담아내는 활동지 제작에 주력해야 한다.

〈표 V-3〉은 사유 역량을 키우기 위한 다양한 활동지 제작 방식이다. 다양한 형식의 활동지 제작이 필요한 이유는 먼저 국어, 영어, 수학, 과학, 사회, 정보, 음악, 미술, 체육 등 과목의 특성에 맞는 활동지가 필요하기 때문이다. 다음으로 특정 단원의 수업을 할 때 차시마다 다른 수업 평가 활동이 전개되므로 똑같은 활동지를 만들어 반복적으로 사용하기 어렵기 때문이다.

<표 V-3> 사유 역량을 키우는 활동지

구분	활동지 구성
빈칸 중심의 활동지	수업 내용을 이해하고, 이를 구성하는 등의 행위를 주도적으로 할 수 있도록 빈칸 중심으로 활동지 구성
인지적 영역과 정의적 영역을 포괄하는 활동지	인지적 영역과 정의적 영역을 역량을 함께 평가할 수 있도록 활동지 구성
수행과제 처리에 적합한 활동지	수행과제를 처리할 때 수월하게 접근할 수 있도록 활동지 구성
모둠마다 다른 활동지	협력 학습 때 모둠마다 같은 주제이지만 서로 다른 수행과제를 처리할 수 있도록 활동지 구성
디지털과 아날로그의 조화를 추구하는 활동지	디지털과 아날로그 방식을 조화롭게 이용하여 수행과제를 처리할 수 있도록 활동지 구성
창의력을 촉진하는 활동지	수행과제를 처리할 때 상상력과 창의력을 발휘할 수 있도록 하는 활동지 구성
내용 요소 중심의 활동지	지식·이해, 과정·기능, 가치·태도를 고려하여 구성하거나, 해당 성취기준을 이해하는 데 도움이 되는 수업방법을 고려하여 활동지 구성
학생들이 직접 활동지 만들기	학생들이 스스로 해당 차시 수업에 대한 이해와 사유 정도를 주도적으로 담아낼 수 있도록 직접 활동지 구성
KWL 일람표 형식의 활동지	학생 스스로 수업 시작, 수업 중, 수업 이후에 학습 내용과 배움 정도를 구체적으로 정리할 수 있는 활동지 구성

2022 개정 교육과정에서 강조하는 '깊이 있는 학습을 통해 핵심역량을 함양' 하려면 새로운 형식의 활동지를 만들어야 한다. 이를 위해 단편적 지식 습득에 초점을 맞추기보다 학생들의 사유 역량을 함양하기 위한 활동지를 제작해야 한다. 이를 위해 '핵심 아이디어, 수행과제, 학습 요소, 수행 활동, 평가 활동, 전이 활동' 등이 확실하게 드러나는 활동지를 제작해야 한다.

사유 역량을 키우는 활동지에는 핵심 아이디어를 기록하여 학생들이 활동지를 수행하는 과정에서 '무엇을 중심으로 사고하고 의미를 만들어야 하는가?' 를 항상 생각하도록 해야 한다. 한편 가능하면 평가 활동과 전이 활동을 할 수 있도록 하여 비판적 사고력과 창의력을 키우도록 해야 한다.

(1) 빈칸 중심의 활동지 만들기

수업 시간에 자주 사용하는 '학습지' 는 지식이나 개념을 설명한 글로 빽빽하게 채우거나 드문드문 괄호를 주는 형식으로 만든다. 학습지는 주로 지식적 내용을 중심으로 교과서에 있는 내용을 요약하는 형태로 제작한다.

핵심 아이디어를 발견하고 기초소양 키우면서 역량을 키우는 활동을 하려면, 빈칸 중심의 활동지를 만들어야 한다. 빈칸은 학생이 사유를 기반으로 채워가는 지적공간이다. 빈칸에는 기초소양을 바탕으로 지식·이해 차원에서 인지한 내용, 과정·기능 차원에서 탐구한 내용, 가치·태도 차원에서 체득한 내용을 담아내면 된다. 이후 소개하는 다른 형식의 활동지도 기본적으로 빈칸 중심으로 제작하는 것을 원칙으로 한다.

〈활동지 V-3〉처럼 빈칸 중심의 활동지를 활용해야 교사도 수업 시간에 여백이 생긴다. 학생들이 빈칸을 채울 시간을 주기 위해서라도 교사의 설명을 일정 정도 줄여야 한다. 또 교사에게 여백의 시간이 있어야 학생들의 활동 과정을 살피고, 피드백도 제대로 할 수 있다.

활동지 속의 '핵심 아이디어'에는 수행과제와 관련된 해당 교과의 핵심 아이디어를 찾아 기록힌다.

'수행과제'는 학습해야 할 과제이면서 동시에 형성평가를 위한 과제에 해당한다. 한 차시의 수업이 진행된 뒤에 학생이 주도적으로 자신이 학습한 정도를 확인할 수 있도록 수행과제를 설정해야 한다.

'학습 요소'에 해당 차시에서 학습하고 이해해야 할 수요 곡선, 수요 곡선의 예외, 수요량의 변화, 수요의 변화 등을 기록한다. 제시한 학습 요소는 경제 교과의 내용이지만, 국어, 수학, 영어, 과학, 정보, 도덕 등의 교과에서도 해당 차시에 학습할 내용을 기록하면 된다.

수행 활동(1)에는 '그래프로 나타내기'를 기록하고, 수행 활동(2)에는 설명하기를 기록하면 된다. 그래프로 나타내기는 지식·이해 차원의 역량을 알 수 있고, '설명하기'를 통해 과정·기능 차원의 역량을 확인할 수 있다.

'평가 활동'에는 자기평가, 동료평가, 교사평가, 공동평가 등을 기록하고 그에 관련된 루브릭을 만들어 정리한다. 이번 활동지는 설명력을

<활동지 V-3> 빈칸 중심 활동지

경제 수업 평가 활동지
학번 (   ) 이름 (   )
• 핵심 아이디어: 수요와 공급을 통해 시장에서 자원 배분이 효율적으로 이루어진다.
• 수행과제: 시장의 수요를 그래프로 나타내어 설명하기

학습 요소	수행 활동(1): 그래프로 나타내기	수행 활동(2): 그래프 설명하기
수요 곡선		
수요 곡선의 예외		
수요량의 변화		
수요의 변화		

평가 활동 [동료평가] 학번( ) 이름( )	평가 기준	A	B	C
	설명력	□ 학습 요소를 상대방이 알기 쉽게 그래프를 제대로 그려 정확하게 설명하였다.	□ 학습 요소를 상대방이 알기 쉽게 그래프를 그려 일부만 설명하였다.	□ 학습 요소를 상대방이 알기 쉽게 그래프를 그려 설명하지 못했다.
전이 활동				

평가 기준으로 삼아 '수요 곡선, 수요 곡선의 예외, 수요량의 변화, 수요의 변화' 등의 학습 요소를 동료가 잘 이해할 수 있도록 그래프로 그리고 설명했는지를 중심으로 평가하면 된다.

평가 활동은 '피드백 활동'과 연결되므로 신중하게 해야 한다. 만약 설명력의 정도를 동료가 'B' 수준으로 판정했다면, 그 이유를 활동지를 수행한 사람에게 설명해줘야 한다. 이런 일련의 과정이 피드백이다. 결국 활동지 중심의 학습이 활발할수록 평가와 피드백이 왕성해지고 이를 통해 학생들이 주도성을 발휘할 기회도 자주 생긴다.

'전이 활동'에는 '수행과제인 시장의 수요를 그래프로 나타내어 설명하기'를 수행한 뒤에 이해한 내용을 바탕으로 교과 내 다른 영역에 전이하거나 다른 교과에 내용의 연계성 고려하여 전이할 수 있는 부분을 생각하여 정리하면 된다. 아울러 우리의 삶과 연계했을 때 의미 있다고 판단되는 부분을 정리할 수도 있다. 이를 통해 수업 시간마다 전이 역량에 기초하여 창의융합 마인드를 키울 수 있다.

〈활동지 V-3〉을 바탕으로 수업을 진행하면 내용 요소 중에서 정의적 영역에 해당하는 가치·태도를 파악하는 데 한계가 있다. 이런 문제를 해결하려면 인지적 영역과 정의적 영역을 모두 파악할 수 있는 활동지를 만들어야 한다.

(2) 인지적 영역과 정의적 영역을 포괄하는 활동지 만들기

인지적 영역(지식, 기능)과 정의적 영역(가치, 태도)을 모두 아우르는 활동지를 제작하려면 정의적 영역을 어떻게 구성할 것인가가 난제이다. 이러한 문제는 〈활동지 V-4〉와 같은 활동지를 제작하면 해결할 수 있다.

〈활동지 V-4〉는 학습 요소인 정책 조합 사례, 경기 과열 때 정책 조합,

경기 침체 때 정책 조합은 교사의 설명식 수업을 통해 이해시킨 뒤에 학생들이 수행 활동(1), (2)를 주도적으로 처리할 수 있게 만든 것이다. 학생들이 수행 활동(1), 수행활동(2)를 처리하면 지식, 기능 측면의 인지적 영역의 역량을 키울 수 있지만, 가치, 태도 측면의 정의적 영역의 역량을 키우는 데는 한계가 있다. 이런 한계는 활동지에 정의적 영역의 요소에 해당하는 평가 기준을 설정하여 루브릭을 만들어 실행하면 극복할 수 있다. 이때 루브릭이 학습 목표가 될 수 있다. 그러므로 루브릭을 완전히 이해한 뒤에 학생들에게 수행활동을 하도록 지도해야 한다.

〈활동지 V-4〉 속의 루브릭은 '목적의식'을 통해 학생들의 주도성을 키우기 위해 구성한 것이다. 목적의식은 남에 의해 주어진 것이 아니라 무엇을 위해 왜 추구하는지 그 목적을 분명히 하는 것이다. '수행과제를 상대방이 이해하기 쉽도록 구체적이고 체계적으로 정리하였다' 라는 진술은 특정 학생이 지닌 가치·태도를 염두에 두고 정의적 영역 차원에서 기술한 것이다. 이처럼 활동지를 제작할 때 인지적 영역과 정의적 영역을 함께 고려할 수 있다.

〈활동지 V-4〉가 제시하는 루브릭은 공동평가를 할 수 있도록 자기평가(□)와 동료평가(◇)의 체크박스 모양을 다르게 하였다. 이때 자기평가와 동료평가가 불일치할 때는 서로 다른 판단의 근거를 설명해주도록 해야 한다.

공동평가는 '자기평가와 동료평가, 자기평가와 교사평가, 동료평가와 교사평가' 형식으로 묶을 수 있다.

 2022 개정 교육과정과 학생 주도성을 키우는 수업 평가

<활동지 V-4> 인지적 영역과 정의적 영역을 포괄하는 활동지

<table>
<tr><td colspan="4" align="center">경제 수업 평가 활동지</td></tr>
<tr><td colspan="4" align="center">학번 (　　　　　　) 이름 (　　　　　　)</td></tr>
<tr><td colspan="4">• 핵심 아이디어: 경기 변동의 안정화를 위해 정부는 재정 정책과 통화 정책을 활용한다.</td></tr>
<tr><td colspan="4">• 수행과제: 재정 정책과 금융 정책의 조합을 창의적으로 설명하기</td></tr>
<tr><td>학습 요소</td><td colspan="2">수행 활동(1): 그림으로 설명하기</td><td>수행 활동(2): 문장으로 설명하기</td></tr>
<tr><td>정책 조합
사례</td><td colspan="2"></td><td></td></tr>
<tr><td>경기 과열 때
정책 조합</td><td colspan="2"></td><td></td></tr>
<tr><td>경기 침체 때
정책 조합</td><td colspan="2"></td><td></td></tr>
<tr><td rowspan="2">평가 활동
[자기평가 □]
[동료평가 ◇]
학번(　　　)
이름(　　　)</td><td>평가 기준</td><td>A</td><td>B</td><td>C</td></tr>
<tr><td>목적의식</td><td>□ 수행과제를 상대방이 알기 쉽도록 표현하여 구체적이고 체계적으로 설명했다. ◇</td><td>□ 수행과제를 상대방이 알기 쉽도록 표현하여 대체적으로 설명했다. ◇</td><td>□ 수행과제를 상대방이 알기 쉽도록 구체적이고 체계적으로 설명하지 못했다. ◇</td></tr>
<tr><td>전이 활동</td><td colspan="4"></td></tr>
</table>

(3) 수행과제 처리에 적합한 활동지 만들기

수행과제 처리에 적합한 정리 형식을 만들거나 기존에 있는 정리 형식을 활용하여 활동지를 만들 수 있다. 예를 들어 〈활동지 V-5〉처럼 피쉬본 다이어그램(fishbone diagram)은 말 그대로 생선의 척추뼈와 그 주위의

〈활동지 V-5〉 피쉬본 다이어그램을 사용한 활동

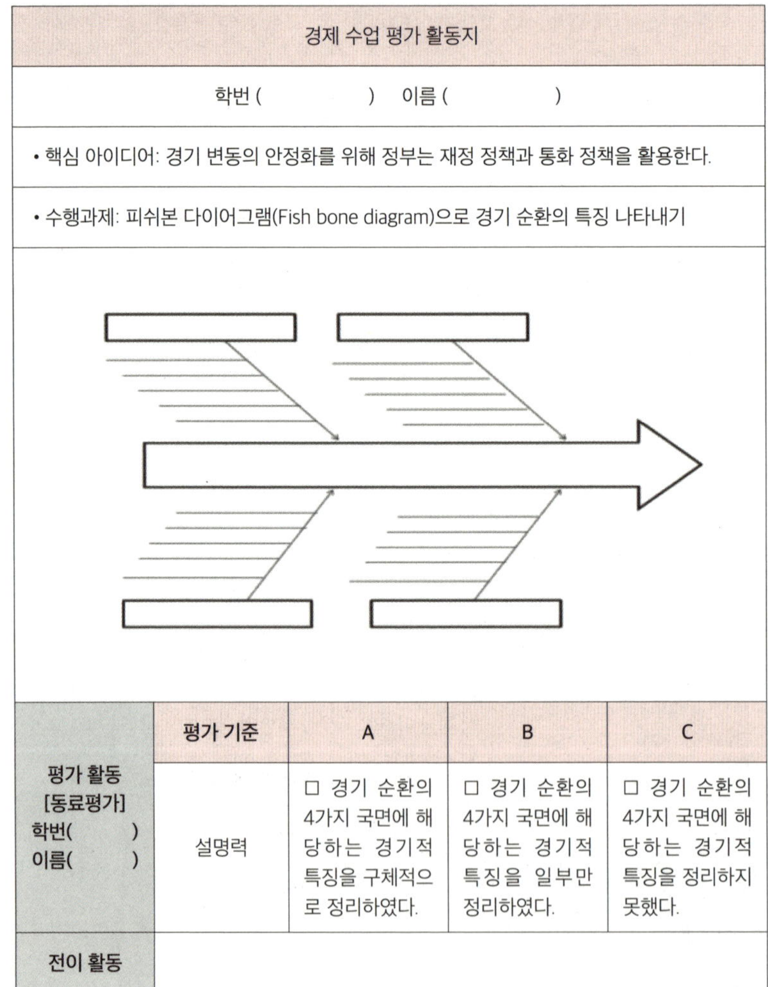

경제 수업 평가 활동지			
학번 (　　　　　) 이름 (　　　　　)			
• 핵심 아이디어: 경기 변동의 안정화를 위해 정부는 재정 정책과 통화 정책을 활용한다.			
• 수행과제: 피쉬본 다이어그램(Fish bone diagram)으로 경기 순환의 특징 나타내기			

	평가 기준	A	B	C
평가 활동 [동료평가] 학번(　　　) 이름(　　　)	설명력	□ 경기 순환의 4가지 국면에 해당하는 경기적 특징을 구체적으로 정리하였다.	□ 경기 순환의 4가지 국면에 해당하는 경기적 특징을 일부만 정리하였다.	□ 경기 순환의 4가지 국면에 해당하는 경기적 특징을 정리하지 못했다.
전이 활동				

작은 뼈들을 형상화한 것이다. 이 모양을 활용하면 주요 문제 상황에 대한 원인과 결과 및 영향 등을 손쉽게 파악할 수 있다.

경제 수업 때 경기 변동에 따른 생산, 고용, 소비, 투자, 물가 등의 변화를 이미지로 표현하라고 하면 막연할 수 있다. 이때 피쉬본 다이어그램을 응용하여 호경기, 후퇴기, 불경기, 회복기를 거치는 경기 순환에 따른 생산, 고용, 소비, 투자, 물가 등의 변화를 쉽게 정리할 수 있다.

<그림 V-1> 피쉬본 다이어그램을 활용하여 경기 순환을 정리한 사례

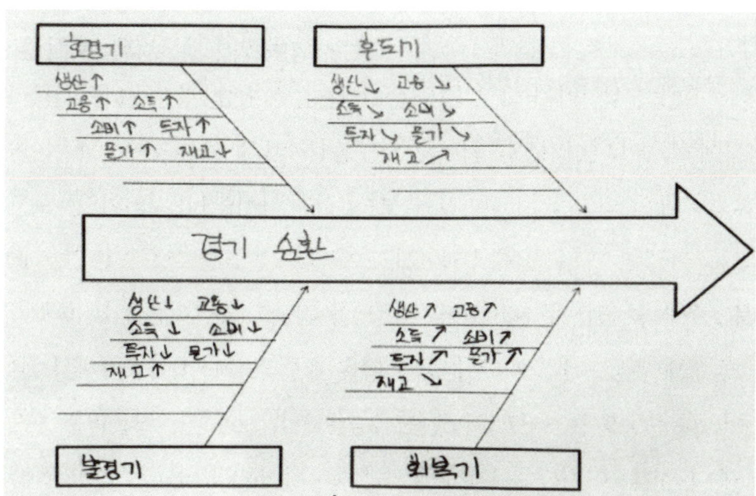

〈그림 V-1〉을 통해 알 수 있듯이 피쉬본 다이어그램을 이용하면 호경기, 후퇴기, 불경기, 회복기 등의 경기 순환에 따른 생산, 고용, 소득, 소비, 투자, 물가, 재고 등의 변화를 한눈에 알아볼 수 있다.

피쉬본 다이어그램은 다른 교과 수업에도 활용할 수 있다. 예를 들어 네 문단으로 구성된 글을 읽고, 중앙의 화살표에는 글의 주제나 제목을 쓰고, 호경기 자리에는 첫 번째 문단의 중요 내용을 정리하고, 후퇴기 칸에는 두 번째 문단의 주요 내용을 정리하는 형식으로 이용할 수 있다.

'개념 확장도'를 이용하여 사유 역량을 키우는 활동지를 제작할 수도 있다. 개념 확장도를 사용하면 특정한 중심 개념을 2차 개념, 주변 개념으로 확장하면서 개념에 대한 이해도를 높일 수 있다.

<활동지 V-6> 개념 확장도를 사용한 활동지

<table>
<tr><td colspan="4" align="center">지리 수업 평가 활동지</td></tr>
<tr><td colspan="4" align="center">학번 (   ) 이름 (   )</td></tr>
<tr><td colspan="4">• 핵심 아이디어: 우리나라와 세계 각지에 다양한 지형 경관이 나타나고, 해당 지역의 인문환경과 인간생활에 중요한 영향을 미친다.</td></tr>
<tr><td colspan="4">• 수행과제: 분지에 대한 개념 확장도 만들기</td></tr>
<tr><td rowspan="4">주변 개념
2차 개념
중심 개념</td><td>구분</td><td>핵심어</td><td>의미</td></tr>
<tr><td>중심 개념</td><td></td><td></td></tr>
<tr><td>2차 개념</td><td></td><td></td></tr>
<tr><td>주변 개념</td><td></td><td></td></tr>
<tr><td rowspan="2">평가 활동
[교사평가]</td><td>평가 기준</td><td>A</td><td>B</td><td>C</td></tr>
<tr><td>설명력</td><td>☐ 개념 확장도에 대한 이해를 바탕으로 중심 개념, 2차 개념, 주변 개념의 의미를 체계적으로 설명했다.</td><td>☐ 개념 확장도에 대한 이해를 바탕으로 중심 개념, 2차 개념, 주변 개념의 의미를 개략적으로 설명했다.</td><td>☐ 개념 확장도에 대한 이해에 기초하여 중심 개념, 2차 개념, 주변 개념의 의미를 일부만 설명했다.</td></tr>
<tr><td colspan="2">전이 활동</td><td colspan="3"></td></tr>
</table>

이 활동지는 중학교 사회과의 '지리' 영역 '⑧ 우리나라의 자연환경과 인간생활' 수업 때 이용할 수 있다. 이 활동에 관련된 성취기준은 '[9사(지리)08-01] 우리나라 주요 산지·하천·해안 지형의 위치와 특성을 파악하고, 매력적인 지형 경관을 탐색하여 우리 국토의 아름다움을 느낀다'이다. 이 성취기준은 지식·이해 측면에서 보면 주요 지형에 대한 기초적인 지식을 갖추는 데 있다.

〈활동지 V-6〉을 정리할 때는 왼쪽의 동심원의 가운데에 있는 '중심 개념'에는 분지, '2차 개념'에는 고도, 기온을 적고, '주변 개념'에는 산, 평지, 하천, 침식, 도시, 과수원 등의 핵심어를 기록하면 된다.

오른쪽의 '구분, 핵심어, 의미'에는 왼쪽 동심원에 기록한 핵심어를 바탕으로 각각의 의미를 설명하면 된다. 예컨대 '중심 개념'의 핵심어 칸에는 분지, 의미 칸에는 '해발 고도가 더 높은 지형으로 둘러싸인 평지'를 서술하면 된다.

'2차 개념'의 핵심어 칸에는 고도, 기온을 적고, '보통의 평야보다 해발 고도가 높으며, 기온의 일교차가 큰 내륙성 기후를 나타낸다'고 기술하면 된다.

'주변 개념'의 핵심어 칸에는 산, 평지, 하천, 침식, 도시, 과수원 등을 적고, 각각의 개념을 분지의 특성과 연계하여 정리하면 된다.

중심 개념 동그라미 속에는 '분지', 2차 개념 동그라미 속에는 분지의 고도, 분지의 기온, 주변 개념 동그라미 속에는 산, 평지, 하천, 침식, 도시, 과수원 등을 적고 각각의 의미를 설명하면 된다.

'전이 활동'은 학생들이 개념 확장도를 통해 익힌 분지에 대한 이해를 바탕으로 교과 내 다른 영역이나 다른 과목의 내용과 연결할 수 있는 부분을 정리하면 된다. 앞서 말했듯이 전이 활동은 창의융합 마인드를 키우기 위해 필요한 활동이다.

이처럼 수행과제 처리에 적합한 활동지를 투입하면 학습의 효율성을 높이고 주도성을 키울 수 있다.

(4) 모둠마다 다른 활동지 만들기

수업 시간에 투입되는 활동지는 한 가지 형식으로 구성하는 게 일반적이다. 하지만 정해진 시간 동안 수업할 내용이 많거나, 특정한 주제를 모둠별로 나누어 학습하는 것이 효율적일 때는 모둠마다 다른 활동지를 제공할 필요가 있다.

〈표 Ⅴ-4〉는 사회과의 경제 수업 때 '소득불평등도를 다양한 방식으로 알아보기' 위해 모둠마다 다른 수행과제를 제시하기 위한 수업 평가 설계 사례이다.

〈표 Ⅴ-4〉 모둠마다 다른 활동지를 투입하는 수업 평가 설계

차시	기초 소양	핵심 질문	수업 활동 [AI·디지털 활용 활동]	평가 활동	전이 활동
5	수리 소양, 디지털 소양	소득불평등이 깊어지면 우리 사회에 어떤 문제가 생길까?	1모둠은 로렌츠 곡선을 설명하기, 2모둠은 지니계수 설명하고 우리나라 현황 조사해 발표하기, 3모둠은 10분위분배율 설명하고 우리나라 현황 조사해 발표하기, 4모둠은 5분위배율 설명하고 우리나라 현황 조사해 발표하기, 5모둠은 10분위분배율로 5분위배율 구하기, 6모둠은 로렌츠 곡선으로 효율성과 형평성 설명하기를 수업 내용, 보조교재, 디지털 기기를 활용하여 활동지를 정리한 뒤에 전체를 대상으로 알기 쉽게 설명하기	모둠별 상호평가	로렌츠 곡선을 대동사회에 연결하여 설명하기
	피드백 활동		수업 활동 과정을 살펴 모둠별로 피드백		

이 활동 과정에서는 '수리 소양과 디지털 소양' 필요하다. 소득불평등도를 파악하는 과정에 수리 소양이 요구되고, 5분위 배율, 10분위 분배율의 현황을 스마트폰을 비롯한 디지털 기기를 사용하여 정확한 정보를 수집하여 파악해야 하므로 디지털 소양이 필요하다.

〈표 Ⅴ-4〉의 '수업 활동'을 통해 알 수 있듯이 소득불평등도를 알아보기 위한 수행과제가 1모둠부터 6모둠까지 모두 다르다. 모둠마다 다른 활동지를 투입한 수업의 마무리는 반드시 여섯 개 모둠이 모두 발표할 시간을 줘야 한다. 그래야 만이 다른 모둠이 수행한 학습 내용을 알 수 있고, 이를 통합하여 소득불평등도의 전체 내용을 이해할 수 있다. 수업의 최종 마무리는 각 모둠의 발표 내용을 교사가 일목요연하게 정리해 줘도 된다.

6개의 모둠을 만들어 협력 학습을 할 때 모둠마다 다른 수행과제를 제시하여 완성한 결과물은 〈그림 Ⅴ-2〉를 통해 알 수 있다.

6개의 모둠을 만들어 협력 학습을 진행하고 모둠별로 발표하는 수업 모습은 '학생 주도성을 키우는 수업 평가(https://blog.naver.com/kypnie99/220547437465)'를 검색하면 볼 수 있다.

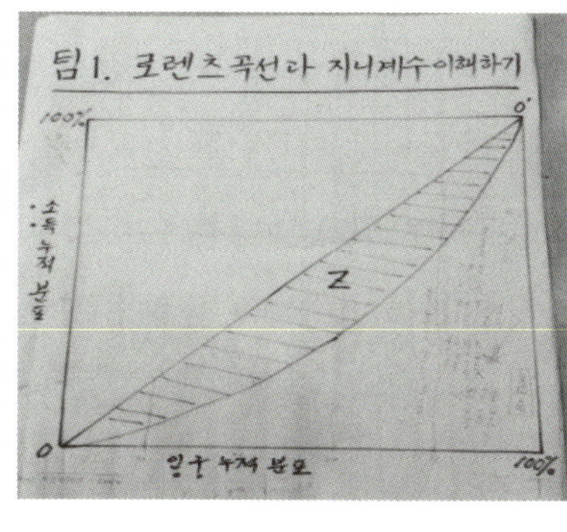

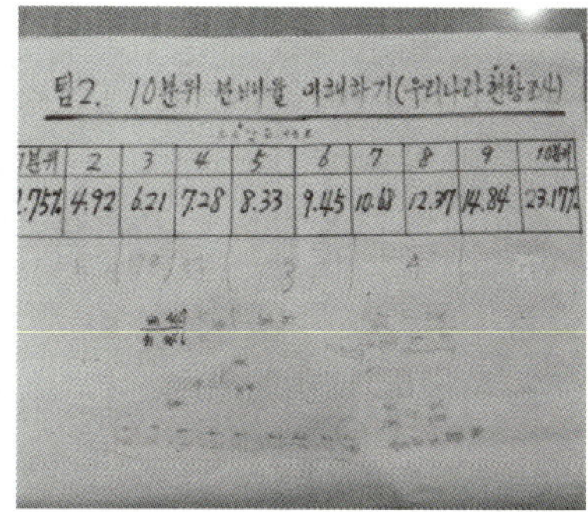

1분위	2	3	4	5	6	7	8	9	10분위
2.75%	4.92	6.21	7.28	8.33	9.45	10.82	12.37	14.84	23.17%

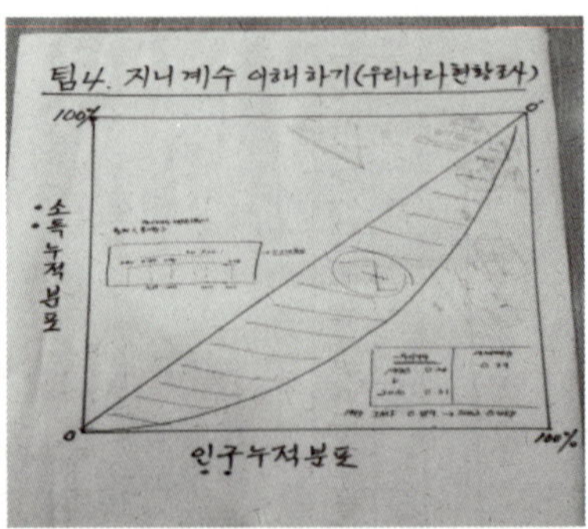

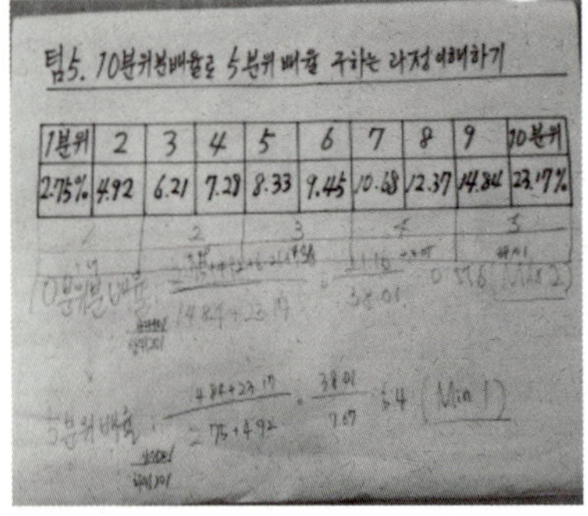

1분위	2	3	4	5	6	7	8	9	10분위
2.75%	4.92	6.21	7.28	8.33	9.45	10.68	12.37	14.84	23.17%

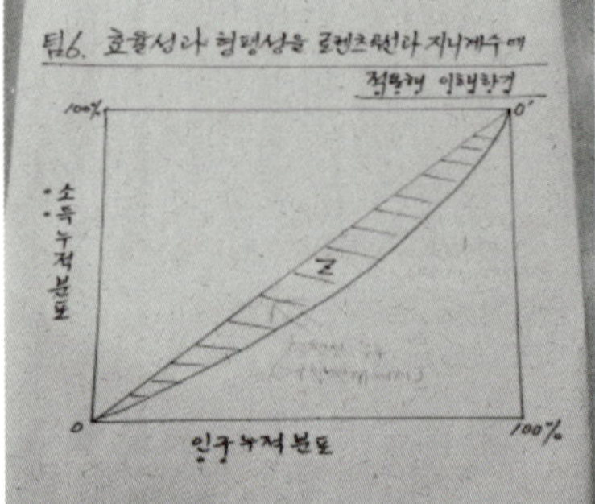

(5) 디지털과 아날로그의 조화를 추구하는 활동지 만들기

아날로그 중심 교육은 종이, 연필, 칠판 등을 사용하여 문제를 해결하고 생각을 기록함으로써 학생의 집중력을 키울 수 있다. 다양한 감각을 사용하여 문제 상황을 해결하기 때문에 기억력을 강화에도 도움이 된다. 대면 소통을 하므로 교사와 학생 사이, 학생과 학생 사이에 인간관계 형성에 도움이 된다.

디지털 중심 교육은 디지털 도구를 사용하여 필요한 내용 요소를 빠른 속도로 파악할 수 있어 학습에 필요한 시간이 줄어든다. 대량의 정보를 빠르게 확인하여 필요한 자료를 취사선택할 수도 있다.

이런 점을 고려하여 디지털과 아날로그의 조화를 추구하는 활동지를 구성할 수 있다. 〈활동지 V-7〉은 비교과 활동 시간에 '미디어 리터러시 기반의 탐구 기반 쓰기' 활동 때 디지털과 아날로그의 조화를 추구하기 위해 구성한 것이다.

<활동지 V-7> 디지털과 아날로그의 조화를 추구하는 활동지

미디어 리터러시 기반의 탐구 기반 쓰기	
학번 ( ) 이름 ( )	

○○신문
2023년 05월 18일
11면 (사회)

히로시마 G7 정상회의 대응 기자회견

방사성 오염수 해양투기 중단하라!

"방사성 오염수 투기 멈춰라" 일본 방사성 오염수 해양투기 저지 공동행동 활동가들이 17일 서울 광화문광장에서 기자회견을 열고 방사성 오염수 해양투기 중단을 촉구하고 있다.　조태형 기자

캡션 구체화	
질문하기	
탐구하기	
쓰기	
자기평가	평점　☆☆☆☆☆☆☆☆☆☆
	이유

이 활동 때는 우선 탐구해야 할 사안의 명확화를 위해 '캡션 구체화' 활동이 필요하다. 캡션은 삽화, 사진 등에 붙는 짧은 해설문을 말한다. 그런데 제시된 캡션만으로 사진 속의 문제 상황을 정확하게 이해하기 어렵다. 이때 스마트폰, 노트북 등의 디지털 기기를 이용하여 일본의 방사능 오염수 해양 투기 문제를 검색하여 필요한 자료를 찾아 그 내용을 이해한 뒤에 핵심 내용을 '캡션 구체화' 칸에 정리하면 된다.

다음으로 캡션 구체화 단계에서 이해한 내용을 바탕으로 스스로 질문을 만들면 된다. 예를 들어 '일본의 방사능 오염수 해양 투기 문제의 해결책은 무엇인가?', '일본의 방사능 오염수 해양 투기가 우리에게 미치는 영향은 무엇인가?' 등의 질문을 할 수 있다. 그런 뒤에 자신이 만든 질문을 탐구 활동을 AI·디지털을 통해 다양한 정보나 자료를 찾아 그 내용 중에서 핵심적 내용을 '탐구하기' 칸에 정리하면 된다.

마지막으로 '쓰기' 칸에 탐구 내용에 기초하여 자기 생각을 논리적으로 서술한 뒤에 전체 과정에 대한 자기평가를 별점으로 표시하고, 그 이유를 정리하는 것으로 활동을 마치면 된다.

이와 같은 과정을 보면 '캡션 구체화'와 '탐구하기'는 디지털 기반 활동이고, '질문하기'와 '쓰기'는 아날로그 기반의 활동이다.

(6) 창의력을 키우는 활동지 만들기

비교과 수업과 교과 수업 때 학생들의 상상력과 창의력을 자극할 수 있다. 학생들에게 수행과제를 부여하고 이를 다양한 형식으로 정리하게 활동을 통해 창의력을 키울 수 있다. 이때 수행과제를 만화나 그림으로 표현하는 활동, AI·디지털을 이용하는 활동, 수업 중에서 교과 내용과 관련이 있는 특정한 상황을 부여하여 대본을 작성하게 한 뒤에 그에 맞춰 역할 연기하는 활동 등을 할 수도 있다. 이런 활동을 자주 수행할수록 학생들의 상상력과 창의력이 커지고 사유 역량에 기반을 둔 창의융합 마인드를 키울 수 있다.

비교과 수업에서 창의력을 키우기 위한 활동지는 수업 주제, 수업 상황 등을 고려하여 다양하게 구성할 수 있다.

〈활동지 V-8〉은 디지털 기초소양을 키우기 위한 유튜브 리터러시 교육을 위한 것으로 비교과 수업에서 활용한 것이다.

이 활동지는 자신이 관심 있게 본 유튜브 영상을 바탕으로 상상력을 키우는 질문을 통해 세상을 이해할 수 있도록 설계한 것이다. 자신이 본 유튜브 채널과 유튜브의 제목을 적고, 자신이 본 유튜브의 콘텐츠가 어떤 영역인지를 표시한 뒤에 상영시간, 업로드 일자, 시청 일자를 기록한 뒤에 본격적으로 활동하면 된다.

이후에 'S'에는 자신이 본 유튜브의 주요 장면을 생각하면서 그 내용을 단어로 나열하면 된다. 'T'에는 유튜브를 보고 생긴 궁금한 점을 여러 개의 문장으로 기록하면 된다. 'W'에는 S와 T 단계를 바탕으로 여러 개의 질문을 정리하면 된다.

이렇게 만들어진 질문을 AI에게 하고, 대답을 받아 그 내용을 자신의 언어로 재정리하여 'AI를 이용하여 wonder에 답하기'에 기록하면 된다.

교과 수업 때도 상상력과 창의력을 키우는 활동을 할 수 있다. 〈활동지 V-9〉는 경제 교과 수업 때 사용한 활동지이다. 창의력을 키우기 위해 학습 요소 중에서 '경기 과열 때 재정 정책 정리하기'와 '경기 침체 때 재정 정책 정리하기'는 반드시 자신의 능력을 최대한 발휘하여 창의적으로 표현하도록 했다.

'STW'를 이용하여 유튜브 읽고 AI에 질문하기			
학번 ( ) 이름 ( )			

유튜브 채널			
유튜브 제목			
콘텐츠	정치, 경제, 사회, 문화, 과학, 역사, 교육, 국제, 스포츠, 여행, 기타( )		
상영시간	업로드 일자	시청 일자	
구분	주요 내용		
S (see)			
T (think)			
W (wonder)	❶ ❷ ❸		
AI를 이용하여 wonder에 답하기	① ② ③		

자기평가 [책임감]	탁월	우수	보통	기초
	□ 자신이 맡은 과제를 수행하는 것을 넘어 완성도를 높이려고 최선을 다했다.	□ 자신이 맡은 과제를 수행하는 것을 넘어 완성도를 높이려고 노력했다.	□ 자신이 맡은 과제를 수행하는 것을 넘어 완성도를 높이려고 일정 정도 노력했다.	□ 자신이 맡은 과제를 수행하는 것을 넘어 완성도를 높이려고 노력하지 않았다.

<활동지 V-9> 창의력을 키우는 활동지

경제 수업 평가 활동지			
학번 ( ) 이름 ( )			
• 핵심 아이디어: 경기 변동의 안정화를 위해 정부는 재정 정책과 통화 정책을 활용한다.			
• 수행과제: 경제 안정화 정책과 재정 정책 설명하기			

학습 요소	설명하기		
경제 안정화 정책	[목표] [의미]		
재정 정책	[주체] [수단]		
금융 정책(통화정책)	[주체] [수단]		
재정 정책 ❶ (재정 지출 변화와 총수요)			
재정 정책 ❷ (조세의 변화와 총수요)			
경기 과열 때 재정 정책 정리하기			
경기 침체 때 재정 정책 정리하기			

평가 활동 [교사평가]	평가 기준	탁월	숙달	초보
	목적의식	☐ 자신의 능력을 최대한 발휘해야 하는 도전적 목표를 설정하였다.	☐ 자신의 능력에 맞게 목표를 설정하였다.	☐ 자신의 능력을 발휘하지 않고 노력하지 않아도 할 수 있는 목표를 설정하였다.
전이 활동				

　〈활동지 V-9〉는 경제 안정화 정책에 관하여 교사가 설명식 수업을 한 뒤에 '경제 안정화 정책, 재정 정책, 금융 정책(통화정책), 재정 정책 ❶ (재정 지출 변화와 총수요), 재정 정책 ❷ (조세의 변화와 총수요)'에는 수업을 통해 익힌 내용, 디지털 도구를 통해 확인한 자료 등에 기초하여 자신이 이해한 내용을 중심으로 정리하면 된다.

　〈활동지 V-9〉의 '경기 과열 때 재정 정책 정리하기'와 '경기 침체 때 재정 정책 정리하기'는 창의력을 발휘하여 정리하면 된다. 창의적으로 표현한 사례는 〈그림 V-3〉과 같다.

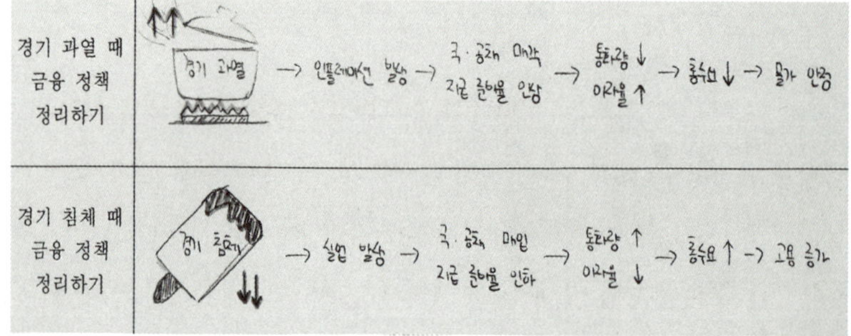

　〈그림 V-3〉을 보면 이 학생은 경기 과열은 음식 조리 과정의 뜨거움으로 표현한 뒤에 그에 따른 재정 정책을 정리했고, 경기 침체는 차가운 아이스크림으로 표현한 뒤에 그에 따른 재정 정책을 정리했다. 이처럼 창의력을 요구하는 활동지를 만들어 학생들이 지닌 상상력을 자극할 필요가 있다.

　〈활동지 V-9〉의 수행과제인 '경제 안정화 정책과 재정 정책 설명하기'는 '목적의식'을 키우기 위해 설계했다. 이 때문에 루브릭을 '자신의 능력을 최대한 발휘해야 하는 도전적 목표를 설정하였다'라고 진술했다. 예컨대 평소에 글쓰기를 중심으로 활동한 학생이 루브릭이 요구하는 조건을 충족하려면 그림, 만화, 데이터, 통계 등을 기반으로 정리하는 방식을 동원하여 새로운 영역에 도전할 필요가 있다.

(7) 내용 요소 중심의 활동지 만들기

내용 요소는 지식·이해, 과정·기능, 가치·태도의 세 가지 차원으로 구성되어 있다. 성취기준은 내용 요소의 세 가지 차원을 중심으로 한 차원 또는 한 차원 이상으로 구성되어 있다. 성취기준을 분석하여 지식·이해 차원을 중심으로 구성할지, 과정·기능 중심으로 구성할지, 가치·태도 중심으로 구성할지 아니면 지식·이해와 과정·기능을 통합할지, 지식·이해와 가치·태도를 통합할지, 세 차원 모두를 통합할지 등을 판단하여 만들면 된다.

내용 요소 중심의 활동지 제작 방법을 먼저 중학교 과학의 성취기준 일부에 해당하는 〈자료 V−2〉를 통해 알아보자.

<자료 V−2> 중학교 과학의 '식물과 에너지' 단원의 성취기준 일부

> [9과12-02] 식물의 호흡과 광합성의 관계를 이해하고, 호흡과 광합성 과정에서 출입하는 에너지와 물질의 변화를 분석할 수 있다.

성취기준 [9과12−02]의 '이해하고'라는 부분은 식물의 호흡과 광합성에 관한 지식·이해 차원으로 진술이다. '분석할 수 있다'라는 부분은 '호흡과 광합성 과정에서 출입하는 에너지와 물질의 변화'에 분석을 강조하는 과정·기능 차원의 진술이다.

이런 내용 요소를 바탕으로 〈활동지 V−10〉을 설계하여 '식물의 호흡과 광합성'에 관한 '지식·이해' 차원의 수업과 그림으로 표현하는 과정·기능

<활동지 V-10> 내용 요소 중심의 중학교 '과학' 수업 평가 활동지

과학 수업 평가 활동지		
학번 ( ) 이름 ( )		
• 핵심 아이디어: 식물은 광합성으로 양분을 만들며, 생물은 호흡을 통해 생명 활동에 필요한 에너지를 얻는다.		
• 수행과제: 광합성과 생물의 호흡을 이해한 뒤에 이를 그림으로 표현하기		
학습 요소	의미	그림으로 표현하기
광합성	식물은 광합성이라는 화학 반응을 통해 생존에 필요한 물질, 포도당을 만든다. 광합성을 하기 위한 재료는 주변 환경에서 얻는다. 공기 중의 이산화탄소와 땅속의 물, 그리고 햇빛이 광합성에 필요한 재료다. 광합성의 결과 배출되는 노폐물이 산소다.	
생물의 호흡	동물은 생명 활동에 필요한 에너지를 얻기 위해 적극적인 호흡 운동을 한다. 이 호흡 운동을 통해 산소를 흡수하고, 이산화탄소를 내보낸다. 식물도 동물과 마찬가지로 산소를 흡수하고 이산화탄소를 내보내는 호흡을 합니다. 다만 식물의 호흡은 잎의 기공을 통해 이루어지며 적극적인 호흡 운동이 관찰되지는 않는다.	
평가 활동 [서술형 교사평가]		
전이 활동		

차원의 수업을 할 수 있다.

활동지 속의 '평가 활동'은 광합성과 생물의 호흡에 관한 이해를 바탕으로 그 내용을 알기 쉽게 그림으로 표현했는지를 교사가 살핀 결과를 구체적 서술을 통해 전달하기 위해 서술형 교사평가를 도입했다. 수행 과제의 성격에 따라 자기평가, 동료평가, 공동평가를 할 수도 있다.

'전이 활동'에는 '광합성과 생물의 호흡'을 교과 내 영역 간 또는 교과 간 내용 연계성을 고려하여 전이할 수 있는 부분을 정리하면 된다. 예를 들어 광합성을 '지구와 우주 단원'과 연계하여 교과 간 영역 전이를 할 수 있다. 광합성은 태양 에너지를 식물을 통해 지구 생태계로 전달하는 과정이므로 탄소 순환, 대기 중 이산화탄소 농도 변화, 기후 변화 등과 관련 있기 때문이다.

다음으로 고등학교 사회과의 경제 과목 성취기준 일부에 해당하는 〈자료 V-3〉을 통해 내용 요소 중심의 활동지 제작 방법을 알아보자.

〈자료 V-3〉 고등학교 사회과 '경제' 과목 성취기준 일부

[12경제01-01] 인간 생활에서 자원의 희소성으로 인해 발생하는 경제 문제의 중요성을 인식하고, 경제학의 분석 대상과 성격을 이해한다.

성취기준 [12경제01-02]의 '인식하고', '이해한다'라는 진술은 지식·이해 차원으로 구성된 것이다. 이 성취기준의 해설을 보면 '자원의 희소성에 의해 경제 문제가 발생한다는 것을 파악하고, 이를 바탕으로 경제학은 다양한 경제적 선택행위를 분석 대상으로 삼고 있음을 이해하기 위해 설정된 것이다'라고 지식·이해 차원을 강조하고 있다.

〈활동지 V-11〉은 경제 수업 때 '지식·이해' 차원의 수업을 위해 구성한 활동지이다. 이를 참고하여 개별 교과에서도 내용 요소를 중심으로

<활동지 V-11> 내용 요소 중심의 '경제' 수업 평가 활동지

경제 수업 평가 활동지

학번 (   )   이름 (   )

• 핵심 아이디어: 경제학은 인간의 경제생활을 분석하고 경제 문제의 해결 방법을 탐색하는 데 기초가 된다.

• 수행과제: 경제의 기본적 세 가지 문제를 분석하기

학습 요소	의미	현실 사례를 중심으로 설명하기
❶ 무엇을 얼마나 생산할 것인가?	이것은 '자원 배분'의 문제이다. 인간은 누구나 생산물의 종류와 양을 얼마나 생산할 것인가를 결정해야 한다는 의미이다.	
❷ 어떻게 생산할 것인가?	이것은 '생산 방법 혹은 생산 기술 선택'의 문제이다. 주어진 생산 요소를 어떻게 배합하면 가장 저렴하게 생산할 것인가를 고민하는 문제이기도 하다.	
❸ 누구를 위하여 생산할 것인가?	이것은 '소득 분배'의 문제이다. 달리 말하면, 생산된 재화와 용역 또는 그를 통해 얻은 소득을 누가 사용할 것인가를 고민하는 문제이다.	
평가 활동 [서술형 교사평가]		
전이 활동		

활동지를 제작할 수 있다.

〈활동지 V−11〉의 ‘현실 사례를 중심으로 설명하기’는 학습 요소에 대한 의미를 바탕으로 현실 사례를 찾아 설명하면 된다. 예를 들어 ‘무엇을 얼마나 생산할 것인가?’에 대한 현실 사례로 한정된 땅에 콩을 심을 것인가, 팥을 심을 것인가를 제시할 수 있다. 현실 사례를 스스로 생각하기 힘들 때는 AI나 디지털 도구 등을 이용하여 찾아 정리할 수도 있다.

‘평가 활동’은 체크박스를 활용하는 방식이 아니라 ‘서술형 교사평가’로 구성했기 때문에 빈칸으로 두었다.

‘전이 활동’은 ‘경제의 기본적 세 가지 문제를 분석하기’ 활동을 통해 익힌 내용을 교과 내 다른 영역이나 교과 간 내용의 연결성이 있는 부분에 전이할 수 있는 내용을 정리하면 된다. 반복하여 언급했듯이 전이는 창의융합 마인드를 키우는 과정이므로 개인의 창의적 생각을 자유롭게 정리하게 하면 된다. 이런 활동이 되풀이될수록 사유 역량이 커지고 깊이 있는 학습도 가능하다.

(8) 학생들이 직접 활동지 만들기

학생들이 직접 활동지를 만들 수 있다. 학생들이 직접 수업에 필요한 활동지를 만들게 하면 창의력, 주도적 학습, 협력적 소통, 심층적 이해, 자기평가 능력을 키울 수 있다. 아울러 학생 주도성을 촉진하고, 깊이 있는 학습 경험을 제공할 수도 있다.

학생들이 직접 활동지를 만들 때 수업할 단원의 학습 목표와 학습 내용 및 학습 방법도 스스로 결정하게 해야 한다. 그래야 수업의 흐름을 파악할 수 있고, 그에 맞는 활동지를 제작할 수 있다. 학생들이 직접 활동

수업 평가 활동지
학번 (　　　　　)　　이름 (　　　　　)
• 핵심 아이디어:
• 수행과제:
• 수행과제 처리:

평가 활동	
피드백 활동	

<활동지 V-12> 학생들이 직접 만드는 활동지 양식

지를 만들 때는 〈활동지 V−12〉처럼 최소한의 학습 요소만 표현한 활동지를 제공하면 된다. 이를 바탕으로 핵심 아이디어, 수행과제, 수행과제 처리, 평가활동, 피드백 활동 칸에 필요한 내용을 구체적으로 기재하면 된다.

〈활동지 V−12〉는 개별 학습 때 투입할 수 있는 활동지이다. 협력 학습을 위한 활동지를 만들 때는 '학번과 이름' 칸을 '모둠 이름과 모둠원'으로 바꾸면 된다.

교사가 제공한 형식에 맞춰 학생들이 활동지를 만들 수도 있지만, 〈그림 V−4〉처럼 백지를 제공하여 정해진 형식 없이 구성하게 할 수도 있다. 협력 학습을 위한 활동지의 경우에는 모둠 이름(팀명), 모둠의 구성원 이름, 수행과제는 반드시 기록하게 해야 한다. 개별 학습을 위한 활동지를 만들 때는 '모둠 이름과 모둠원'을 '학번과 이름'으로 바꾸고, 수행과제를 제시하면 된다.

<그림 V-4> 학생들이 백지에 만든 활동지의 결과물

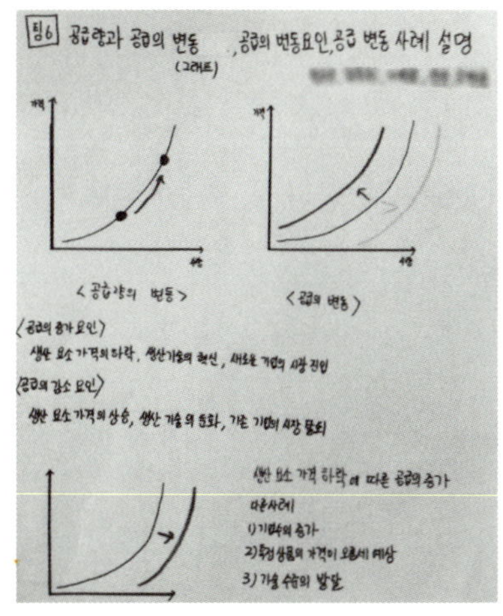

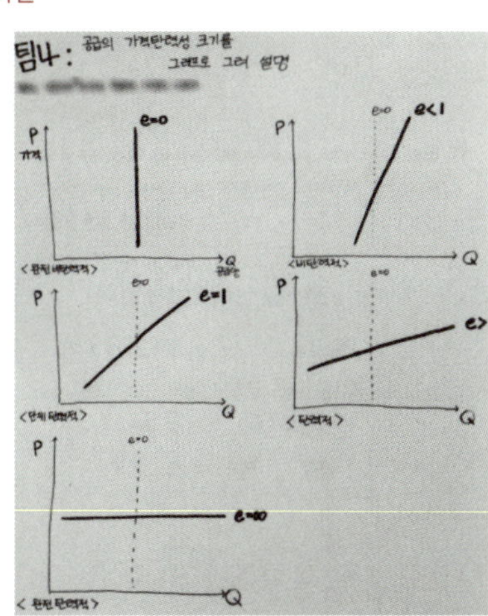

<그림 Ⅴ-4>처럼 모둠(팀)마다 다른 수행과제를 주고 학생들이 백지에 정리하는 활동을 할 때는 각 모둠의 결과물을 발표·공유하도록 해야 한다.

(9) KWL 일람표 형식의 활동지

KWL은 원래 텍스트를 읽고 '알고 있는 것(Know), 알고 싶은 것(Want to know), 알게 된 것(Learned)'을 정리하는 형식이다. KWL 일람표를 이용하면 학생들의 배경 지식을 활성화하고, 학습에 대한 예측을 가능하게 하여 학습의 효율을 높일 수 있다.

KWL 일람표를 창의적으로 변형하여 교과 수업에 투입할 수 있다. 이때 '수업 시작' 때는 '알고 있는 것(K)'을 정리하고, '수업 중'에는 '알고 싶은 것(W)'을 기록하며, '수업 후'에는 '알게 된 것(L)'을 정리하면 된다. 이런 활동을 반복하면 상위인지와 자기주도적 학습 역량을 키울 수 있다.

<활동지 Ⅴ-13>은 중학교 사회의 '지리' 영역의 '지속가능한 세계와 글로컬 시민'에 관련된 성취기준인 '[9사(지리)12-02] 지역 개발과 환경 보존을 둘러싼 글로컬 환경 이슈에 관심을 가지고 자신의 웰빙 및 공동체의 지속가능한 발전을 위해 참여하고 실천한다'를 학습할 때 사용할 수 있는 'KWL 일람표' 형식의 활동지이다.

성취기준 [9사(지리)12-02]는 다양한 스케일에서 일어나는 글로컬(glocal) 환경 이슈에 학생들이 관심을 가지도록 하고, 환경과 인간의 공존을 추구하며 자신과 타인 및 지구촌 구성원 전체의 웰빙을 기반으로 한 지속가능한 발전을 위해 참여하고 실천하는 기회를 제공하는 데 초점을 맞춘 것이다.

　2022 개정 교육과정과 학생 주도성을 키우는 수업 평가

<활동지 V-13> KWL 일람표 활동지

KWL 일람표 활동지		
학번 (　　　　　) 　 이름 (　　　　　)		
• 핵심 아이디어: 조화를 이루며 살아가려는 인간의 신념 및 활동은 지구환경의 지속가능성을 가능하게 한다.		
• 수행과제: '글로컬 환경 이슈 및 지속가능한 발전'을 KWL 일람표에 맞춰 정리하기		
수업 단계	KWL	내용 정리
수업 시작	**K**(know) [알고 있는 것]	
수업 중	**W**(want to know) [알고 싶은 것]	
수업 후	**L**(learned) [새롭게 알게 된 것]	
평가 활동 [서술형 동료평가] **학번(　　)** **이름(　　)**		
전이 활동		

활동지 속의 '핵심 아이디어' 칸에는 해당 수업의 단원과 성취기준에 연계된 핵심 아이디어를 찾아 정리하면 된다. 이미 말했듯이 핵심 아이디어는 광범위하고 추상적이기 때문에 단원과 성취기준에 완벽하게 일치하지 않은 표현일 수도 있다.

'수행과제' 칸에는 해당 차시 수업 때 제시할 학생들이 탐구하고 해결해야 할 수행과제 또는 탐구주제를 정리하면 된다.

'수업 시작(K)' 칸에는 수행과제인 '글로컬 환경 이슈 및 지속가능한 발전'에 관하여 자신이 이미 알고 있는 내용을 정리하면 된다. 이때 초등학교 때 학습한 내용을 정리해도 되고, 평소에 이 분야에 관하여 자신이 알고 있는 내용을 정리하면 된다.

'수업 중(W)' 칸에는 글로컬 환경 이슈 및 지속가능한 발전에 관한 교사의 설명을 집중하여 듣고 더 '알고 싶은 것'을 정리하면 된다. 예를 들어 글로컬 환경 이슈인 '해양 쓰레기' 문제에 관한 교사의 설명을 듣고, 더 알고 싶은 것으로 대기 오염, 수질 오염 등을 정리하면 된다.

'수업 후(L)' 칸에서는 '알고 있는 것(Know), 알고 싶은 것(Want to know)' 단계를 거쳐 새롭게 알게 된 것을 정리하면 된다.

이러한 KWL 활동이 반복되면 자신이 알고 있는 내용과 모르는 내용을 구체적으로 알 수 있어 메타인지를 키우는 데 도움이 된다.

'평가 활동'은 서술형 동료평가로 설정하여 KWL 활동의 내용을 토대로 동료 차원의 피드백을 할 수 있도록 구성했다. 평가 활동은 동료평가만이 아니라 교사평가 또는 공동평가 등을 할 수 있다.

'전이 활동' 칸에는 '글로컬 환경 이슈 및 지속가능한 발전'을 학습한 뒤에 그 내용을 다른 교과의 내용과 연결하거나, 삶의 현장과 연계할 수 있는 부분을 정리하면 된다.

6장

학생 주도성을 강화하는 수업 평가 활동

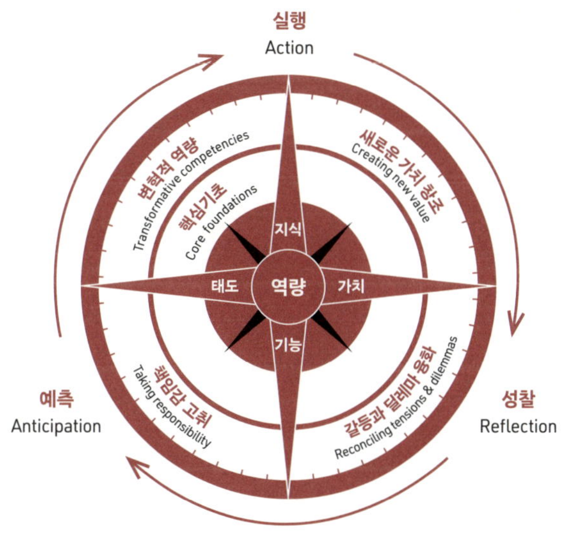

1

학생 주도성을 강화하는
수업 활동

(1) 협력적 소통을 위한 협력 학습

2015 개정 교육과정의 핵심역량에는 자기관리, 지식정보처리, 창의적 사고, 심미적 감성, 의사소통 역량이 있다. 2022 개정 교육과정은 〈그림 VI-1〉처럼 '의사소통' 역량만 '협력적 소통' 역량으로 변경하고 나머지 역량은 그대로 유지하고 있다. 협력적 소통 역량은 서로 다른 배경을 갖는 여러 개개인이 함께 모여 공동체를 구성하여 살아가는 가운데 구성원 모두를 위한 공동의 목적을 달성할 수 있도록 서로의 힘을 모으고 생각을 나누는 데 필요한 역량이다. 협력적 소통 역량을 강조하는 이유는 복잡화하고 다양화되는 사회를 살아가기 위해 상호 협력성 및 공동체성의 필요성을 인정했기 때문이다.

학교에서 협력적 소통 역량을 키우는 방법으로 가장 적합한 것이 모둠을 구성하여 수업 평가를 통해 상시적으로 협력적 소통 역량을 키우는 것이다.

협력 학습을 거시적 차원에서 보면 사회적 고립을 해소하기 위한 교실 차원의 예방책이다. 학교에서 사회적 상호작용과 자율성을 키울 수 있는 알찬 장치가 협력 학습이다. 수업 시간에 협력 학습을 진행하면서 사회적 상호작용과 자율성을 강화하면, 사회에 진출하여 난관에 부닥쳤을 문제해결을 위한 길이 생긴다. 학교에서 축적된 협력적 소통의 경험을 활용하여 고립된 생활에서 벗어날 수 있다. 이런 과정에서 공동체성의 중요성도 인식하게 될 것이다. 공동체에 대한 연대 의식 없이 오로지 자신의 권리만을 주장하면 일상생활이 무너질 수 있다는 것을 협력 학습을 통해 익히는 계기가 되어야 한다.

협력 학습을 하려면, '학생 주도성을 키우는 수업 평가 준비'에서 언급한 것처럼 '인지적 영역과 정의적 영역의 역량 검사'를 통해 학생들이 지닌 역량을 파악하는 것이 우선돼야 한다. 인지적 영역의 역량 검사는 '리터러시 역량 테스트'를 통해 산문, 문서, 이미지, 수량 리터러시 역량을 확인하고, 정의적 영역의 역량 검사는 '활동 역량 테스트'를 통해 확인하면 된다. 역량 검사를 바탕으로 한 학급의 학습 역량 프로파일 정리한 뒤에 이를 바탕으로 모둠을 구성하여 협력 학습을 진행하면 된다.

인지적 영역과 정의적 영역의 역량 검사를 통해 모둠을 구성하여 협력 학습할 때 수업 시간마다 제공되는 활동지의 성격에 따라 리더가 정해진다. 만약 산문 리터러시 활동지가 제공되면 산문 리터러시 우수자가 리더가 되고, 이미지 리터러시 활동지가 투입되면 이미지 리터러시 우수자가 리더가 되는 형식이다.

〈그림 VI-2〉처럼 수업 시간에는 다양한 리터러시 역량을 확인할 수 있는 활동지가 투입된다.

협력 학습 때 모둠의 리더가 해야 하는 중요한 역할이 있다. 우선 활동지 속의 수행과제를 모둠원과 협력하여 해결해야 한다. 만약 수행과제가 특정 개념을 설명하라고 한다면, 산문 리터러시 우수자가 글쓰기를 바탕으로 모둠원과 협력하여 마무리하면 된다. 다음으로 완성된 활동지

산문 리터러시 활동지	문서 리터러시 활동지
이미지 리터러시 활동지	수량 리터러시 활동지

를 모둠원들에게 자세히 설명하는 과정을 리더가 해야 한다. 마지막으로 리더가 모둠원 중에서 한 학생을 지명하여 전체 모둠을 대상으로 설명하게 해야 한다.

협력 학습의 일반적 진행 과정을 순서대로 정리하면 〈자료 VI-1〉과 같다. 제시된 자료는 경제 과목에 적용한 사례이다. 이를 토대로 다른 과목에서 협력 학습을 진행할 때 참고하면 된다.

<자료 VI-1> 협력 학습의 진행 과정

협력 학습을 통해 처리할 수행과제는 '실업의 유형을 이미지로 나타내고 설명하기'이다. 이때는 모둠 구성원 중에서 이미지 리터러시 역량이 우수한 학생이 리더가 되어 서로 협력하여 과제를 수행하면 된다. '실업의 유형을 이미지로 나타내고 설명하기' 수업에 해당하는 교육과정 성취기준은 다음과 같다.

[12경제03-01] 여러 가지 거시 경제 변수를 탐색하고, 국가 경제 전반의 활동 수준을 파악한다.

제시된 성취기준의 해설을 보면 '거시 경제 변수에 대한 이해를 바탕으로 국가 경제의 활동 수준을 파악할 수 있도록 설정된 것이다. 다양한 거시 경제 변수 중 국내 총생산, 물가 상승률, 실업률을 중심으로 개념과 활용 사례 등을 통한 학습이 이루어질 수 있도록 한다'라고 되어있다. 이에 근거하여 거시 경제 변수 중에서 '실업률'과 관련된 실업의 유형을 이미지로 나타내고 설명하는 협력 학습으로 진행할 수 있다.

협력 학습의 진행 과정을 구체적으로 순서대로 정리하면 다음과 같다.

① 학생들에게 '핵심 질문이나 성취기준 수준 핵심 질문 또는 내용 요소 중심의 탐구 질문' 중에서 하나를 지정하여 질문한다. 이 수업을 시작할 때는 '일자리를 잃은 사람들의 일상생활은 어떻게 될까?'라는 핵심 질문을 판서한 뒤에 알리고, 이를 주제로 모둠별로 약식 토론을 하도록 한다. 이때 실업은 학생들과 상관없는 일처럼 보이지만, 가족 중에 실업 상태에 있는 사람이 있다고 가정하거나, 가장이 되었을 때 직장을 잃게 되면 어떻게 될지를 고민해보도록 한다. 이를 통해 실업이 개인과 사회에 미치는 영향을 생각하면서 수업과 삶의 연계성을 생각해보게 한다. 질문은 수업 목표와 같은 의미라고 생각해도 된다.

② 교사가 실업의 발생 원인, 유형, 해결 방안 등을 20분 정도 설명한다. 협력 학습 때 교사의 지식 전달을 최소화하여 학생들이 주도적으로 참여하여 수행과제를 해결할 활동 시간을 충분히 줘야 한다. 물론 실업의 유형을 이미지로 나타내려면 내용 요소에 대한 지식·이해가 충분해야 한다. 그렇다고 한 시간 내내 설명으로 채울 필요는 없다. 수행과제를 처리하는 과정에서 지식·이해가 될 수도 있고, 디지털 기기를 통해 실업에 관한 지식, 뉴스, 정보 등을

획득하여 스스로 이해할 수도 있다. 학생 주도성을 키우기 위해 교사의 가르침을 줄이고 학생들이 자율적으로 활동할 시간을 줄 필요가 있다. 특히 가치·태도 차원에서는 학생도 사회 구성원이므로 물가 상승과 실업과 같은 공동체 문제에 관심을 가져야 하고, 문제 상황을 해결하기 위해 능동적으로 참여하는 시민적 태도가 중요하다는 것을 강조해야 한다. 이를 통해 사회문제에 대한 자신의 태도를 성찰할 기회도 줘야 한다.

③ **'실업의 유형을 이미지로 나타내어 설명하기' 활동지를 모둠마다 제공하고 정리 방법을 간략하게 설명한다.** 이후에 모둠원 중에서 이미지 리터러시 역량이 우수한 학생이 중심이 되어 실업의 유형을 서로 설명하면서 이미지로 표현한다. 이미지는 그림이나 만화 형식 등 다양하게 나타낼 수 있다. 에듀테크 차원에서 실업의 유형을 그릴 때, '달리 3(DALL·E 3), AI Greem'과 같은 텍스트를 이미지로 표현해주는 AI를 활용할 수도 있다. 학생들이 직접 손으로 그릴 때는 다른 모둠이 알아보기 쉽게 색칠하도록 안내하면 된다.

④ **모둠마다 리더가 중심이 되어 모둠원들과 의논하여 활동지를 완성해 나간다.** 이때 교사는 모둠 사이를 순회하며 학생들의 활동 과정을 살피고 필요한 피드백을 한다. 학생들의 활동 과정에서 관찰한 특이점은 그 내용을 구체적으로 기록해 두었다가 과목별 세부능력 특기 사항을 기록할 때 참고한다.

⑤ **전이 활동을 한다.** 실업에 관하여 학습한 내용을 다른 교과나 일상생활에 어떻게 적용할 것인가를 모둠별로 함께 논의하여 정리한다.

⑥ **모둠의 대표자가 완성된 수행과제를 다른 모둠에 발표한다.** 발표는 모둠의 리더가 지명한 학생이 할 수도 있지만, 교사가 재미있는 발표 방식을 정해 그에 따라 진행할 수도 있다. 이때는 앞서 알아본 '창의적 발표 방법 설계하기'를 참고하면 된다.

⑦ **루브릭에 따라 평가 활동을 한다.** 이 수업을 위한 활동지 하단에 제시된 교사평가 루브릭에 따라 모둠의 활동 결과를 평가한다. 반드시 교사평가만 할 필요는 없다. 수행과제의 성격에 따라 모둠 간 평가, 다른 반과 활동지를 교환하여 평가하는 외부평가 등을 할 수도 있다.

⑧ **피드백 활동을 한다. 학생들의 협력 수업 과정, 전이 활동 과정 등을 토대로 피드백을 한다.** 피드백은 수업 평가 활동의 전반적 과정을 통해 이뤄져야 한다. 이때 피드업(feedup), 피드백(feedback), 피드포워드(feedforward)가 자연스레 이뤄지도록 학생들의 수업 평가 활동을 유심히 살펴야 한다. 피드업은 '어떤 목표를 향해 가고 있는가?'에 초점을 맞춰 말해주고, 피드백은 '얼마나 잘하고 있는가?'을 중심으로 말해주면 된다. 피드포워드는 '다음 단계는 어떤 방향으로 나아가야 하는가?'를 기반으로 이야기하면 된다.

⑨ **핵심 아이디어 발견 활동을 한다.** '실업의 유형을 이미지로 나타내고 설명하기' 활동을 통해 이 수업과 관련된 핵심 아이디어에 해당하는 '경제 성장을 통해 삶의 질이 향상되며 이를 위한 정부 정책이 필요하다'를 발견할 수 있도록 안내할 필요가 있다. 핵심 아이디어는 교사가 가르치는 게 아니다. 학생들이 수업 평가 활동 과정에서 익힌 '지식·이해, 과정·기능, 가치·태도'를 토대로 스스로 발견하는 것이다. 이런 측면에서 수업이 끝난 뒤에 관련 핵심 아이디어를 제시하고 각자의 도달점을 확인하도록 해야 한다.

모둠을 구성하여 리더를 중심으로 협력 수업을 진행한다고 모든 수업
이 순조롭게 진행되는 것은 아니다. 효율적 협력 학습 방안을 지속해서
찾아 개선하고 보완하는 활동을 해야 한다.

〈활동지 Ⅵ-1〉은 '실업의 유형을 이미지로 나타내고 설명하기'를 협
력 학습으로 진행할 때 사용한 것이다.

<활동지 VI-1> 실업의 유형을 이미지로 나타내고 설명하기 활동지

경제 수업 평가 활동지			
학번 ( ) 이름 ( )			
• 핵심 아이디어: 경제 성장을 통해 삶의 질이 향상되며 이를 위한 정부 정책이 필요하다.			
• 수행과제: 실업의 유형을 이미지로 나타내고 설명하기			

학습 요소	이미지로 나타내기	설명하기	
마찰적 실업			
경기적 실업			
계절적 실업			
구조적 실업			

평가 활동 [교사평가]	평가 기준	탁월	숙달	초보
	설명력	□ 실업의 유형에 대한 정확한 이해를 바탕으로 이미지로 표현하여 알기 쉽게 구체적으로 설명했다.	□ 실업의 유형에 대한 정확한 이해를 바탕으로 이미지로 표현하여 개략적으로 설명했다.	□ 실업의 유형에 대한 정확한 이해를 바탕으로 이미지로 표현하여 알기 쉽게 설명하지 못했다.

전이 활동	

<그림 VI-3> 실업의 유형을 이미지로 표현하고 설명한 사례

구분	이미지로 나타내기	설명하기
마찰적 실업	LG / 애플 / 더 좋은직장 / 2019.5.14 퇴사 / 2019.5.31 입사	(마찰) 더 좋은 직장으로 이동하면서 일시적으로 발생한 실업 자발적임.
경기적 실업	IMF 시대 / 정리해고 / 구 직	IMF 처럼 경제가 급격히 어려워져 어쩔 수 없이 기업의 입장에서 해고하거나 삭감하게 피는 실업
계절적 실업	(겨울) / (가봄) / 수상 레저	여름 수상레저가 가능해 쓰고 사람이 여름에 운영을 못하듯 특정 산업이 계절로 인해 일시적으로 그 근로자들이 실업인 상태
구조적 실업	법 원 / 법원 / 원고 / 피고 / 속기사	산업 구조의 변화에 적응하지 못해 인재감은 잃게 되는 실업

<그림 VI-3> 실업의 유형을 이미지로 표현하고 설명한 사례

<그림 VI-3>은 실업의 유형을 이미지로 나타내고 설명하기의 결과물이다.

<그림 VI-3>을 보면 마찰적 실업은 '직장 이동으로 인한 단기간 실업'을 말하므로 특정 회사에서 다른 회사에서 이동하는 장면을 표현했고, 경기적 실업은 불경기에 따른 실업을 의미하므로 IMF 시기의 실업으로 표현했다. 계절적 실업은 겨울에는 수상 레저 활동이 힘들어 이 분야에서 실업이 생긴다는 것을 표현했고, 구조적 실업은 인간의 말을 글로 정리해주는 AI의 등장으로 법원에서 속기사가 사라지고 있다는 것을 표현했다.

한편 협력 학습 때 사용하는 활동지는 개별 학습을 위한 활동지 구성과 같다. '학번과 이름'을 '모둠 이름과 모둠원'으로 바꾸면 된다.

(2) 다양성과 선택권을 존중하는 개별 학습

수업에서 다양성은 다양한 배경, 경험, 생각, 역량, 관점 등의 차이에서 발생한다. 이런 다양성은 우리의 경험과 생각의 지평을 넓혀 나가고, 새로운 아이디어와 혁신을 주도하는 원동력이 된다. 다양한 관점과 아이디어가 모이면, 새로운 시각과 창의적 생각이 발생할 수 있다. 다양성은 혁신과 발전을 이끌 수 있는 기반이 된다.

학생들이 지닌 다양성을 끌어내기 위해서는 선택권을 존중하는 수업 평가 활동을 해야 한다. 획일적 수업으로 학생들을 만족시킬 수 없다. 개별 학습 때 학생들의 선택권과 다양성이 살아있는 수업 평가 활동을 하려면 여러 가지 해야 할 일이 있다.

첫째, 다양성을 인정하는 활동지를 만들어야 한다. 학생들이 주도하는 개별 학습 때 똑같은 형식으로 수행과제를 처리하게 하면, 학생들이 지닌 리터러시 역량에 따라 수행과제를 처리하지 못하는 경우가 발생할 수 있다. 만약 수행과제를 이미지로 표현하게 하면, 이미지 리터러시 역량이 떨어지는 학생은 고역일 것이다. 수행과제를 수리적으로 해결하게 하면 수량 리터러시 역량이 낮은 학생은 포기할 수 있다. 이런 문제를 해결하려면 수행과제의 처리 방식을 자율적으로 선택하도록 활동지를 구성하면 된다. 예컨대 특정 수행과제를 해결할 때 이미지로 나타내는 활동, 글쓰기로 표현하는 활동, 디지털 기기를 이용하여 검색한 내용을 요약하는 활동, 수리적 계산을 통해 정리하는 활동 등 개인의 다양성을 인정하는 여러 가지 활동지를 구성하면 된다.

〈자료 VI-2〉는 중학교 과학의 물질 영역의 성취기준의 일부이다.

<자료 VI-2> 중학교 과학 '물질' 영역 성취기준 일부

> [9과04-02] 물질의 세 가지 상태의 특징을 설명하고, 이를 입자 모형으로 표현할 수 있다.

성취기준에 입각하여 고체, 액체, 기체의 성질을 입자의 배열과 빈공간을 토대로 교사가 설명식으로 수업한 뒤에 〈활동지 VI-2, 3, 4〉를 제공하여 자신의 리터러시 역량에 맞는 수행과제가 있는 활동지를 선택하여 처리하도록 하면 학생들의 다양성을 인정할 수 있다.

<활동지 VI-2> 논리적 글쓰기를 통한 정리 활동지

과학 수업 평가 활동지			
학번 ( ) 이름 ( )			
• 핵심 아이디어: 물질은 여러 가지 상태로 존재하며, 구성 입자의 운동에 따라 물질의 상태와 물리적 성질이 변한다.			
• 수행과제: 물질의 세 가지 상태의 특징을 논리적 글쓰기로 설명하기			

학습 요소	논리적으로 설명하기		
고체			
액체			
기체			

	평가 기준	탁월	숙달	초보
평가 활동 [교사평가]	설명력	□ 고체, 액체, 기체의 성질을 정확하게 이해하고 입자의 배열과 빈공간을 토대로 논리적으로 설명했다.	□ 고체, 액체, 기체의 성질을 정확하게 이해하고 입자의 배열과 빈공간을 토대로 개략적으로 설명했다.	□ 고체, 액체, 기체의 성질을 정확하게 이해하고 입자의 배열과 빈공간을 토대로 설명하지 못했다.
전이 활동				

<활동지 VI-3> 그림 그리기를 통한 정리 활동지

과학 수업 평가 활동지			
학번 (　　　　　　)　　이름 (　　　　　　)			
• 핵심 아이디어: 물질은 여러 가지 상태로 존재하며, 구성 입자의 운동에 따라 물질의 상태와 물리적 성질이 변한다.			
• 수행과제: 물질의 세 가지 상태의 특징을 그림으로 설명하기			

학습 요소	그림 그리기	그림 설명하기
고체		
액체		
기체		

평가 활동 [교사평가]	평가 기준	탁월	숙달	초보
	설명력	□ 고체, 액체, 기체의 성질을 정확하게 이해하고 입자의 배열과 빈공간을 토대로 자세한 그림으로 알기 쉽게 표현했다.	□ 고체, 액체, 기체의 성질을 정확하게 이해하고 입자의 배열과 빈공간을 토대로 개략적 그림으로 표현했다.	□ 고체, 액체, 기체의 성질을 정확하게 이해하고 입자의 배열과 빈공간을 토대로 그림으로 표현하지 못했다.
전이 활동				

<활동지 VI-4> 유튜브 영상 검색을 통한 정리 활동지

과학 수업 평가 활동지			
학번 (　　　　) 　이름 (　　　　)			
• 핵심 아이디어: 물질은 여러 가지 상태로 존재하며, 구성 입자의 운동에 따라 물질의 상태와 물리적 성질이 변한다.			
• 수행과제: 물질의 세 가지 상태의 특징을 유튜브 영상 검색을 통해 이해하고 요약하기			

관련 유튜브 영상		내용 요약하기	
유튜브 채널		고체	
유튜브 제목			
상영 시간		액체	
업로드 일자			
시청 일자		기체	

	평가 기준	탁월	숙달	초보
평가 활동 [교사평가]	정보 처리력	☐ 고체, 액체, 기체의 성질에 관한 정보를 유튜브를 통해 검색한 뒤에 이를 바탕으로 이해하고 요약하는 활동을 제대로 했다.	☐ 고체, 액체, 기체의 성질에 관한 정보를 유튜브를 통해 검색한 뒤에 이를 바탕으로 이해하고 요약하는 활동을 개략적으로 했다.	☐ 고체, 액체, 기체의 성질에 관한 정보를 유튜브를 통해 검색한 뒤에 이를 바탕으로 이해하고 요약하는 활동을 제대로 하지 못했다.
전이 활동				

이처럼 개인이 지닌 다양한 산문, 이미지, 디지털 리터러시 역량을 인정하는 수행 활동을 할수록 학생들이 주도적으로 수업에 참여한다. 세 가지 활동지 중에서 자신이 좋아하는 방식을 선택하여 주어진 과제를 자율적으로 수행할 수 있기 때문이다.

이때 어떤 학생이 텍스트를 읽고 그림으로 표현하는 이미지 리터러시 역량이 우수하다고 매번 그림으로 그리는 활동만 하면, 산문, 문서, 수량, 디지털 리터러시 역량이 정체될 수 있다. 이럴 때는 자신이 좋아하는 방식이 아닌 다른 방식으로 수행과제를 처리할 수 있도록 도와주어 도전의식을 갖도록 하면 된다.

둘째, 이해 촉진형으로 수업을 해야 한다. 특정 단원의 수업 때 처음부터 끝까지 판서, 파워포인트 자료, 디지털 자료 등을 사용하여 교사 주도의 설명식 수업을 하면, 학생들의 이해 정도를 살필 시간이 턱없이 부족하여, 과정 중심 피드백을 실천하기 어렵다. 이런 문제는 이해 촉진형으로 수업을 통해 일정 정도 해결할 수 있다.

이해 촉진형 수업은 〈그림 VI-4〉의 판서 사례를 통해 짐작할 수 있듯이, '수업-질문-발표'의 순서로 세 등분하여 단계별로 수업을 진행하

<그림 VI-4> 이해 촉진형 수업의 판서 사례

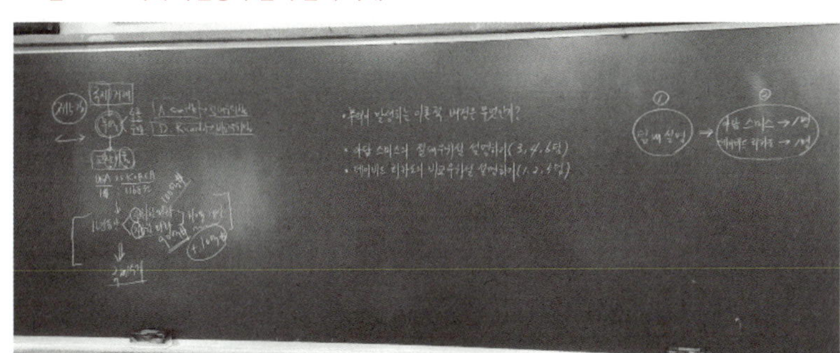

는 형식이다. 판서 사례를 보면, 왼쪽에는 해당 차시의 주요 개념에 대한 설명 부분이고, 중간에는 질문 부분이다. 그리고 오른쪽은 그날 수업한 내용을 바탕으로 발표할 부분이다. 발표는 앞서 익힌 것처럼 여러 가지 방식으로 할 수 있다.

이해 촉진형 수업의 흐름을 단계별로 정리하면 〈표 VI-1〉과 같다.

<표 VI-1> 이해 촉진형 수업의 흐름

단계	주요 수업 활동
수업	해당 차시 수업을 교사가 판서, PPT, AI·디지털 자료 등을 활용하여 설명식으로 수업을 진행한다.
질문	수업의 주요 내용에 대한 이해 정도를 확인하거나 사유 역량을 키우기 위한 질문을 한다.
발표	교사의 질문에 대해 개인이 발표하거나 전체 학생이 대답한다.

이해 촉진형 수업을 하는 이유는 수업의 중간에 시간적 여유를 두어 학생들의 이해 정도를 확인하고 피드백을 하기 위해서이다. 그러므로 수업 단계, 질문 단계, 발표 단계마다 일정 정도 여유 시간을 확보하여 학생들의 이해 정도를 확인하고, 그에 따른 피드백을 즉각적으로 하면 된다.

질문 단계에서는 교사가 학생에게 질문할 수도 있지만, 학생이 교사에게 질문할 수도 있다. 질문할 때는 '질문하는 교실을 위한 질문 설계하기'에서 익힌 '핵심 질문, 성취기준 수준 핵심 질문, 내용 요소 중심의 탐구 질문' 등을 활용하면 된다.

발표할 때는 '창의적 발표 방법 설계하기'에서 익힌 '스토리텔링 방식, 핫시팅 방식, 역할 전환 방식, 창의적 아이디어 활용 방식, 모둠을 창의적으로 조합하는 방식' 등을 활용하면 된다. 또한 AI·디지털 활용 교육 차원에서 학생들이 주도적으로 질문을 만들거나 생성형 인공지능에 질문하여 그에 대한 답을 얻어 그 내용을 충분히 이해한 뒤에 발표할 수도 있다.

실제 수업 때 〈표 VI-1〉에 제시된 순서만 고집할 필요는 없다. 해당 차시의 수업 내용을 고려하여 '질문-수업-발표'의 순서로 진행할 수도 있다. 이해 촉진형 수업은 개별 학습은 물론 협력 학습 때도 적용할 수 있다.

한편 이해촉진형 수업은 AI·디지털 기반의 수업 때도 똑같이 적용하면 된다.

셋째, 사고력을 키우는 수업을 해야 한다. 수업을 통해 사고력을 키운다는 게 쉬운 일은 아니다. 그렇다고 너무 어렵게 생각할 필요는 없다. 학생들에게 수행과제나 탐구주제를 제시하고 스스로 해결할 시간을 주면 된다. 한 시간 동안 줄기차게 설명 중심의 전달식 수업을 하면 학생들이 생각할 여지가 없다. 물론 필요한 지식은 구체적으로 설명해야 한다. 하지만 수업 운영을 유연하게 하면 학생들에게 생각할 시간을 줄 수 있다. 예컨대 특정 개념을 사실을 기반으로 교사가 주도적으로 구체적으로 설명했다면, 이를 바탕으로 수행과제를 제시하여 학생들이 설명하고 발표할 시간 활동을 주면 된다. 학생들은 상대방이 알기 쉽게 설명하기 위해 여러 가지 생각을 할 수밖에 없다. 적절한 사실, 자료, 비유, 해설, 비평 등을 통해 동료들이 이해시키거나 설득을 해야 하기 때문이다. 이런 측면에서 학생들의 사고력을 키우기 위해서는 교사의 가르침을 줄이고, 학생들의 배움을 늘리는 수업을 해야 한다.

넷째, '선실행 후검증' 형식의 수업이 자리 잡도록 해야 한다. 대부분의 수업은 '선검증 후실행'의 패턴을 따른다. 이 방식의 수업은 타인에 의해 충분히 검증된 수업을 실행하여 수업에서 발생할 수 있는 위험성을 최소화할 수는 있다. 하지만 '선검증 후실행' 시스템을 고수하면 새롭고 창의적 수업을 설계하여 시도하기가 어려운 상황이 된다.

이런 문제를 극복하려면 '선실행 후검증' 방식의 수업을 해야 한다. 이것은 새롭게 설계한 수업을 우선 실행하고, 만약 문제점이 있다면 필요에 따라 검증하는 방식이다.

개별 학습이나 협력 학습 때 '선실행 후검증' 방식이 안착하려면, 실패를 부정하는 분위기보다 실패를 긍정하는 분위기를 조성해야 한다. 어떤 교사가 새로운 방식으로 수업을 시도하면 서로 격려하고 적극적으로 도와줘야 한다. 그래야 만이 수업의 발전을 꾀할 수 있고, 함께하는 교직 문화를 조성할 수 있다.

     2022 개정 교육과정과 학생 주도성을 키우는 수업 평가

2

2022 개정 교육과정과 평가

교육부에 따르면, 평가는 학생 개개인의 교육 목표 도달 정도를 확인하고, 학습의 부족한 부분을 보충하며, 수업(교수·학습)의 질을 개선하는데 주안점을 두는 것이다. 평가 결과에 대한 적절한 정보를 제공하고 추수지도(followup service)를 실시하여 학생이 자신의 학습을 지속적으로 성찰하고 개선할 수 있도록 해야 한다. 아울러 학교와 교사는 학생 평가 결과를 활용하여 수업의 질을 지속적으로 개선해야 한다. 그동안 평가를 학생이 거둔 성적에 기초하여 등급화, 서열화하는데 치우친 점에 대한 성찰이 필요하다.

2022 개정 교육과정의 총론은 학교와 교사는 성취기준에 근거하여 수업 평가 활동이 일관성 있게 이루어지도록 여러 가지를 강조하고 있다.

첫째, 학습의 결과만이 아니라 결과에 이르기까지의 학습 과정을 확인하고 피드백하여, 학습자의 성공적 학습과 사고 능력 함양을 지원해야 한다.

둘째, 학교는 학생의 인지적·정의적 측면에 대한 평가가 균형 있게 이루어질 수 있도록 하며, 학생이 자신의 학습 과정과 결과를 스스로 평가할 기회를 제공해야 한다.

한편 이해촉진형 수업은 AI·디지털 기반의 수업 때도 똑같이 적용하면 된다.

셋째, 학교는 교과목별 성취기준과 평가 기준에 따라 성취수준을 설정하여 수업 평가 계획에 반영해야 한다.

넷째, 학생에게 배울 기회를 주지 않은 내용과 기능은 평가하지 않아야 한다.

이러한 강조점은 새로 등장한 한 게 아니라 이미 평가 차원에서 지속적으로 강조했던 부분이다. 이런 상황에서 AI·디지털을 자유롭게 이용할 수 있는 환경을 고려하고, 깊이 있는 학습과 평가를 통해 학생 주도성을 강화해야 한다. 이를 위해 평가에 대한 사고의 전환과 창의적 평가 방법을 도입해야 한다.

3

학생 주도성을 강화하는 평가

(1) 평가 관점에 대한 사고 전환

학생들의 주도성을 강화하는 평가가 자리를 잡기 위해서는 평가 관점에 대한 사고 전환이 필요하다. 그동안 평가를 점수로 나타내고 등급화를 위한 도구로 생각하는 게 지배적이었다. 평가를 지나치게 '그레이드(grade)' 측면에서 바라봤기 때문이다. 그레이드는 학생의 학업 성취를 나타내기 위해 부여되는 등급이나 숫자로 표시된 결과물을 가리킨다. 보통 알파벳 등급(A, B, C, D, F)이나 숫자 등급(0부터 100까지)으로 표현된다. 이것은 수업 결과에 대한 평가(assessment of learning)와 연동되는데, 평가의 목적을 점수를 매기기 위한 도구적 차원에서 바라보는 관점이다. 이런 평가는 학생을 측정하기 위한 정보를 점수를 통해 획득하려는 협소한 평가관이다.

평가는 '어세스먼트(assessment)' 측면에서도 봐야 한다. 이것은 광범위한 측정 개념으로 교사가 학생을 판단할 수 있는 모든 정보를 말한다. 학

습 과정 전반을 포함하며, 학습자의 강점과 약점을 파악하고 수업방법
과 학습 환경을 개선하기 위해 사용된다. 이 때문에 학생의 가정 형편,
건강 상태, 재능, 학습 태도, 성실성, 성격, 장래 희망 등을 고려하여 평가
를 바라봐야 한다.

평가는 학생 파악을 위한 정보 차원에서 그레이드는 물론 어세스먼트
관점까지 포괄해야 한다. 이런 문제를 〈표 VI-2〉의 평가 정보[31]를 통해
알아보자.

<표 VI-2> 평가 정보

평가 방법	평가 관점	획득한 정보	평가 성격
총괄평가	점수화된 정보 획득	의도된 학습 목표에 따른 학생의 성취 정도	그레이드
	성장과 발전 정보 획득	성취에 따른 변화에 관한 정보	어세스먼트
	배움 기능 정보 획득	노력, 습관 등 성취와는 다르지만, 학생 관찰 내용을 성적표에 쓰는 정보	
형성평가	피드백을 위한 정보 획득	더 나은 배움과 성취에 관한 정보, 노력과 학습을 코치하기 위한 학습 습관과 태도에 관한 정보	

학교에서 정기고사를 통한 총괄평가가 점수를 매기기 위한 도구로 고
착되었지만, 〈표 VI-2〉를 통해 알 수 있듯이 총괄평가는 점수화된 정보
만 획득하기 위해 실시하는 게 아니다. 제도적 측면에서 학교에서는 점
수를 매길 수밖에 없지만, 학교는 성적만 매기는 곳이 아니라, 교육을 실
천하는 곳이라는 근본적 사실을 환기할 필요가 있다. 그러므로 총괄평

---

31   How to Use Grading to Improve Learning. Susan M. Brookhart. ASCD. 2017 (내용 재구성)

가를 통해 성장과 발전 정보나 배움 기능 정보를 획득하여 학생의 교육적 성장과 발전을 도와야 한다. 그러므로 총괄평가를 오로지 점수화된 정보만을 획득하는 창구로 여기지 말아야 할 것이다.

한편 형성평가를 자주 실행하여 학생들에 더 나은 배움을 위한 발판을 마련해줘야 하고, 학습의 향상을 위해 교사는 무엇을 어떻게 할 것인가를 성찰해야 한다.

(2) 학습의 과정을 중시하는 평가[32]

학생의 학습 향상과 성장을 지원하는 학습의 과정을 중시하는 평가를 이해하기 위해 그림(A), (B)를 통해 수업과 평가의 관계를 알아보자.

그림(A)	그림(B)
수업　평가	수업 평가

그림(A)처럼 '수업 결과에 대한 평가'가 오랫동안 유지되었다. 수업 이후에 평가가 이뤄지는 '수업 결과에 대한 평가'는 주로 총괄평가 형태로 이뤄진다. '수업 결과에 대한 평가'는 점수로 관리하여 서열화, 등급화, 배치화 등의 수단으로 이용된다. 학교에서 시행하는 총괄평가 횟수가 많을수록 학생들이 받는 정서적 부담이 커진다. '학습 결과에 대한 평가'는 학생들이 지닌 가치, 태도 등의 정의적 영역을 판단하기도 어렵다.

---

[32] 학습 과정으로서의 평가, 교실 평가로 학습 극대화하기(Lorna M. Earl). 온정덕·윤지역 역. 학지사. 2020(내용 재정리).

2022 개정 교육과정에서는 그림(B)처럼 수업 속에 평가가 통합되는 '학습을 위한 평가'와 '학습으로서의 평가'를 강조하고 있다.

'학습을 위한 평가(assessment for learning)'는 평가의 목적이 학생의 학습을 돕기 위한 것이다. 학습을 도우려면 학습 과정 중에 평가 활동을 해야한다. 그래야 학생에게 제때 제대로 피드백을 제공할 수 있다. 더불어 교사도 자신이 준비한 수업이 실제로 학생의 학습에 도움이 되고 있는지, 그렇지 않은지를 판단할 수 있다.

'학습으로서의 평가(assessment as learning)'는 학습과 평가를 통합하여 학생이 자신의 학습을 스스로 판단할 수 있는 능력을 키우는 데 초점을 맞춘 평가이다. 다양한 학습 상황에서 자신을 평가할 기회를 제공하여 학생의 자기 성찰 능력을 키워야 한다. 다시 말해 학생 스스로 자신의 과제 수행을 평가하여 자신의 학습을 진단하고 개선해 나갈 수 있도록 해야 한다.

'학습을 위한 평가'와 '학습으로서의 평가'가 안착하려면 다양한 방식의 형성평가가 수업 속에서 이뤄져야 한다. 이를 토대로 교사가 학생들을 어떻게 가르칠지를 분석하고, 피드백을 통해 학생들의 성장과 발전을 어떻게 도울지를 판단해야 한다. 지금까지 말한 평가 유형의 변화를 정리하면 〈자료 VI−3〉과 같다.

평가 유형의 변화에서 '학습 결과에 대한 평가'와 '학습을 위한 평가'의 주체는 교사이다. 하지만 '학습으로서의 평가' 주체는 학생이다. 학습으로서의 평가는 학생이 주도적으로 자신의 과제 수행을 평가해야 한다. 이를 통해 자신의 학습을 진단하고 개선해 나가야 한다. '학습으로서의 평가'는 자기평가와 동료평가의 빈도수를 높여 자기 성찰을 근간으로 내가 무엇을 알고 있고, 모르고 있는지를 판단할 수 있도록 하여 메타인지를 키워야 한다.

 2022 개정 교육과정과 학생 주도성을 키우는 수업 평가

<자료 VI-3> 평가 유형의 변화

구분	내용	평가 주체
수업 결과에 대한 평가	총괄평가 형태로 이뤄지며 등급, 서열, 배치를 위한 목적으로 사용되며 다른 학생과 상대적 비교를 위한 평가	교사
학습을 위한 평가	형성평가 형태로 실시하고 교사가 어떻게 가르칠 것인가를 결정할 때 도움이 되는 정보를 획득할 수 있는 평가	교사
학습으로서의 평가	형성평가 형태로 이뤄지고 학습과 평가를 통합하여 학생 스스로 자신의 과제 수행을 평가하고 여기 나온 정보를 활용하여 자신의 학습을 진단하고 개선해 나가는데 사용하는 평가	학생

(3) 공동 주도성을 키우는 평가

학생과 교사가 함께 수업 평가를 준비하고 실행하는 게 쉬운 일은 아니다. 하지만 학생과 교사의 공동 주도성을 키운다는 측면에서 학습 목표나 수업방법은 물론 평가 방법의 결정을 함께 할 수도 있다. 물론 모든 평가를 공동으로 할 수 없지만, 특정 단원을 설정하여 사전준비를 통해 실천하면 학생들의 책임감과 성찰적 태도를 키우는 데 도움이 된다.

공동 주도성을 키우는 평가는 〈표 VI-3〉의 순서대로 준비하여 실천하면 된다. 이 수업의 목적은 평가를 학생과 교사가 함께 준비하고 실천하는 데 있다.

경제 과목에서 특정 단원을 선정하여 공동 주도성을 키우는 평가의 실천 과정을 순서대로 정리하면 다음과 같다.

첫째, '기업의 경제적 역할과 사회적 책임' 단원을 선정한다. 이 단원은 수업에서 다룰 내용 요소가 다른 단원과 비교했을 때 상대적으로 적기 때문에 교사가 많은 시간을 할애하여 설명하지 않아도 된다.

둘째, 선정된 단원의 수행과제는 '6개의 질문으로 기업의 경제적 역할과 사회적 책임 알아보기'로 결정했다. 기업의 경제적 역할에 관한 질문

연번	내용	비고
①	공동 주도성을 키우는 평가를 위한 수업 단원 선정	교사가 선정, 수업 분량이 많지 않은 단원 선정
②	선정된 단원의 수행과제 결정	수업 진행과 수행과제 결정은 교사가 담당
③	수행과제 평가를 위한 루브릭을 학생과 교사가 함께 제작	공동 주도성 발휘
④	교사가 해당 단원의 수업을 학생들이 알기 쉽게 진행	
⑤	교사의 수업 내용과 자기 생각을 바탕으로 수행과제인 질문 만들기	
⑥	수행과제를 끝내고 공동으로 만든 루브릭을 기준으로 개별적으로 평가	
⑦	공동 주도성을 키우는 평가에 대한 자기 생각을 발표	

3개, 사회적 책임에 관한 질문 3개를 만들면 된다.

셋째, 수행과제를 평가하기 위한 루브릭을 학생과 교사가 함께 제작한다. 이때는 〈표 VI-4〉와 같은 공동 주도성을 키우기 위한 루브릭 제작을 위한 양식을 학생들에게 제공해야 한다.

〈표 VI-4〉를 바탕으로 평가 기준과 상, 중, 하 수준의 평가 진술문을 학생들과 함께 논의하여 제작한다. 이때 평가 기준은 '질문의 명확성, 질

<표 VI-4> 공동 주도성을 키우는 평가를 위한 루브릭 제작 양식

평가 기준	수준		
	상	중	하

2022 개정 교육과정과 학생 주도성을 키우는 수업 평가

문의 다양성' 등으로 정할 수 있다. 질문의 명확성은 기업의 경제적 역할과 사회적 책임에 초점을 맞춰 명확하고 구체적으로 했는지를 판단 기준으로 삼으면 된다. 질문의 다양성은 다양한 유형의 질문을 만들었는지를 판단 근거로 삼으면 된다.

넷째, 교사가 '기업의 경제적 역할과 사회적 책임'에 관하여 학생들이 이해하기 쉽도록 설명한다.

다섯째, 수행과제인 '기업의 경제적 역할과 사회적 책임'에 관하여 교사의 수업 내용과 자기 생각을 바탕으로 6개의 질문 만들기를 한다.[33]

여섯째, 수행과제를 끝내고 공동으로 만든 루브릭을 기준으로 자신이 만든 질문을 개별적으로 평가한다.

일곱째, 공동 주도성을 키우는 평가에 대한 학생과 교사의 생각을 각자 간략하게 정리하여 발표한다. 공동 주도성을 키우는 평가를 위한 수업 지도안은 〈표 VI-5〉와 같다. 이 수업에 투입할 활동지는 〈활동지 VI-5〉이다.

<표 VI-5> 공동 주도성을 키우는 평가를 위한 수업 지도안

차시	기초 소양	핵심 질문	수업 활동 [AI·디지털 활용 활동]	평가 활동	전이 활동
2	언어 소양, 디지털 소양	기업의 역할과 사회적 책임은 무엇일까?	기업의 경제적 역할과 사회적 책임에 관한 6개의 질문 만들기와 기업의 경제적 역할과 책임에 관한 정보는 검색 활동을 통해 다양하게 확보하기	학생과 교사가 함께 만든 루브릭을 기준으로 평가	정부의 경제적 역할 알아보기
피드백 활동	학생들이 만든 질문을 명확성과 다양성을 기준으로 피드백				

---

[33] 이것은 예시이므로 개별 교과의 단원의 내용을 고려하여 질문이 아닌 다른 형식으로 다양하게 실천할 수 있다.

공동 주도성을 키우는 평가 활동지
학번 (　　　　　)　　이름 (　　　　　)
• 핵심 아이디어: 인간은 편익과 비용을 고려하여 합리적으로 선택한다.
• 수행과제: 6개의 질문으로 기업의 경제적 역할과 사회적 책임 알아보기

● 기업의 경제적 역할

질문	대답
①	
②	
③	

● 기업의 사회적 책임

질문	대답
①	
②	
③	

평가 활동 [서술형 자기평가]	
전이 활동	

(4) 외부평가 기회 부여

한 학급의 학생이 처리한 수행과제 결과물을 반드시 해당 학급 안에서만 평가할 필요가 없다. 외부평가 차원에서 다른 학급의 학생에게 특정 학급의 수행 결과를 평가하도록 할 수 있다. 이때 외부평가자는 주관적 편견을 배제하고 객관적 기준에 따라 평가해야 한다. 외부평가를 활성화할수록 다양한 관점을 수용하는 태도를 기를 수 있다.

한편 수행과제를 처리하는 과정이나 결과물을 보는 평가 관점이 교사와 학생이 똑같을 수 없다. 예를 들어 '이미지로 나타내고 설명하기' 활동을 했을 때 교사는 설명한 글을 읽고 평가하고, 학생은 이미지를 중심으로 평가할 수 있다. 이미지를 보는 관점도 학생과 교사 사이에 차이가 있을 수 있다. 지식, 경험, 발달 수준, 감정적 요소, 그리고 문화적, 사회적 배경이 서로 다르기 때문이다. 이를 측면을 고려하여 학생들의 수행 결과물을 교사만 평가할 필요가 없다. 평가권을 학생들에게 돌려줄수록 학생들의 주도성도 커진다. 학생이 학급의 동료나 다른 학급의 결과물을 평가할 때는 책임감이 필요하고, 자신의 결과와 비교하면서 성찰하는 태도를 지닐 수 있기 때문이다.

〈그림 VI−5〉는 '3학년 2반 3팀(모둠)'의 결과물을 '1반 학생'이 평가한 외부평가 사례이다. 외부평가자인 '1반 학생'은 다른 반의 결과물을 평가하기 위해 수행과제에 대한 충분한 이해가 필요하다. 아울러 '3학년 2반 3팀(모둠)'은 '1반 학생'이 평가한 내용을 바탕으로 자기 모둠의 문제점을 수정·보완하여 성장과 발전을 꾀해야 한다.

<그림 VI-5> 다른 반 활동 결과물을 살핀 외부평가 사례

다른 반 활동 결과 평가

평가자	평가할 팀
학번(30106) 이름( )	(2)반 (3)팀
수행 과제	국내 총생산 (GDP)을 정리하여 설명하기
평가	국내 총생산 GDP의 요소들에 대해 설명하고 있습니다. 적절한 폰트와 각 요소들을 설명하는 내용을 다양한 색으로 표현하여 제시한 점이 인상 깊었습니다. 아쉬웠던 점은 각각의 요소들을 설명할때, '~ㅂ니다' '~다'와 같이 말투를 맞추지 않은 점이 아쉬웠습니다. 또한 각 요소에 대한 설명이 좀 부족하다는 생각이 들었습니다.
수행 과제	국민 경제 지표의 이해를 돕는 문제 만들어 설명하기
평가	국내 총생산 GDP에대해 만든 문제가 교재에 있는 문제를 그대로 갖고 온 점이 아쉬웠습니다. 또한 경제성장률 문제도 교재에서 그대로 갖고 왔으며, GDP와 경제성장률에 대한 문제가 수치적으로 표현하는 것이기 때문에 도표나 그래프를 이용하여 표현했으면 하는 아쉬움이 많았습니다. '물가지수'에 대한 문제는 기본적인 상식 문제이지만 새로 문제를 만들었던 것이 좋았습니다. '실업'에 관련된 문제는 문제 상황을 도표로 제시하였다면 더 이해하기 쉬웠만 아쉬움이 있지만 해결방안에대해 설명하는 뿐에서 빈다이어그램을 이용하여 설명한 점이 좋았습니다.
수행 과제	생산 가능 곡선을 이해하고 설명하기
평가	생산가능곡선을 설명하는 부분에서 바로 글을 풀어쓴 것이 아니라 키워드 중심으로 간략하게 설명한 부분이 이해에 도움을 주었습니다. 아쉬웠던 점은 자동차 기업의 사례 설명에 대해 추가설명하는 부분이 너무 빈약하다는 생각을 했습니다. 충분히 더 자세하게 설명할 수 있었음에도 불구하고 설명 없이 넘어가도 간략하게 제시한 것이 아쉬웠습니다.

학생들의 평가권을 높여주려면, 자신의 활동 결과물에 자기평가 기회를 주거나, 다른 학생의 결과물을 동료가 평가할 기회를 자주 부여해야 한다. 이와 함께 외부평가의 범위를 학교 안팎으로 넓혀 나가야 한다. 특

정한 수행과제의 경우에는 부모, 다른 학교의 교사, 지역사회 전문가 등에게 부탁할 수도 있다. 이런 외부평가 기회의 확장은 공동 주도성을 강화하는 방법이기도 하다.

(5) 유쾌한 상상력을 키우는 평가

'유쾌한 상상력을 키우는 평가'는 학생들이 주도적으로 평가에 참여하면서, 평가를 마음껏 즐길 수 있는 환경을 만들어 주기 위해 창안한 것이다. 평가는 하지만 점수화하지 않는 비형식적 평가를 통해 부담 없이 평가를 즐기도록 해야 한다.

유쾌한 상상력을 키우는 평가는 다양한 방식으로 진행할 수 있다. 여러 가지 방식 중에서 '적어도 오늘은 평가' 방식을 알아보자. 이 방법은 중단원을 마무리할 때 적용할 수 있다. 이 평가 방식을 적용할 때는 먼저 수업을 시작하게 전에 1부터 10까지 숫자 중에서 자신이 가장 좋아하는 숫자를 쪽지에 적게 한다. 이후에 〈활동지 VI-6〉처럼 교사가 만든 유쾌한 상상력을 키우는 '적어도 오늘은 평가' 양식을 나눠주고, 자기가 좋아한다고 했던 숫자를 괄호 속에 적게 한다. 만약에 어떤 학생이 5를 꼽았다면 '내가 좋아하는 숫자는 (5)이다'라고 기록하면 된다. 어떤 학생이 10을 꼽았다면 '내가 좋아하는 숫자는 (10)이다'라고 정리하면 된다.

자신이 좋아하는 숫자를 적고 나면 재미있는 반전이 일어난다. 자기가 좋아하는 숫자에 해당하는 만큼 '학습 요소'를 해야 하기 때문이다. 1을 꼽은 학생은 딱 하나의 학습 요소만 정리하면 되고, 8을 꼽은 학생은 8개의 학습 요소를 정리해야 한다. 이렇게 되면 희비가 엇갈리면서 탄식과 환호가 나오게 된다. 이렇게 유쾌하게 평가를 즐길 수 있다.

<활동지 Ⅵ-6> 유쾌한 상상력을 키우는 '적어도 오늘은' 평가

유쾌한 상상력을 키우는 '적어도 오늘은' 평가			
학번 ( ) 이름 ( )			
내가 좋아하는 숫자는 ( )이다.			
단원			
나의 선택	학습 요소	학습한 내용 정리	평가
❶			
❷			
❸			
❼			
❽			
❾			
❿			

'적어도 오늘은' 평가를 할 때 자기가 선택한 숫자보다 더 많은 학습 요소를 정리해도 된다. 평가를 축제처럼 한바탕 즐기면 그만이다. 〈활동지 Ⅵ-6〉의 '평가' 칸에는 정리한 내용의 충실도를 살펴 '상, 중, 하'를 동료나 교사가 기록하면 된다.

'이웃돕기 평가'도 있다. 이 평가는 협력 학습 때 다른 모둠보다 일찍 수행과제를 처리한 모둠이 아직 끝내지 못한 모둠을 찾아가 수행과제 해결을 도와주는 방식이다. 이를 통해 평가가 좋은 점수를 받기 위해 서로 경쟁하는 게 아니라 협력을 통해 함께 성장하는 길을 만드는 과정이

   2022 개정 교육과정과 학생 주도성을 키우는 수업 평가

<자료 VI-4> 유쾌한 상상력을 키우는 평가 방식

구분	준비물	평가 순서
번개 평가	풍선 1개 바늘 1개	① 해당 수업에 관련된 평가 문제를 낸다. ② 풍선에 바람을 최대한으로 불어넣는다. ③ 바람이 빠지지 않게 풍선 끝을 실로 단단히 묶는다. ④ 실의 끝에 평가할 사전에 출제한 문제지를 매단다. ⑤ 풍선을 날려 바늘로 터뜨린다. ⑥ 풍선 끝에 매달렸던 문제지가 떨어진 자리에 있던 개인이나 모둠이 문제를 해결한다. ⑦ 해결한 문제를 동료들에게 발표한다. ※ 풍선이 터질 때 번쩍이는 불꽃처럼 느끼기 때문에 '번개평가'라는 이름을 지었다.
비행기 평가	색종이 1장	① 색종이에 해당 수업에 관련된 평가 문제를 낸다. ② 문제가 적힌 색종이로 비행기를 접는다. ③ 비행기를 학생들을 향해 날린다. ④ 비행기를 받은 개인이나 모둠이 비행기를 펼쳐 그 속에 있는 문제를 푼다. 모둠별 활동을 할 때는 비행기를 받은 모둠에서 협의하여 문제를 해결한다. ⑤ 비행기에 적힌 문제를 푼 사람 또는 모둠의 대표자가 전체 학생을 대상으로 그 문제를 설명한다.
수확 평가	학급 인원 만큼의 문제지	① 교사가 이미 수업한 특정 단원에서 문제를 낸다. ② 모든 학생에게 평가 문제지를 나누어 준다. 한 학급이 25명이라면 25장의 똑같은 문제지를 준비한다. ③ 모둠별로 모여 각자 문제를 풀어 답안을 작성한다. ④ 답안 작성이 모두 끝난 시점에 교사가 지정한 특정 모둠을 지정하여 다른 모둠의 답안을 모두 거두어 오게 한다. 만약 4모둠으로 구성된 학급에서 1모둠이 수확 모둠으로 지정되었다면 2, 3, 4, 5모둠의 답안지를 모두 거두어 온다. ⑤ 수확 모둠은 거둔 모든 답안을 보고 가장 잘 푼 학생의 답안을 골라낸다. 이 과정에서 배움이 일어난다. ⑥ 가장 완성도 높은 답안을 골라 수확 모둠 중의 한 명이 전체 학생들에게 발표하거나 설명한다. ※ 한 학급의 학생들이 정리한 문제를 특정 모둠이 가을걷이처럼 모두 거둬들인다는 뜻에서 '수확평가'라고 한다.
주령구 평가	주령구, 벌칙카드	주령구는 주사위보다 벽면이 많은 14면체 주사위이다. 이것은 신라 시대 사람들의 벌칙에 사용했던 놀이 기구이다. 주령구를 던졌을 때 '금성작무(禁聲作舞)'가 나오면 노래 없이 춤을 추는 벌칙을 해야 한다. 요즘 말로 무반주로 춤을 추는 모습을 보고 한바탕 웃으며 즐기는 벌칙이다. 주령구 평가 때는 기존의 주령구의 14면체마다 벌칙을 따

주령구 평가	주령구, 벌칙카드	로 정해 부착한 뒤에 실시해야 한다. 벌칙은 학생들과 함께 정하면 된다. 만약 주령구가 없다면 벌칙카드를 만들어 개인이나 모둠이 카드를 뽑아 그 내용대로 벌칙을 수행하면 된다. 〈주령구 벌칙 예시〉 (a) 시 한 편을 읽고 난 뒤에 문제 설명하기 (b) 노래 한 곡 부르고 문제 발표하기 (c) 물 한잔 단숨에 마시고 문제 설명하기 (d) 4명이 어깨동무하고 문제 설명하기 (e) 외다리를 하고 문제 설명하기 (f) 눈을 감고 문제 설명하기 ① 교사가 만든 평가 문제를 학생들에게 나눠 주고 풀게 한다. ② 교사가 지명하는 학생이 자기 자리나 교탁에서 주령구를 굴린다. ③ 주령구의 정수리 윗면에 적힌 벌칙 내용을 지명을 받은 학생이 외친다. ④ 벌칙을 실행한 뒤에 자신이 푼 문제를 모든 학생에게 설명한다. ⑤ 모든 학생이 주령구 벌칙을 수행할 필요는 없다. 교사가 지명한 학생이나 홀수 학번과 짝수 학번이 '가위바위보'를 통해 결정할 수도 있고, 자원을 받아 결정해도 된다. ⑥ 벌칙 수행이 끝날 때마다 함께 손뼉을 치며 응원한다. ※ 주령구 대신에 주사위를 사용할 수도 있다.

라는 것을 체득하도록 해야 한다.

이밖에도 유쾌한 상상력을 키우는 평가 방식은 〈자료 Ⅵ-4〉처럼 다양하다. 이를 참고하여 개별 교과에서 실천할 수 있는 재미있는 평가 방식을 만들어보자.

유쾌한 상상력을 키우는 평가를 차시마다 진행할 수는 없다. 대단원이 끝났을 때, 정기고사 이후, 학기 말 등 적절한 시간을 찾아서 실천하면 된다. 유쾌한 상상력을 키우는 평가의 가장 큰 목적은 평가를 부담 없이 즐기는 데 있다.

4

성취기준 기반의
논·서술형 평가

(1) 성취기준 기반의 논·서술형 평가의 이해와 절차

시도교육청과 교육지원청 등에서 논·서술형(서·논술형) 평가 관련 자료
집이 상당히 개발되어 학교 현장에 배포되었다. 이를 참고하여 교과별
로 논·서술형 평가 문항을 제작할 수 있다. 현장의 교사들이 만든 자료
이므로 이를 참고하여 논·서술형 평가를 준비하면 도움이 된다.

이와는 별도로 성취기준을 기반으로 논·서술형 평가를 할 수 있다. 성
취기준은 지식·이해, 과정·기능, 가치·태도 차원의 내용 요소를 학습한
학생이 궁극적으로 할 수 있거나 할 수 있기를 기대하는 도달점을 말한
다. 도달점을 확인하는 대표적 방식은 선택형 혹은 서답형 평가가 있다.
서답형은 학생들의 지식과 논리성의 도달점을 확인하는 차원에서 논·
서술형 평가를 주로 한다. 제시된 〈자료 VI-5〉는 '통합사회 1'의 '인간,
사회, 환경과 행복' 단원에 해당하는 성취기준이다. 이를 토대로 성취기
준 기반의 논·서술형 평가 방식을 알아보자.

[10통사1-02-02] 행복한 삶을 실현하기 위한 조건으로 질 높은 정주 환경의 조성, 경제적 안정, 민주주의 발전 및 도덕적 실천의 필요성에 관해 탐구한다.

제시된 성취기준 [10통사1-02-02]를 기반으로 '행복한 삶을 실현하기 위한 조건으로 질 높은 정주 환경의 조성, 경제적 안정, 민주주의 발전 및 도덕적 실천의 필요성에 관해 탐구하는 수업을 한 뒤에 탐구' 한 내용을 설명하는 차원에서 논·서술 평가를 할 수 있다.

그런데 '행복한 삶을 실현하기 위한 조건으로 질 높은 정주 환경의 조성, 경제적 안정, 민주주의 발전 및 도덕적 실천의 필요성' 에 포함된 모든 개념에 대한 이해 정도를 논·서술형으로 평가한다면 완벽한 답안을 기대하기 어렵다. 이런 측면을 고려하여 〈표 VI-6〉처럼 성취기준 [10통사1-02-02]에 포함된 여러 개념을 나눠서 일부만으로 논·서술형 문제를 구성할 수 있다.

〈표 VI-6〉의 ①, ②, ③, ④번처럼 성취기준에 포함된 여러 개념 중 일부만으로 논·서술형 평가를 구성하여 실시하면, ⑤, ⑥, ⑦, ⑧번처럼 여러 개의 개념이 포함된 논·서술형 평가보다 학생들의 답안 작성이 수월할 수 있다. 굳이 나눈다면 ①, ②, ③, ④는 낮은 수준, ⑤, ⑥, ⑦은 중간 수준, ⑧은 높은 수준의 논·서술형 문제라고 할 수 있다. 이를 출제 차원에서 보면 ①, ②, ③, ④번은 서술형 문제에 적합하고, ⑤, ⑥, ⑦, ⑧번은 논술형 문제로 적당하다.

학생들의 논·서술 수준에 따라 ①번부터 ⑧번까지의 문제 중에서 선택하면 된다. ⑧번은 성취기준의 모든 개념을 모두 포함했기 때문에 가장 높은 수준의 논술 문제라고 할 수 있다. 학생들의 논·서술 수준은 학

연번	논·서술형 문항
①	행복한 삶을 실현하기 위한 조건으로 질 높은 정주 환경의 조성이 필요함을 설명하시오.
②	행복한 삶을 실현하기 위한 조건으로 경제적 안정이 필요함을 설명하시오.
③	행복한 삶을 실현하기 위한 조건으로 민주주의 발전이 필요함을 설명하시오.
④	행복한 삶을 실현하기 위한 조건으로 도덕적 실천이 필요함을 설명하시오.
⑤	행복한 삶을 실현하기 위한 조건으로 질 높은 정주 환경의 조성, 경제적 안정이 필요함을 설명하시오.
⑥	행복한 삶을 실현하기 위한 조건으로 민주주의의 발전과 도덕적 실천이 필요함을 설명하시오.
⑦	행복한 삶을 실현하기 위한 조건으로 경제적 안정과 민주주의의 발전이 필요함을 설명하시오.
⑧	행복한 삶을 실현하기 위한 조건으로 질 높은 정주 환경의 조성, 경제적 안정, 민주주의 발전 및 도덕적 실천의 필요성에 관해 설명하시오.

기 초에 실시하는 리터러시 역량 테스트 중에서 '산문 리터러시 역량 테스트'의 검사 결과를 토대로 가늠할 수 있다.

만약 ①번의 '행복한 삶을 실현하기 위한 조건으로 질 높은 정주 환경의 조성일 필요함을 설명하시오'라는 논·서술형 문제를 만들었다면 학생들의 답안을 평가하기 위한 루브릭을 제작해야 한다. 이때를 위해 우

<표 VI-7> '통합사회 1'의 서·논술형 평가 기준 만들기

'통합사회 1' 논·서술 문제	평가 기준
행복한 삶을 실현하기 위한 조건으로 질 높은 정주 환경의 조성이 필요함을 설명하시오.	① 행복한 삶의 이해 정도 ② 질 높은 정주 환경의 조성에 대한 이해 정도 ③ 설명의 구체성 정도

<표 VI-8> 평가 기준에 따른 세부 내용 정리하기

'통합사회 1' 논·서술형 문제	평가 기준	세부 내용
행복한 삶을 실현하기 위한 조건으로 질 높은 정주 환경의 조성이 필요함을 설명하시오.	① 행복한 삶에 대한 이해 정도	Ⓐ 행복한 삶에 대한 이해 정도가 높음 Ⓑ 행복한 삶에 대한 이해 정도가 보통임 Ⓒ 행복한 삶에 대한 이해 정도가 낮음
	② 질 높은 정주 환경의 조성에 대한 이해 정도	Ⓐ 질 높은 정주 환경의 조성에 대한 이해 정도가 높음 Ⓑ 질 높은 정주 환경의 조성에 대한 이해 정도가 보통임 Ⓒ 질 높은 정주 환경의 조성에 대한 이해 정도가 낮음
	③ 설명의 구체성 정도	Ⓐ 상세한 설명 정도 Ⓑ 현실 사례를 들어 설명한 정도

선 〈표 VI-7〉과 같은 평가 기준을 만들어야 한다.

평가 기준이 마련되면 〈표 VI-8〉처럼 '세부 내용'을 확정하고 그 내용을 정리해야 한다. 이때 세부 내용은 2~3가지 정도가 적당하다. 물론 평가할 내용이 많다면 세부 내용의 개수를 늘려야 한다.

세부 내용이 정해지면 이를 바탕으로 〈표 VI-9〉와 같은 루브릭을 만들어야 한다. 루브릭은 세부 내용을 바탕으로 구체적으로 진술하면 된다.

이렇게 하나의 성취기준을 선택하여 일부 개념 중심으로 논·서술형 평가를 할 수 있다. 논·서술형 문제를 만들 때는 평가 기준과 세부 내용을 정한 뒤에 루브릭을 만들어야 한다. 그래야 객관적 지표에 따라 공정하게 평가할 수 있다. 루브릭을 만들어 반드시 그에 맞춰 평가해야 한다.

<표 VI-9> 세부 내용에 기초한 루브릭 만들기

평가 기준	수준		
	A	B	C
행복한 삶에 대한 이해 정도	행복한 삶에 대한 이해 정도가 높다.	행복한 삶에 대한 이해 정도가 보통이다.	행복한 삶에 대한 이해 정도가 낮다.
질 높은 정주 환경의 조성에 대한 이해 정도	질 높은 정주 환경의 조성에 대한 이해 정도가 높다.	질 높은 정주 환경의 조성에 대한 이해 정도가 보통이다.	질 높은 정주 환경의 조성에 대한 이해 정도가 낮다.
설명의 구체성 정도	행복한 삶을 실현하기 위한 조건으로 질 높은 정주 환경의 조성이 필요함을 상세하게 현실 사례를 들어 구체적으로 설명하였다.	행복한 삶을 실현하기 위한 조건으로 질 높은 정주 환경의 조성이 필요함을 현실 사례를 들어 대체적으로 설명하였다.	행복한 삶을 실현하기 위한 조건으로 질 높은 정주 환경의 조성이 필요함을 현실 사례를 들어 설명하지 못했다.

(2) 성취기준 기반의 논·서술형 평가의 교과목별 사례

앞서 익힌 성취기준 기반의 논·서술형 평가의 이해와 절차를 바탕으로 다른 교과목에서도 논·서술형 문제의 루브릭을 만들 수 있다. 이때도 당연히 〈표 VI-10〉처럼 평가 기준을 설정하는 것부터 시작해야 한다.

<표 VI-10> '통합사회 1'의 논·서술형 평가 기준 만들기

'통합사회 1' 논·서술형 문제	평가 기준
행복한 삶을 실현하기 위한 조건으로 질 높은 정주 환경의 조성, 경제적 안정, 민주주의의 발전 및 도덕적 실천이 필요함을 설명하시오.	① 조건의 포함 정도 ② 필요함의 논리성 ③ 설명의 구체성

'행복한 삶을 실현하기 위한 조건으로 질 높은 정주 환경의 조성, 경제적 안정, 민주주의의 발전 및 도덕적 실천이 필요함을 설명하시오'라

는 문제에 답을 하려면, 먼저 문제에서 요구하는 '질 높은 정주 환경의 조성, 경제적 안정, 민주주의의 발전 및 도덕적 실천'이라는 조건을 모두 포함했는지 봐야 한다. 다음으로 '필요함을 설명'해야 하므로 필요함을 논리적으로 설명했는지를 살펴봐야 한다. 마지막으로 '설명'이 구체적이어서 상대방을 이해시키기에 충분한지도 확인해야 한다. 이 때문에 세 가지의 평가 기준을 만든 것이다.

평가 기준이 마련되면 〈표 VI-11〉처럼 '세부 내용'을 확정하고 그 내용을 정리해야 한다. 세부 내용을 정하면 그에 맞춰 부분 점수를 줄 수 있는 근거가 마련된다. 실제 학생들의 답안을 보면 전체 내용 중에서 일부만 적은 경우가 있다. 이때 세부 내용을 근거로 점수를 줄 수 있다.

〈표 VI-11〉 평가 기준에 따른 세부 내용 정리하기

'통합사회 1' 논·서술형 문제	평가 기준	세부 내용
행복한 삶을 실현하기 위한 조건으로 질 높은 정주 환경의 조성, 경제적 안정, 민주주의의 발전 및 도덕적 실천이 필요함을 설명하시오.	① 조건의 포함 정도	Ⓐ 행복한 삶의 실현 대한 이해 정도 Ⓑ 질 높은 정주 환경의 조성, 경제적 안정, 민주주의 발전, 도덕적 실천의 필요함 포함 정도
	② 필요함의 논리성	Ⓐ 여러 조건의 발전 필요성 설명 정도 Ⓑ 필요함의 논리적 전개 정도
	③ 설명의 구체성	Ⓐ 여러 조건의 상세한 설명 정도 Ⓑ 현실 사례를 들어 설명한 정도

세부 내용이 정해지면 이를 바탕으로 〈표 VI-12〉와 같은 루브릭을 만들어야 한다. 루브릭은 따로 작성하는 게 아니라 세부 내용을 바탕으로 구체적으로 진술하면 된다.

  2022 개정 교육과정과 학생 주도성을 키우는 수업 평가

<표 VI-12> 세부 내용에 기초한 루브릭 만들기

평가 기준	수준		
	A	B	C
조건의 포함 정도	행복한 삶에 대한 이해를 바탕으로 질 높은 정주 환경의 조성, 경제적 안정, 민주주의 발전, 도덕적 실천 등의 요소를 모두 포함하여 설명하였다.	행복한 삶에 대한 이해를 일정 정도 했지만, 질 높은 정주 환경의 조성, 경제적 안정, 민주주의 발전, 도덕적 실천 등의 일부 요소만 설명하였다.	행복한 삶에 대한 이해가 부족하고, 질 높은 정주 환경의 조성, 경제석 안정, 민주주의 발전, 도덕적 실천 요소에 대한 설명도 부족하다.
필요함의 논리성	질 높은 정주 환경의 조성, 경제적 안정, 민주주의 발전, 도덕적 실천 등의 발전 필요성을 논리적으로 설명하였다.	질 높은 정주 환경의 조성, 경제적 안정, 민주주의 발전, 도덕적 실천 등의 발전 필요성을 일부만 논리적으로 설명하였다.	질 높은 정주 환경의 조성, 경제적 안정, 민주주의 발전, 도덕적 실천 등의 발전 필요성을 논리적으로 설명하지 못했다.
설명의 구체성	질 높은 정주 환경의 조성, 경제적 안정, 민주주의 발전, 도덕적 실천 등의 발전 필요성을 상세하게 현실 사례를 들어 구체적으로 설명하였다.	질 높은 정주 환경의 조성, 경제적 안정, 민주주의 발전, 도덕적 실천 등의 발전 필요성을 상세하게 현실 사례를 들어 일부만 설명하였다.	질 높은 정주 환경의 조성, 경제적 안정, 민주주의 발전, 도덕적 실천 등의 발전 필요성을 상세하게 현실 사례를 들어 설명하지 못했다.

〈표 VI-12〉와 같은 루브릭이 만들어지면 이를 바탕으로 채점하면 된다. 루브릭은 실제 채점을 위한 기준이므로 몇 번씩 검토하여 가장 합리적 진술이 되도록 해야 한다.

이와 같은 방식으로 다른 과목에서도 성취기준을 기반으로 논·서술형

<표 VI-13> '통합과학 1'의 '물질과 규칙성' 단원 성취기준의 일부

[10통과1-02-03] 세상을 구성하는 원소들의 성질이 주기성을 나타내는 현상을 통해 자연의 규칙성을 도출하고, 지구와 생명체를 구성하는 주요 원소들의 결합을 형성하는 이유를 해석할 수 있다.

평가를 할 수 있다. 〈표 Ⅵ-13〉은 '통합과학 1'의 '물질과 규칙성' 단원의 성취기준 중의 일부이다.

성취기준 [10통과1-02-03]은 대강화의 논리에 따라 기존의 두 개의 성취기준을 합쳐 구성한 것이다. 다시 말해 '세상을 구성하는 원소들의 성질이 주기성을 나타내는 현상을 통해 자연의 규칙성을 도출'하는 성취기준과 '지구와 생명체를 구성하는 주요 원소들의 결합을 형성하는 이유를 해석'하는 두 개의 성취기준이 합쳐진 것이다. 이 때문에 성취기준 [10통과1-02-03]의 전체를 포괄하는 논·서술형 문제를 내는 것은 채점에 어려움이 따를 수 있다. 대강화가 이뤄진 성취기준은 2~3개로 분리하여 논·서술형 문제를 내야 한다. 이에 따라 '지구와 생명체를 구성하는 주요 원소들의 결합을 형성하는 이유'에 관한 논·서술형 문제를 따로 만들거나 생략하면 된다.

세상을 구성하는 원소들의 성질이 주기성을 나타내는 현상을 통해 자연의 규칙성을 도출하는 과정을 확인하는 논·서술형 문제와 루브릭 작성은 〈표 Ⅵ-14〉처럼 평가 기준 만들기에서 출발하면 된다.

<표 Ⅵ-14> '통합과학 1'의 서·논술형 문제와 평가 기준 만들기

'통합과학 1' 논·서술형 문제	평가 기준
세상을 이루는 물질은 원소들로 이루어져 있으며, 원소들의 성질이 주기성을 나타내는 현상을 통해 자연의 규칙성을 찾아낼 수 있다는 것을 논증하시오.	① 원소들의 특징 이해 정도 ② 근거와 주장의 정합성 ③ 논증의 구체성

구체적 평가 기준이 마련되면 〈표 Ⅵ-15〉처럼 '세부 내용'을 확정하고 그 내용을 바탕으로 진술문을 만들어야 한다.

   2022 개정 교육과정과 학생 주도성을 키우는 수업 평가

<표 VI-15> 평가 기준에 따른 세부 내용 정리하기

'통합과학 1' 논·서술형 문제	평가 기준	세부 내용
세상을 이루는 물질은 원소들로 이루어져 있으며, 원소들의 성질이 주기성을 나타내는 현상을 통해 자연의 규칙성을 찾아낼 수 있다는 것을 논증하시오.	① 원소들의 특징 이해 정도	Ⓐ 모든 물질은 원소로 이루어져 있음에 대한 이해 정도 Ⓑ 원소들의 성질과 특징 이해 정도
	② 근거와 주장의 정합성	Ⓐ 공통 특성별로 원소들을 분류할 때 나타나는 주기성의 발견 Ⓑ 원소들의 주기성을 근거로 자연의 규칙성 논증
	③ 논증의 구체성	Ⓐ 사례의 구체적인 제시 정도 Ⓑ 원소들의 주기성을 표 또는 그림으로 제시한 정도

세부 내용이 정해지면 이를 바탕으로 〈표 VI-16〉과 같은 루브릭을 만들어야 한다. 루브릭은 세부 내용을 바탕으로 진술하면 된다.

<표 VI-16> '통합과학 1'의 세부 내용에 기초한 루브릭 만들기

평가 기준	수준		
	A	B	C
원소들의 특징 이해 정도	모든 물질은 원소로 이루어져 있음을 사례를 들어 제시하고, 각 원소의 성질과 특징을 구체적으로 설명하였다.	모든 물질은 원소로 이루어져 있음을 사례를 들어 제시하고, 수소를 비롯한 간단한 원소들의 성질과 특징을 나열하였다.	모든 물질은 원소로 이루어져 있음을 제시하고 몇 가지 간단한 원소들의 성질을 나열하였으나 그 특징과 차이점에 대한 이해가 부족하다.
근거와 주장의 정합성	원소들을 공통적인 특성에 따라 분류하여 설명하였고, 그에 따라 나타나는 주기성을 근거로 자연에 규칙성이 있음을 설득력 있게 논증적으로 설명하였다.	원소들을 공통적인 특성에 따라 분류하였지만, 그에 따른 설명이 나 이해가 부족하여 자연의 규칙성을 논증하는 데 미흡하다.	몇 개의 원소들을 공통적인 특성에 따라 분류하였으나 원소별로 나타나는 차이와 주기성에 대한 이해가 부족하다.

논증의 구체성	자연의 규칙성을 논증할 때 여러 원소에서 공통적 성질이 나타남을 사례를 들어 제시하고 원소들의 주기성을 표 또는 그림으로 나타내어 설명하였다.	원소들의 주기성을 표 또는 그림으로 나타내어 제시하였지만 각 원소의 특징에 대한 일부 설명은 구체적이지 못하다.	원소들의 주기성을 간단히 표 또는 그림으로 나타내어 제시하였지만, 일부 내용이 빠져 있거나 원소별 특징에 대한 구체적 설명이 부족하다.

논·서술형 평가 문항이 수업 목적과 학생 수준에 적합하고, 평가를 통해 학생들이 학습에 대한 흥미와 도전하는 자세를 북돋우도록 만들어야 한다. 수업 중에 학생들이 디딤돌로 삼을 수 있는 여러 단계의 서술과 논술 경험이 없는 채로 단순히 수업 중에 다룬 주제라는 이유만으로 어려운 논·서술형 평가 문항을 출제하게 되면, 아무도 응답할 수 없게 된다. 이렇게 되면 교사가 채점이 쉬워지는 황당한 상황을 마주하게 된다.

중학교의 논·서술형 문제도 고등학교 사례와 같은 방식으로 구성하면 된다. 〈자료 VI-6〉의 중학교 사회의 성취기준을 예를 들어 알아보자.

[9사(일사)10-02] 물가 변동과 실업의 사례를 탐색하고 물가 변동과 실업이 우리 생활에 미치는 영향을 제시한다.

성취기준 [9사(일사)10-02]의 '물가 변동과 실업의 사례를 탐색' 하는 활동은 수업 활동이나 수행평가로 진행할 수 있다. 실제 디지털 기기를 활용하여 최근의 물가 변동과 실업 상황을 조사하여 정리한 뒤에 발표하는 활동을 할 수 있다. 이를 통해 쌓인 역량을 바탕으로 '물가 변동과 실업이 우리 생활에 미치는 영향을 설명하시오' 라는 논·서술형 문제를 〈표 VI-17〉처럼 낼 수 있다.

<표 VI-17> 중학교 사회의 서·논술형 문제와 평가 기준 만들기

중학교 사회과 논·서술형 문제	평가 기준
물가 변동과 실업이 우리 생활에 미치는 영향을 설명하시오.	① 물가 변동의 이해 정도 ② 실업의 이해 정도 ③ 물가 변동과 실업이 우리 생활에 미치는 영향 설명 정도

구체적 평가 기준이 마련되면 〈표 VI-18〉처럼 '세부 내용'을 확정하고 그 내용을 바탕으로 진술문을 만들면 된다.

<표 VI-18> 중학교 사회의 평가 기준에 따른 세부 내용 만들기

중학교 사회과 논·서술형 문제	평가 기준	세부 내용
물가 변동과 실업이 우리 생활에 미치는 영향을 설명하시오.	① 물가 변동의 이해 정도	Ⓐ 물가 변동을 구체적으로 이해 Ⓑ 물가 변동에 대한 일부 이해 Ⓒ 물가 변동에 대한 이해 부족
	② 실업의 이해 정도	Ⓐ 실업에 대한 구체적 이해 Ⓑ 실업에 대한 일부 이해 Ⓒ 실업에 대한 이해 부족
	③ 물가 변동과 실업이 우리 생활에 미치는 영향 설명 정도	Ⓐ 물가 변동과 실업이 우리 생활에 미치는 영향을 모두 구체적으로 설명 Ⓑ 물가 변동 또는 실업이 우리 생활에 미치는 영향을 일부 설명 Ⓒ 물가 변동과 실업이 우리 생활에 미치는 영향을 모두 설명하지 못함

세부 내용이 구성되면 이를 바탕으로 〈표 VI-19〉와 같은 루브릭을 만들면 된다. 루브릭은 세부 내용을 바탕으로 진술해야 한다.

<표 VI-19> 중학교 사회의 세부 내용에 기초한 루브릭 만들기

평가 기준	수준		
	A	B	C
물가 변동의 이해 정도	물가 변동에 관하여 구체적으로 이해하였다.	물가 변동에 관하여 일부 이해하였다.	물가 변동에 관하여 일부 이해하지 못했다.
실업의 이해 정도	실업에 관하여 구체적으로 이해하였다.	실업에 관하여 구체적으로 일부 이해하였다.	실업에 관하여 구체적으로 이해하지 못했다.
물가 변동과 실업이 우리 생활에 미치는 영향 설명 정도	물가 변동과 실업이 우리 생활에 미치는 영향을 모두 구체적으로 설명하였다.	물가 변동 또는 실업이 우리 생활에 미치는 영향을 일부 설명하였다.	물가 변동 또는 실업이 우리 생활에 미치는 영향을 모두 설명하지 못했다.

중학교 사회의 논·서술형 출제 방식을 참고하여 중학과 과학의 출제 과정을 〈자료 VI-7〉의 성취기준에 기초하여 알아보자.

<자료 VI-7> 중학교 과학 성취기준

> [9과21-01] 개체의 생장에 세포분열이 필요한 이유를 세포의 표면적과 부피의 관계로 추론할 수 있다.

〈자료 VI-7〉의 성취기준을 토대로 〈표 VI-20〉과 같은 논·서술형 문제와 평가 기준 만들 수 있다.

<표 VI-20> 중학교 과학의 서·논술형 문제와 평가 기준 만들기

중학교 과학 논·서술형 문제	평가 기준
개체의 생장에 세포분열이 필요한 이유를 세포의 표면적과 부피의 관계로 설명하시오.	① 세포분열의 이해 정도 ② 세포 표면적의 변화에 따른 부피 변화의 이해 정도 ③ 세포의 표면적 및 부피 변화가 물질 교환에 미치는 영향의 이해 정도

<표 VI-21> 중학교 과학의 평가 기준에 따른 세부 내용 만들기

중학교 과학과 논·서술형 문제	평가 기준	세부 내용
개체의 생장에 세포분열이 필요한 이유를 세포의 표면적과 부피의 관계로 설명하시오.	① 세포분열의 이해 정도	Ⓐ 세포분열의 정의와 생물학적 의의를 명확하게 이해 정도 Ⓑ 세포분열의 정의에 대한 이해 Ⓒ 세포분열에 대한 이해 부족
	② 세포 표면적의 변화에 따른 부피 변화의 이해 정도	Ⓐ 세포 표면적의 변화에 따른 부피 변화를 표면적과 부피의 관계식으로 표현 Ⓑ 세포 표면적의 변화에 따라 부피가 일정하게 변화함을 이해 Ⓒ 세포 표면적의 변화에 따른 부피 변화에 대한 이해 부족
	③ 세포의 표면적 및 부피 변화가 물질 교환에 미치는 영향의 이해 정도	Ⓐ 세포가 클수록 세포 표면을 통한 물질 교환이 불리해짐을 이해 Ⓑ 세포의 표면적과 부피가 세포의 물질 교환과 관련이 있음을 이해 Ⓒ 세포의 표면적 및 부피 변화가 물질 교환과 관련이 있음에 대한 이해 부족

논·서술형 문제와 평가 기준을 토대로 〈표 VI-21〉과 같은 세부 내용을 만들 수 있다.

세부 내용을 바탕으로 〈표 VI-22〉와 같은 루브릭을 만들면 된다.

평가 기준	수준		
	A	B	C
세포분열의 이해 정도	세포분열은 세포 한 개가 두 개로 나누어지는 것이며 세포분열을 통해 생장이 일어남을 설명하였다.	세포분열은 세포 한 개가 두 개로 나누어지는 것임을 설명하였다.	세포분열에 대하여 설명하지 못하였다.
세포 표면적의 변화에 따른 부피 변화의 이해 정도	세포 표면적의 변화에 따른 부피 변화를 표면적과 부피 사이의 관계식으로 나타내고 설명하였다.	세포 표면적의 변화에 따라 부피가 일정하게 변화함을 설명하였다.	세포 표면적의 변화에 따른 부피 변화의 관계를 설명하지 못하였다.
세포의 표면적 및 부피 변화가 물질 교환에 미치는 영향의 이해 정도	세포가 클수록 세포 표면을 통한 물질 교환이 불리해지므로 세포분열이 필요함을 논리적으로 설명하였다.	세포의 표면적과 부피가 세포의 물질 교환과 관련이 있음을 이해하고 세포분열이 물질 교환에 더 효율적임을 설명하였다.	세포의 표면적 및 부피 변화가 물질 교환과 관련이 있음을 설명하지 못하였다.

지금까지 정리한 중·고등학교의 과학, 사회과의 루브릭의 수준으로 정한 'A, B, C'는 실제 논·서술형 평가 때는 각각에 해당하는 점수를 부여하면 된다.

(3) 논·서술형 평가를 위한 수업

논·서술형 평가 때 교사가 기대 수준을 지나치게 높게 설정할 수 있다. 이렇게 되면 학생들의 무응답이 높아질 수밖에 없다. 이런 상황을 해결하려면 반드시 문제해결에 필요한 사다리를 제공해야 한다.

논·서술형 문제에 도전할 수 있는 사다리 역할을 하는 게 백워드 설계(backward design)를 통한 수업이다. 백워드 설계를 통한 수업을 하면 학생들이 논·서술형 평가의 방향성을 명확하게 인지하기 때문이다. 이를 위해 교과의 논·서술형 평가에 적합한 성취기준을 선택하여 백워드 설계에 따라 수업을 진행하면 된다. 이때 논·서술형을 위한 주장하는 글쓰기, 설명하는 글쓰기, 요약하는 글쓰기 등의 방법도 지도할 필요가 있다.

전통적 수업은 '수업 목표-수업 내용 구성-내용 조직(수업)-평가'라는 형식의 포워드 설계(forward design)에 따라 진행한다. 이런 방식은 교육 목표와 평가의 연계성이 떨어진다는 문제가 있다. 목표와 평가를 미리 고려하지 않기 때문에 불필요한 수업 내용과 활동들이 많아진다. 이에 따라 피상적 학습이 이루어질 수 있고, 평가에 따른 다수의 낙오자가 발생할 수 있다.

백워드 설계는 '수업 목표-평가 계획-수업 내용 구성-내용 조직(수업)-평가' 형식으로 수업을 진행한다. 다시 말해 수업의 목표를 세우고 그와 연계된 평가 계획을 수립하여 수업 활동을 설계하고 수업한 뒤에 평가하는 방식이다. 이때 목표와 평가의 연결성을 최우선으로 고려하고, 평가 계획을 수립, 이를 바탕으로 수업 내용을 구성하여 수업하기 때문에 논·서술형 평가 때 낙오자 발생을 줄일 수 있다.

이런 점을 고려하여 논·서술형으로 평가할 성취기준은 백워드 설계를 통해 수업을 진행하는 게 학생과 교사 모두에게 긍정적 효과가 있다.

(4) 배움의 목표에 따른 논·서술형 평가 결정

논·서술형으로 평가할 때는 〈표 Ⅵ-23〉과 같은 배움의 목표에 따른 여러 가지 평가 방법의 정렬표[34]를 참고하여 결정하면 된다.

---

34   The Perfect Assessment System. Rick Stiggins. ASCD. 2017

<표 VI-23> 배움의 목표에 따른 여러 가지 평가 방법의 정렬표

배움의 목표	평가 방법			
	선택형 평가 (선다형, 진위형 등)	서답형 평가 (단답형, 논·서술형)	수행 평가	개인적 의사소통 평가(면대면 평가)
내용 지식에 대한 숙달	잘 어울림	잘 어울림	×	잘 어울림
지식을 활용한 추론 능력과 문제해결 능력의 숙달	잘 어울림	잘 어울림	잘 어울림	잘 어울림
시범을 보일 수 있는 물리적 수행 기능의 발달	×	×	잘 어울림	언어 기능에 잘 어울림
성취기준에 관련된 양질의 산출물을 창조해낼 수 있는 능력의 발달	×	×	잘 어울림	×

일반적으로 논술형 평가는 자기의 의견, 주장을 논리적으로 기술하는 평가인데, 정해진 답이 없는 경우로 인식하고 있으며, 서술형 평가는 정해진 답이 있는 경우로 요약, 개념, 이해, 설명, 풀이 과정 등 사실을 바탕으로 기술하는 평가이다.

<자료 VI-8> 서술형 평가 문항과 논술형 평가 문항의 구분[35]

구분	내용
서술형 평가 문항	학생이 서술해야 하는 분량이 상대적으로 많지 않고, 채점 때는 서술된 내용의 깊이와 넓이에만 관심이 있는 평가 문항
논술형 평가 문항	개인 나름의 생각이나 주장을 창의적이고 논리적으로 설득력 있게 조직하여 작성해야 한다는 것을 강조하는 평가 문항

---

[35] 창의성과 표현력을 키워주는 서술형 평가 장학자료집, 서울특별시교육청. 2010

 2022 개정 교육과정과 학생 주도성을 키우는 수업 평가

　그러나 답이 없는 경우와 애매한 글은 제외하고 분량의 문제나 개인의 주장을 창의적으로 조직해 쓴 글인지를 중심으로 〈자료 VI-8〉처럼 구분하기도 한다.

　그런데 논·서술형 평가와 유사한 '에세이 평가'를 살펴볼 필요가 있다. 에세이 평가는 '관계 분석, 입장 비교, 가설 설정, 인과 관계 설명, 관점에 대한 지지 데이터 조직, 여러 출처의 데이터 통합, 산출물이나 행동의 질이나 가치의 평가를 포함하여 학생들이 긴 글을 조직적으로 작성하는 능력을 측정하는 평가'라고 정의한다. 에세이 평가는 문항을 '반응 제약형 평가 문항'과 '반응 확장형 평가 문항'으로 구분하고 있다. 또한 '모든 글에는 필자의 관점이 개입될 수밖에 없다'라고 정의하고 있다. 이 때문에 에세이 평가에서는 중요한 평가 요소로 '자기 관점을 설득력 있게 풀어나가는 능력'인 '보이스(voice)'를 채점 기준에 포함하고 있다. 이러한 점을 감안할 때 서술형 평가와 논술형 평가를 엄격히 구분하기보다 논·서술형 평가를 묶어서 평가의 본질에 다가갈 수 있는 적절한 평가 도구를 개발하여 활용하려는 노력이 중요하다.[36]

36　Eductional Testing & Measurement: Classroom Application and Practice. Tom Kubiszyn, Gary D. Borich. Wiley. 2009.

5

정의적 영역 평가를 위한
루브릭 만들기

(1) 정의적 영역 평가의 이해

2022 개정 교육과정의 모든 교과의 내용 요소에는 〈표 VI-24〉처럼 정의적 영역에 해당하는 가치·태도가 분명하게 설정되어 있다. 개별 교과의 성취기준에도 '성찰한다, 책임감을 가진다, 자세를 갖는다' 등의 진술 형태로 정의적 영역에 해당하는 가치·태도를 드러내고 있었다.

〈표 VI-24〉의 권리와 책임, 성찰과 개선, 아름다움에 대한 관심, 주도성과 성찰, 포용적 태도 등은 모두 정의적 영역에 해당한다.

'지식·이해'와 '과정·기능' 차원의 인지적 영역에 관련된 루브릭에 관한 책과 자료는 상당히 개발되어 있다. 하지만 가치·태도를 기반으로 하는 정의적 영역 평가를 위한 루브릭 구성에 관한 책과 자료는 찾아보기 힘들다. 그러므로 정의적 영역 평가를 위한 루브릭 만들기를 익힐 필요가 있다.

교과(목)	가치·태도
중학교 국어의 매체 단원	• 매체 소통의 권리와 책임
고등학교 화법과 언어	• 사회적 행위로서의 국어생활에 대한 성찰과 개선 • 다양성을 존중하는 의사소통 문화 형성
중학교 수학	• 실생활에서 사칙계산의 유용성 인식 • 수 체계의 논리적 아름다움에 대한 관심
고등학교 한국사 1	• 역사에 성찰적으로 접근하는 태도 • 한국 사회 발전에 참여하는 자질과 태도
중학교 미술의 표현 단원	• 표현 과정에서의 주도성과 성찰 • 자신과 타인의 작품 존중
고등학교 '공통영어 1'의 이해 단원	• 다양한 관점과 의견에 대한 포용적 태도 • 목적과 흥미를 가지고 자발적으로 관련 자료를 찾아 듣거나 읽는 태도

역량은 지식, 기능, 가치, 태도 등을 총체적으로 담고 있고, 전인적 인간의 육성이라는 교육적 의미도 함축하고 있다. 이런 맥락에서 지식, 기능 중심의 인지적 영역의 루브릭 구성 못지않게 가치, 태도 차원의 정의적 영역 평가를 위한 루브릭의 구성도 중요하다.

(2) 정의적 영역 평가를 위한 루브릭 제작의 이해

루브릭(rubrics)은 '학생의 수행을 평가하기 위해 평가 기준을 모아 놓은 것으로 평가 기준에 기반해 학생의 수행을 수준별로 기술' 한 것이다.

특정 주제를 정해 그에 관한 글쓰기를 할 때 이를 평가하기 위해 〈표 VI-25〉처럼 평가 기준으로 '초점과 세부 내용, 글의 조직, 의견표현' 으로 정하고, 학생들의 글쓰기 수행 정도에 따라 세 가지 수준을 '3점, 2점, 1점' 또는 '탁월, 우수, 기본', 'A, B, C' 등으로 설정하여, 그에 따른 수준

<표 VI-25> 특정 주제에 관한 글쓰기 평가를 위한 루브릭

평가 기준	수준		
	3점	2점	1점
초점과 세부 내용	주제에 대한 깊은 이해와 분석이 돋보이고, 표현이 명확하고 모호하지 않게 서술되었다.	주제에 대한 깊은 이해와 분석을 했지만, 표현이 불명확하고 모호하게 서술되었다.	주제에 대한 깊은 이해와 분석이 없고, 표현이 불명확하고 모호하게 서술되었다.
글의 조직	서론에는 작성 이유 또는 필요성이 뚜렷하고, 본론에는 주제문이 제시되어 있으며, 결론에는 읽으면 얻게 되는 지적 경험이 명확하게 드러나 있다.	서론에는 작성 이유 또는 필요성이 뚜렷하지만, 본론에는 주제문이 제시되어 있지 않고, 결론에는 읽으면 얻게 되는 지적 경험이 일부만 드러나 있다.	서론에는 작성 이유 또는 필요성이 뚜렷하지 않고, 본론에는 주제문이 제시되어 있지 않으며, 결론에는 읽으면 얻게 되는 지적 경험이 부족하다.
의견 표현	글을 쓴 목적이 매우 분명하고, 독자를 설득할 수 있는 강력한 근거가 존재하며 자신의 지식과 경험이 드러나 있다.	글을 쓴 목적이 분명하지만, 독자를 설득할 수 있는 강력한 근거가 존재하지 않고 자신의 지식과 경험이 잘 드러나지 않았다.	글을 쓴 목적이 매우 불분명하고, 독자를 설득할 수 있는 강력한 근거가 존재하지 않으며 자신의 지식과 경험도 잘 드러나지 않았다.

정도를 구체적으로 진술하면 된다.

〈표 VI-25〉도 지식, 기능을 중심으로 글쓰기 역량을 평가하기 위한 전형적 루브릭이다. 이 루브릭을 가지고 가치, 태도 등의 비인지적 요소를 평가할 수 없다. 만약 목표나 과제 달성에 대해 집중하여 적극적으로 실천하도록 '시간과 노력 투자(자기조절)'에 초점을 맞춰 정의적 영역을 평가[37]한다면, 〈표 VI-26〉과 같은 루브릭을 만들어 사용할 수 있다.

---

[37] 시간과 노력 투자, 목적의식, 성찰적 태도, 책임감 등의 정의적 영역 평가에 관한 루브릭에 대한 이해는 '수업시간에 정의적 영역 평가 실천하기. 권영부 외. 서울특별시교육청. 2021'을 참고하면 도움이 된다.

<표 VI-26> 시간과 노력 투자 평가를 위한 루브릭

영역	시간과 노력 투자(자기조절)		
세부 내용	목표나 과제 달성에 대해 집중하여 적극적으로 실천하는 역량 키우기		
수준			
탁월	숙달	기본	초보
목표나 과제를 완수하기 위해 스스로 체계적인 계획을 세우고 빠뜨리는 경우 없이 행동으로 옮겼다.	목표나 과제를 완수하기 위해 계획대로 실천했다.	목표나 과제를 완수하기 위해 계획을 세우고 대체로 행동으로 옮겼다.	목표나 과제를 완수하기 위한 계획을 세우지 못하거나, 계획을 세우더라도 행동으로 옮기는 경우가 많지 않다.
노력, 시간, 자원 등을 스스로 체계적이고 지속적으로 관리하고 확인했다.	노력, 시간, 자원 등을 스스로 관리하고 확인했다.	노력, 시간, 자원 등을 때때로 확인하면서 관리해나갔다.	노력, 시간, 자원 등을 제대로 파악하지 못하고 그것을 관리하지 못한다.
해야 할 일이나 중요한 것을 빠뜨리지 않고 파악하여 순서를 구체적으로 정하고, 그 순서에 따라 일을 하며 수행 여부를 스스로 확인한다.	해야 할 일이나 중요한 것의 순서를 정해 놓고 그 순서에 따라 일을 한다.	해야 할 일이나 중요한 것의 순서를 대략적으로 정하고, 대개의 경우 그 순서에 따라 일을 한다.	해야 할 일이나 중요한 것의 순서를 정하지 못하거나 순서와 상관없이 일한다.
필요한 도움이나 자원을 정확하게 요청하고, 적절하게 활용한다.	필요한 경우 도움이나 자원을 요청하고, 적절하게 활용한다.	필요한 도움이나 자원을 요청하여 활용한다.	도움이나 자원이 필요하지만 이를 요청하지 않는다.

이렇게 만든 루브릭은 활동지의 하단에 배치하여 평가하고, 그에 따라 피드백을 하면 된다.

〈활동지 VI-7〉은 중학교 과학의 '생명' 영역의 '광합성에 영향을 미치는 요인'을 파악하기 위한 활동지이다. 이때 파악하는 과정에 '시간과 노력 투자(자기조절)'의 정도를 자기평가를 통해 확인할 수 있도록 루브릭을 구성했다. 이 활동에 관련된 성취기준은 '[9과12-01] 광합성 과정을 이해하고, 환경 요인과 광합성의 관계를 탐구하는 실험을 설계할 수 있다'이다.

〈활동지 VI-7〉을 활용하여 정의적 영역을 키우는 평가 활동을 할 때는 학생들에게 루브릭을 반드시 읽게 한 뒤에 그에 초점을 맞춰 수행과제를 처리하게 해야 한다. 이를 위해 '실험 계획을 체계적으로 세우고 중요한 내용을 빠뜨리지 않고 구체적으로 정리했다'라는 진술을 했다. 이를 통해 알 수 있듯이 루브릭이 학습 목표 역할을 할 수 있다.

활동지 속의 '수행과제 처리 계획'에는 정해진 수업 시간 동안 주어진 수행과제를 어떤 노력을 투자해서 완성할 것인가를 정리하면 된다. 이를테면 학생들이 '선생님의 수업 내용, AI나 디지털 검색 활동 등을 통해 실험 계획을 정리하겠다'라는 형식으로 작성하면 된다.

'평가 활동'에는 실험 계획을 설계하는 과정에 '시간과 노력 투자' 정도를 스스로 판단하여 정직하게 해당 수준에 체크하면 된다.

'전이 활동'에는 '환경 요인과 광합성의 관계를 탐구하는 실험 설계하기'를 통해 배운 내용을 교과 내 다른 영역이나 다른 교과의 내용과 연결하여 전이하거나, 일상생활과 연계될 수 있는 부분을 정리하면 된다.

<활동지 VI-7> 시간과 노력 투자(자기조절) 역량을 키우기 위한 활동지

수업 평가 활동지				
학번 ( ) 이름 ( )				
• 핵심 아이디어: 식물은 광합성으로 양분을 만들며, 생물은 호흡을 통해 생명 활동에 필요한 에너지를 얻는다.				
• 수행과제: 환경 요인과 광합성의 관계를 탐구하는 실험 설계하기				
수행과제 처리 계획				
환경 요인과 광합성의 관계를 탐구하는 실험 설계하기				
평가 활동 [자기평가]	**평가 기준**	**탁월**	**숙달**	**기본**	**초보**
	시간과 노력 투자	□ 실험 계획을 체계적으로 세우고 중요한 내용을 빠뜨리지 않고 구체적으로 정리했다.	□ 실험 계획을 체계적으로 세우고 중요한 내용을 빠뜨리지 않고 개략적으로 정리했다.	□ 실험 계획을 체계적으로 세우고 중요한 내용을 일부만 구체적으로 정리했다.	□ 실험 계획을 체계적으로 세우고 중요한 내용을 정리하지 못했다.
전이 활동				

<표 VI-27> 목적의식 평가를 위한 루브릭

영역	목적의식			
세부 내용	학습 상황에서 목표를 설정할 수 있는 역량 키우기			
수준				
탁월	숙달	기본	초보	
학습 목표를 정확하게 이해하여 자신의 말로 구체적으로 설명할 수 있다.	학습 목표를 정확하게 이해하고 설명할 수 있다.	학습 목표를 대체적으로 이해하여 설명할 수 있다.	학습 목표가 정확하게 무엇인지 설명하지 못한다.	
자신의 능력을 최대한 발휘해야 하는 도전적인 목표를 설정했다.	자신의 능력에 맞게 목표를 설정했다.	자신이 능력으로 큰 노력 없이 쉽게 할 수 있는 목표를 설정했다.	자신의 능력을 발휘하지 않고 노력하지 않아도 할 수 있는 목표를 설정했다.	
전체 목표를 달성하기 위한 구체적인 단계를 설정하고 단계마다 구체적인 목표를 세웠다.	전체 목표를 달성하기 위해서 중간 목표를 세웠다.	전체 목표를 달성하기 위해서는 과정 중에 목표를 세워야 한다는 것을 알기는 하나 적절하게 목표를 세우지는 못했다.	전체 목표를 달성하기 위해 중간 목표를 수립해야 함을 알지 못했다.	

이와 같은 방식으로 수업 평가를 통해 학생들의 정의적 영역의 역량을 키울 수 있다. 학습 상황에서 목표를 설정하는 정의적 역량을 함양을 위해 '목적의식'을 중심에 두고 루브릭을 구성할 때는 〈표 VI-27〉과 같이 만들면 된다.

자신의 강점이나 역량을 파악하여 행동하는 역량 신장을 위해 '성찰적 태도'를 중심에 두고 정의적 영역의 역량을 키우는 루브릭을 구성할 때는 〈표 VI-28〉과 같이 정리할 수 있다.

 2022 개정 교육과정과 학생 주도성을 키우는 수업 평가

<표 VI-28> 성찰적 태도 평가를 위한 루브릭

영역	성찰적 태도		
세부 내용	자신의 강점이나 역량을 파악하여 행동하는 역량 키우기		
수준			
탁월	숙달	기본	초보
자신의 강점이나 역량이 무엇인지 파악하고 이를 활용하고 발전시키기 위해 노력했다.	자신의 강점이나 역량이 무엇인지 파악했다.	자신의 강점이나 역량을 파악하기 위해 노력했다.	자신의 강점이나 역량을 파악하는 것에 관심이 없다.
자신이 부족하거나 미흡한 점을 솔직하게 인정하고 실제로 개선했다.	자신이 부족하거나 미흡한 점을 솔직하게 인정하고 개선하려 했다.	자신이 부족하거나 미흡한 점을 솔직하게 인정했다.	자신이 부족하거나 미흡한 점을 인정하지 않았다.

과제나 임무, 역할을 중요하게 여기고 끝까지 해내는 정의적 역량을 함양을 위해 '책임감'을 중심에 두고 루브릭을 구성할 때는 〈표 VI-29〉와 같이 진술하면 된다.

정의적 영역의 역량을 키우기 위한 루브릭을 만들어 평가하고 그에 따른 피드백을 할 때 분명히 할 게 있다. 정의적 영역의 평가는 가능하면 비형식적 평가를 원칙으로 해야 한다. 비형식적 평가는 '탁월, 숙달, 기본, 초보' 등으로 학생들의 활동 결과물을 평가는 해도 점수화하지 않고 학생들의 활동에 대한 피드백을 진행하기 위해 실시한다. 예컨대 어떤 학생의 결과물이 '숙달' 수준이라면 '탁월' 수준으로 나가기 위해 어떤 점을 보완해야 하는지 등을 구체적으로 피드백하면 된다.

<표 VI-29> 책임감 평가를 위한 루브릭

영역	책임감		
세부 내용	과제나 임무, 역할을 중요하게 여기고 끝까지 해내는 역량 키우기		
수준			
탁월	숙달	기본	초보
자신이 맡은 과제를 수행하는 것을 넘어 완성도를 높이려고 노력했다.	자신이 맡은 과제를 비교적 완성도 있게 성실하게 끝냈다.	자신이 맡은 과제를 끝내나, 완성도를 높이는 데는 큰 노력을 기울이지 않았다.	가끔 자신이 맡은 과제를 성실하게 수행하지 않았다.
활동 중에 본인과 모둠 전체의 역할 수행과정을 확인하고, 더 나은 방향으로 수정을 제안했다.	활동 중에 본인의 역할 수행과정을 자주 확인하고 수행했다.	활동 중에 본인의 역할 수행과정을 가끔 확인하고 수행했다.	활동 중에 본인의 역할 수행과정을 거의 확인하지 않았다.
모둠의 의사 결정 과정에 주도적으로 참여했다.	모둠의 의사 결정 과정에 성실히 참여했다.	모둠의 의사 결정 과정에 적극적으로 참여하지 않았다.	모둠의 의사 결정 과정에 관심을 두지 않았다.

(4) 루브릭의 기대 효과

루브릭을 점수 부과를 위한 기준표로만 여기지 말아야 한다. 학생들의 주도성과 역량을 키우는 수업 때 루브릭을 사용하면 다양한 교육 효과를 거둘 수 있다.

첫째, 루브릭은 학습 목표가 될 수 있다. 만약 시장 실패에 관한 수업 이후 '시장 실패의 의미를 설명하기'를 수행과제로 제시했을 때 활동지에 '시장 실패의 의미를 상대방이 알기 쉽게 설명했다'라는 루브릭을 만들면 된다. 그러면 학생들은 루브릭에 초점을 맞춰 상대방이 알기 쉽게 구체적으로 설명해야 한다. 이렇게 되면 루브릭이 자연스레 학습 목표가 될 수 있다. 이런 측면에서 루브릭을 만들 때는 학생들에게 어떤 수준

    2022 개정 교육과정과 학생 주도성을 키우는 수업 평가

의 성과를 기대하는지를 분명하게 드러내야 한다.

둘째, 루브릭은 객관적 기준에 따른 평가를 할 수 있게 한다. 학생들의 활동 과정과 결과에 대한 평가 때 루브릭 없으면, 주관성이 개입될 여지가 있다. 루브릭은 교사가 일관된 객관적 기준을 기반으로 평가를 할 수 있도록 한다. 한 교과를 여러 명의 교사가 가르칠 때 채점의 공정성 논란을 제거할 수 있다. 루브릭에 맞춰 평가하면 일관성이 있는 평가가 가능하기 때문이다.

셋째, 루브릭은 피드백을 위한 도구가 될 수 있다. 루브릭은 학생들에게 활동에 대한 명확하고 구체적 평가 기준과 수준을 제시하는 평가 자료이다. 이에 근거하여 주관적 관점을 최소화하고 객관적 시각에서 피드백할 수 있다. 피드백은 무조건적 칭찬과 격려가 아니라 객관적 지표에 따라 시행할 때 학생의 역량을 성장시킬 수 있다.

넷째, 루브릭은 학생과 교사의 성장을 돕는 촉매제가 될 수 있다. 루브릭은 학생들이 자신의 성과를 명확하게 이해하고 피드백을 통해 학습 목표에 도달할 기회를 준다. 객관적 평가 기준에 따라 부족한 부분을 확인하여 새로운 목표를 설정하여 성장할 수 있다. 아울러 루브릭은 교사들이 학생들의 성과를 평가하고 피드백하는 과정에서 수업 평가 활동의 개선을 할 수 있는 계기를 제공하는 역할도 한다.

6

학생 주도성을 키우는
피드백 활동

(1) 피드백의 의미와 원칙

이미 언급했듯이 평가는 '학생 개개인의 교육 목표 도달 정도를 확인하고, 학습의 부족한 부분을 보충하며, 수업(교수·학습)의 질을 개선하는 데 주안점을 두는 것'이다. 그런데 그동안 결과 중심의 평가를 통해 점수(성적, 등급)를 매기는 데 치중했고, 평가를 토대로 수업의 질을 개선하거나 피드백 활동을 진행하는 데는 소홀한 측면이 있었다.

피드백은 '수업(교수·학습) 과정과 결과에서 형식적·비형식적 평가 활동을 통해 학생의 다양한 학습에 대한 증거를 수집하고 분석하고 해석한 뒤에 교사와 학생에게 학습의 개선과 향상을 위한 정보를 제공하는 활동'[38]이다. 효과적 피드백은 학생의 배움과 성장을 가져오는 데 도움이 되어야 한다. 그래서 피드백은 평가보다는 조언을, 일반적인 내용보

---

38   학생이 푼 문제나 글, 여러 가지 수행에 대한 칭찬이나 지적 등이 모두 피드백이다.

다는 구체적이어야 한다. 조언적 피드백은 과정에 초점을 두고 자기조절 수준이어야 하며 목표지향 성취동기를 갖는 데 도움이 되어야 한다.[39]

형성평가를 살려야 피드백도 활성화된다. 학생들의 이해 정도를 점검하고 이를 바탕으로 교과 과정이나 수업 평가 방법을 개선하기 위해 형성평가를 한다. 형성평가는 학생들이 주도하는 활동 중심의 수업 때 활동지에 제시하는 '수행과제'나 '탐구주제'를 처리하는 과정이라고 생각해도 된다. 수행과제나 탐구주제의 수행 정도에 따라 피드백을 할 수 있기 때문이다. 교사 주도의 설명식 수업보다 학생들이 주도하는 수업이 이루어져야 피드백이 활성화될 수 있다.

형성평가를 평가에 무게를 두는 것은 잘못된 인식이다. 형성평가는 시험을 통한 성적산출의 과정이 아니라 피드백을 제공하기 위한 정보수집 활동이다. 형성평가는 일련의 학습 과정이지 특정 형태의 시험이 아니다. 그래서 형성평가는 형성학습(formative learning)의 맥락으로 이해해야 한다.

<자료 VI-9> 과정 중심 평가와 정의적 영역 평가의 정의[40]

구분	정의
과정 중심 평가	교육과정 성취기준에 기반한 평가 계획에 따라 교수·학습 과정에서 학생의 변화와 성장에 대한 자료를 다각도로 수집하여 적절한 '피드백'을 제공하는 평가
정의적 영역 평가	교수·학습 과정에서 학생의 정의적 특성의 변화와 성장에 대한 자료를 다각도로 수집하여 적절한 '피드백'을 제공하는 평가

---

39   학생의 배움과 성장을 지원하는 과정 중심 피드백. 김선, 반재천. AMEC. 2020
40   과정 중심 평가는 교육부, 정의적 영역 평가는 서울특별시교육청의 정의에 따라 정리했다.

<자료 Ⅵ-9>를 통해 알 수 있듯이 평가는 적절한 피드백을 제공하기 위해 실시하는 것이다. 평가는 피드백과 떼려야 뗄 수 없는 관계에 있다.

그런데 한국 학생들은 교사가 피드백해 준다고 인식할수록 읽기 성취도가 낮게 나타났다는 연구 결과가 나왔다. 이것은 교사의 피드백이 적절하게 표현되거나, 활용되지 않고 있음을 시사하고 있다. 반면 싱가포르와 일본 등에서는 교사의 피드백이 학생들의 읽기 능력에 긍정적인 영향을 미쳤다.[41] 이것은 비록 읽기 성취도에 관련된 문제이지만, 학생들의 부정적 반응을 유발하지 않고, 신뢰성이 있도록 피드백을 제공하지 못하면 피드백의 효과를 거둘 수 없다는 것을 짐작할 수 있다.

학생들에게는 물에 잠겨 보이지 않는 빙하처럼 말과 글로 드러내지 못한 암묵적 지식(暗默知, tacit knowledge)이 있다. 피드백을 통해 암묵적 지식을 명시적 지식(明示知, explicit knowledge)으로 만들어야 한다.

<그림 Ⅵ-6> 피드업, 피드백, 피드포워드의 관계[42]

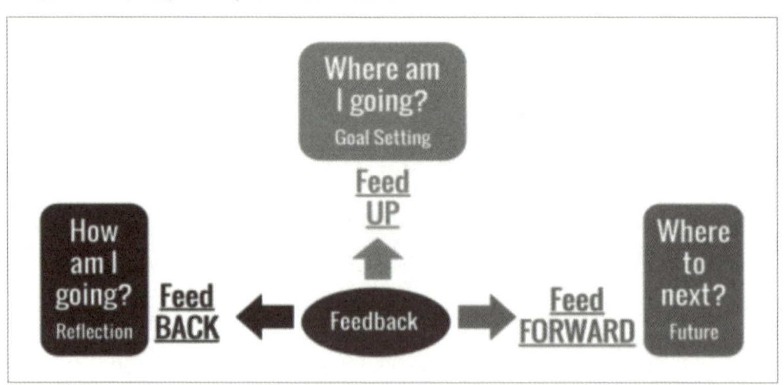

---

41 한국 학생, 협동 학습 많을수록 성취도 떨어진다… '경쟁 부담'이 원인, https://www.joongang.co.kr/article/25037543 (중앙일보, 2022.1.2. 한국교육과정평가원의 국제학업성취도평가(PISA) 주요 상위권 국가인 대한민국, 싱가포르, 에스토니아, 일본, 핀란드 등 5개국을 비교·분석한 연구 보고서에 관한 보도 일부, 검색일: 2022.4.16.)

42 https://learninghubwss.wordpress.com/2016/06/10/so-you-think-you-provide-quality-feedback/ (검색일: 2022.4.12.)

한편 〈그림 VI-6〉처럼 수업 시간 동안 피드업(feedup), 피드백(feedback), 피드포워드(feedforward)가 제대로 작동되어야 한다. 피드백의 완결은 '피드업-피드백-피드포워드'로 이어지는 형성평가 시스템으로 인식해야 한다.

〈그림 VI-6〉과 같이 피드업은 '어떤 목표를 향해 가고 있는가?'에 초점을 맞춰 이뤄진다면, 피드백은 '얼마나 잘하고 있는가?'를 중심에 둔다. 피드포워드는 '다음 단계는 어떤 방향으로 나아가야 하는가?'를 중시한다. 피드백, 피드백, 피드포워드의 의미를 차례대로 정리해 보자.

첫째, 피드업은 교사와 학생이 함께 학습 목표를 설정하고, 이 목표에 도달하기 위한 과제 설정이나 행동 전략 등을 나누는 과정이다. 학생들이 학습 목표(수행과제, 탐구과제)를 제대로 이해할 때, 주어진 과제에 집중할 수 있다. 이를 위해 학생과 교사는 연간 학습 목표를 설정하는 단계부터 서로 협력해야 한다. 그래야 학생이 자신의 학습 상황을 파악하고 그에 따라 반성하고 목표에 도달할 수 있고, 교사도 지원 방안을 구체적으로 제공할 수 있다.

둘째, 피드백은 학생들이 학습 목표를 향해 나갈 때 취약점에 대한 정보를 제공하며, 완결성이 높은 결과물을 생성할 수 있도록 안내하는 것이다. 피드백은 일반적으로 자주 실행되는 익숙한 방식이다. 교사는 학생들이 개별 과제나 협력 과제를 완성할 때 피드백을 제공함으로써 더 나은 결과물을 창출하고 새로운 프로젝트에서 도전하게 해야 한다. 교사는 학생들에게 과제에 대한 피드백을 제공할 뿐만 아니라 과제 해결에 필요한 아이디어도 소개해야 한다. 피드백 때는 잘 처리한 과제에 대해서는 그 이유를 구체적으로 설명하고, 문제가 있을 때는 세밀하게 지적하여 결과물의 완성도를 높이도록 해야 한다.

셋째, 피드포워드는 미래에 대해 조언하는 방식이다. 피드포워드의 목적은 학생들이 생각의 폭을 넓혀 창의력을 갖도록 안내하는 데 있다. 피드포워드를 통해 학생들은 과제에 대한 실행 의지를 다지고, 그에 기초하여 행동의 변화를 통해 실행력을 다질 수 있다. 피드포워드 때는 학생들이 다음 단계에 집중하고, 잠재력을 발휘할 수 있도록 해야 한다. 피드백이 실패에 대한 부정에서 출발하는 방식이라면, 피드포워드는 실패에 대한 긍정을 전제한 조언 방식이다. 그러므로 과제 수행이 미진한 학생에게 잘못된 부분만 지적할 게 아니라, 적극적으로 도움을 줘서 다음 단계에서 한층 발전된 모습으로 탈바꿈할 수 있도록 이끌어야 한다.

이런 세 가지 방식을 수업할 때마다 시간을 안배하여 엄격하게 적용하기는 어렵다. 수업 시작, 수업 진행, 수업 마무리 시간 중에 자연스럽게 실천하면 된다. 교사 주도의 설명식 수업 속에서는 학습 결과에 치중하는 피드백을 할 수밖에 없다. 학생이 받은 점수를 앞에 두고, 질책하는 과정은 피드백이 아니다. 학생들의 주도성을 키우려면 덜 가르치고 더 많은 피드백할 필요가 있다.

(2) 인지적 영역과 정의적 영역의 균형 잡힌 피드백

그동안 주로 지식, 기능 측면의 도달 정도에 도움을 주는 인지적 영역의 피드백에 집중했다. 실제로 수업 시간에 이뤄지는 피드백은 '이 문제는 이렇게 풀어야 하고, 이것은 이렇게 표현하는 것이 좋다' 라는 형식의 조언이 대부분이었다. 이런 인지적 영역 중심의 피드백은 자칫 평가의 최종 목표가 정해진 답을 찾는 것으로 오인하게 할 수 있다.

이런 문제를 해결하려면 수행과제 처리 과정에 가치, 태도 차원에서 목적의식, 성찰적 태도, 시간과 노력의 투자 정도, 책임감, 협업 정도 등의 주도성 발현 요소와 관련된 정의적 영역의 피드백도 필요하다. 이를

테면, 학생들의 수행과제 처리를 과정을 살펴 학습하는 자세와 태도에 문제가 있을 때, 자신의 정체성과 학습 목적을 되돌아보게 하는 피드백을 해야 한다.

진정한 피드백은 '학습을 어떻게 향상하게 할 수 있는가?'에 있다. 그러므로 지식, 기능 차원의 인지적 영역의 피드백과 함께 가치, 태도 차원의 정의적 영역의 피드백도 함께 해야 학생들의 주도성을 키울 수 있다. 이를 위해 〈표 VI-30〉과 같은 인지적 영역과 정의적 영역의 피드백이 균형을 유지해야 한다.

〈표 VI-30〉 인지적 영역과 정의적 영역의 피드백

구분	차원	피드백 영역
인지적 영역의 피드백	지식·이해	오개념, 불완전한 이해 등을 중심으로 피드백
	과정·기능	비교하기, 분석하기, 평가하기, 적용하기, 설명하기, 예측하기, 주장하기 등의 실행 정도에 대한 피드백
정의적 영역의 피드백	가치·태도	목적의식, 성찰적 태도, 시간과 노력의 투자 정도, 책임감, 협업 정도 등의 주도성 발현 정도에 대한 피드백

인지적 영역과 정의적 영역의 피드백을 골고루 실행할 때 학습의 효과도 높아지고 학생들의 주도성도 커진다. 이를 위해 수행과제(형성평가)를 설계하는 단계에서 어떤 요소에 기초하여 정의적 영역을 평가할 것인가를 미리 고려해야 한다.

인지적 영역과 정의적 영역의 균형 잡힌 피드백을 실천하려면 그에 알맞은 활동지 제작이 필요하다. 이것은 앞서 설명한 사유 역량을 키우는 활동지 제작 방법 중에서 '인지적 영역과 정의적 영역을 포괄하는 활동지'를 참고하면 된다.

(3) 과정과 결과의 조화로운 피드백

어떤 학습이든 과정과 결과가 존재한다. 교사의 교육적 관점에 따라 수행과정을 중요하게 판단할 수도 있고, 결과를 중요하게 여길 수도 있다. 과정과 결과 중에서 지나치게 한쪽으로 치우친 피드백은 경계해야 한다. 다시 말해 학생들의 수행과정에는 무관심했다가 결과만 보고 피드백하는 것도 문제이고, 과정 중심 피드백을 통해 어떤 결과가 나왔는지 살피지 않는 것 역시 문제이다. 그러므로 과정과 결과를 조화롭게 살피는 피드백이 필요하다.

'과정 중심 피드백'은 학습 방향을 제시하여 학생에게 현재 진행 상황을 보면서 어떤 부분에 집중해야 하는지를 알려줄 수 있는 장점이 있다. 학생이 수행과제 처리 과정에 실수한 부분을 식별하여 이를 교정할 기회를 줄 수도 있다. 아울러 학생들에게 성취감과 자신감을 부여함으로써 학습에 대한 동기를 부여할 수 있다. 하지만 지나치게 주관적 평가에 머물 수 있고, 현재의 학습 과정에 초점을 맞추기 때문에 학생의 미래 성취나 발전 가능성에 대한 예측을 제한할 수 있다. 표준화된 평가 척도나 기준이 부족하면 학생들 간의 비교가 어렵고, 일관된 평가를 보장하기 어렵게 만들 수 있다.

과정 중심의 피드백을 할 때는 조급함을 누르고 기다려주는 자세도 필요하다. 교사가 학생들의 수행과제 처리 과정을 살펴보다가 개선할 부분을 곧바로 알려주기보다 학생이 스스로 판단할 여지를 주고, 느긋하게 기다려주는 피드백도 필요하다. 이런 측면에서 보면 과정 중심 피드백의 중요한 덕목은 '느긋한 기다림'이라고 할 수 있다.

'결과 중심의 피드백'은 명확한 목표나 도달해야 할 지점을 설정하여 학생에게 그 방향에 다가설 수 있도록 조언할 때 필요하다. 하지만 결과 중심 피드백은 학습의 과정을 간과할 수 있으므로 학생이 개선해야 할 부분에 대한 통찰을 주기 어렵다.

결과를 토대로 '이것은 맞고, 이것은 틀렸다' 또는 '이것은 좋고, 이것은 나쁘다' 라는 식의 결과 중심 피드백이 강할수록 학생들에게 학습에 대한 패배감을 안겨줄 수도 있다. 그 정도가 경우에는 스트레스를 증가시켜 자기효능감을 저하를 초래하고, 학습 동기를 떨어트릴 수도 있다. 그러므로 수행과제의 처리 과정도 살펴 적절한 피드백을 제공해야 한다.

교사는 수업 중에 학생들이 수행과제를 해결하는 과정도 살펴야 하고, 수행의 결과도 평가도 해야 한다. 이를 통해 학생들에게 팽배한 '결과만 잘 나오면 그만이다' 라는 인식을 불식시켜야 한다.

(4) 구두 피드백과 서면 피드백의 선택

말로 하는 구두 피드백과 글로 하는 서면 피드백은 수행과제의 수준이나 한 교실의 학생 수, 교실 환경 등을 고려하여 선택해야 한다. 학생 수가 많을 때는 구두 피드백을 통해 시간을 절약할 수 있고, 학생들의 수행 정도를 일일이 살펴 깊이 있는 학습이 되도록 할 때는 서면 피드백이 필요하다.

'구두 피드백' 은 문제 상황이 보이면 바로 해결책이나 아이디어를 제안할 수 있으므로 현장성과 즉시성이 강하다. 구두 피드백은 개인에게도 할 수 있지만, 학급의 모든 학생에게 자주 할 수도 있다. 구두 피드백은 학생들의 수행 정도를 살피는 과정 중심 평가에 적합하다.

'서면 피드백' 은 객관성과 유연성이 상대적으로 강하다. 서면 피드백 때는 어떤 단어와 문장으로 표현할지를 고려해야 한다. 서면 피드백을 제공했을 때 글의 내용이 불분명하면 잘못 이해할 수 있기 때문이다. 다시 말해 동료나 교사가 서술한 서면 피드백의 내용을 이해하지 못하면 오히려 피드백에 대한 부정적 반응만 키울 수 있다. 그러므로 구두 피드백과 서면 피드백의 특성을 고려하여 주어진 상황에 맞게 선택적으로 해야 한다.

한편 일반적으로 동료평가, 교사평가를 할 때는 평가 기준에 따른 몇 가지 척도를 만든 뒤에 체크하는 형식으로 진행한다. 만약 설명하는 역량을 확인하는 동료평가의 경우에 '동료가 알기 쉽게 구체적으로 설명했다'라는 내용을 '상, 중, 하' 척도에 맞는 진술을 하고, 그에 해당하는 영역에 체크하게 하는 형식으로 실천한다. 이렇게 하면 루브릭에 진술된 내용만을 평가하기 때문에 구체적으로 피드백하기 어렵다. 이런 경우에는 활동지에 서술형으로 서면 피드백을 할 수 있도록 〈그림 VI-7〉처럼 빈칸을 만들어 서면 피드백을 강화할 수 있다.

〈그림 VI-7〉은 중간고사를 대비하기 위해 학생들이 각자 시험 범위에서 몇 개의 문제를 만들어 다른 학생들에게 풀어주는 수업 활동의 결과물인데, 학생이 출제한 문항을 교사가 검토한 뒤에 그에 관련된 평가를 서술형으로 피드백한 것이다.

이 방식은 서면 피드백 사례이지만, 평가 차원에서 학생들의 주도성을 키우는 데 효과적이다. 자신이 스스로 문제를 만들면서 자신의 실력을 점검해볼 수 있고, 시험 대비도 할 수 있기 때문이다.

 2022 개정 교육과정과 학생 주도성을 키우는 수업 평가

<그림 VI-7> 서면 피드백 사례

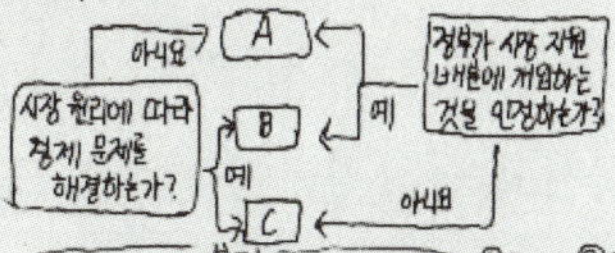

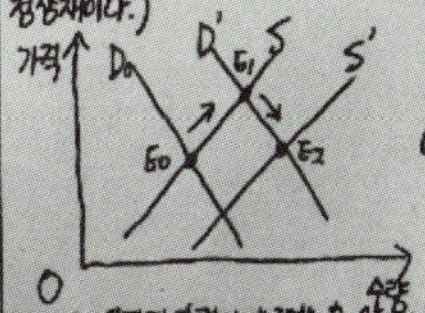

그동안 교사평가에 의한 피드백이 자주 이뤄졌다. 교사평가에 의한 피드백은 학생의 성과를 격려 차원에서 상당한 교육적 효과가 있다. 하지만 교사 개인의 선호나 편견 혹은 특정 학생과의 친소관계 등의 영향으로 주관적 성향이 작용할 수 있다.

자기평가와 동료평가를 통한 피드백으로 자신의 강점과 약점을 파악할 기회를 마련할 필요가 있다. 이때 자기평가를 통한 피드백은 가치, 태도 등의 정의적 영역에 초점을 맞춰 이뤄지고, 동료평가에 의한 피드백은 지식, 기능 차원의 인지적 영역을 중심으로 이루어지는 게 합리적이다. 다시 말해 자기평가를 통해 자신의 목적의식, 성찰적 태도, 자기조절, 자기관리, 책임감 등의 주도성을 키우고, 동료평가를 통해서는 지식, 기능 차원의 미흡함을 찾아 그 부분을 보강하는 계기로 삼아야 한다.

자기평가를 위한 피드백은 〈표 VI-31〉과 같은 진술을 통해 수행 활동 과정을 스스로 성찰할 수 있도록 정의적 영역을 평가 기준으로 정하여 실천하는 것이 바람직하다.

<표 VI-31> 자기평가 진술문

[자기평가]				
평가 기준	탁월	숙달	기본	초보
책임감	□수행과제를 처리하는 과정에서 완성도를 높이려고 노력하였다.	□ 수행과제를 처리하는 과정에서 비교적 성실하게 임했다.	□ 수행과제를 끝냈지만, 완성도를 높이는 데는 큰 노력을 기울이지 않았다.	□ 수행과제를 처리하는 과정에서 성실하게 참여하지 않았다.

〈표 Ⅵ–31〉은 교사가 제시한 수행과제를 처리하는 과정에 정의적 영역에 해당하는 '책임감'을 가지고 완성도를 높이기 위해 노력한 정도를 평가 기준으로 설정했다. 학생들은 평가 기준에 근거하여 자기 스스로 책임감을 중심으로 자신을 평가한 뒤에 이를 바탕으로 성찰하면 된다. 이렇게 자기평가를 통한 피드백은 자기 성찰을 위한 과정으로 인식해야 한다. 그러므로 자기평가의 결과를 보고 교사가 조언하는 일은 자제할 필요가 있다.

동료평가에 의한 피드백은 지식, 기능 등의 인지적 영역을 객관적 입장에서 평가할 수 있도록 루브릭을 만들어 실천하면 된다.

〈표 Ⅵ–32〉는 수요의 가격 탄력성에 관한 교사의 설명식 수업이 끝난 뒤에 이에 기초하여 수요의 가격 탄력성을 그래프로 나타내는 수행과제에 따른 동료평가 루브릭이다. 수행과제를 모두 처리한 뒤에 두 명이 짝이 되어 A학생의 결과물은 B학생이 평가하고, B학생의 결과물은 A학생이 평가하는 형식으로 이뤄지면 된다.

<표 Ⅵ-32> 동료평가 진술문

동료평가: 학번( ) 이름( )			
평가 기준	탁월	우수	기본
과제 수행력	□ 수요의 가격 탄력성에 대한 정확한 이해를 바탕으로 수요의 가격 탄력성 크기를 그래프로 정확하게 나타내었다.	□ 수요의 가격 탄력성에 대한 정확한 이해를 바탕으로 수요의 가격 탄력성 크기를 그래프로 일부만 정확하게 나타내었다.	□ 수요의 가격 탄력성에 대한 정확한 이해를 바탕으로 수요의 가격 탄력성 크기를 그래프로 정확하게 나타내지 못했다.

이때 평가 기준인 '과제 수행력'을 중심으로 동료의 결과물을 평가하면 된다. 만약 자신이 평가한 동료가 '우수' 수준이라면 무엇을 개선하

여 '탁월' 수준으로 나갈 수 있을지를 피드백하면 된다. 이런 과정에서 자연스레 동료에 의한 피드백이 일어난다.

(6) 핵심 질문 중심의 피드백

핵심 질문을 중심으로 다양한 형식의 피드백이 필요하다. 피드백이 학습 요소에 대한 이해력을 증진하는 데 초점을 맞춰 진행하지만, 사고력을 키우는 역할도 한다. 그러므로 개방적이고 토론 가능하며 열린 마음으로 주어진 상황에 대한 깊이 있는 사고를 할 수 있도록 핵심 질문을 통한 피드백을 할 수 있다. 핵심 질문을 자주 접할수록 학생들의 비판적 사고와 창의적 사고가 확장될 수 있다.

〈표 VI-33〉은 핵심 질문을 중심으로 피드백하기 위한 구체적 질문 사례를 정리한 것이다.

<표 VI-33> 핵심 질문 중심의 피드백을 위한 핵심 질문

구분	질문의 의미	핵심 질문 사례
피드업	학습의 궁극적 목적을 찾는 질문	• 어떤 목표를 향해 나아가는가요? • 이번 수업의 궁극적 목적은 무엇인가요? • 이번 수업에서 성취할 것은 무엇인가요? • 이 수업을 통해 삶에서 이루고 싶은 것은 무엇인가요?
피드백	학습의 진행을 도와주는 질문	• 어떤 일이 일어났지요? • 기대했던 결과와 어떤 차이가 있나요? • 개선해야 할 점은 무엇인가요? • 이번 수행과제를 통해 어떤 점을 배웠나요?
피드포워드	학습의 새로운 방향을 제시하는 질문	• 수행과제를 처리하면서 발견한 강점과 약점을 어떻게 활용해 보시겠습니까? • 수행과제 처리 과정에 발견한 문제점을 개선하기 위해 어떤 일을 해보겠습니까? • 수행과제 처리 때 선생님이 도울 게 있다면 무엇입니까?

이렇게 '학습의 궁극적 목적을 찾는 질문, 학습의 진행을 도와주는 질문, 학습의 새로운 방향을 제시하는 질문'은 학생들의 사고력을 자극하여 수업을 바라보는 시각을 넓혀 줄 수 있다. 학생들에게 피드백했다고 그 효과가 금방 나타나지 않는다. 피드백은 기다림과 동행하는 더딘 발걸음과 같다. 그러므로 진심으로 피드백하되, 그에 따른 교육적 효과는 묵묵히 기다려 줄 필요가 있다.

(7) 총괄평가 중심의 피드백

형성평가를 통해서만 피드백을 할 수 있는 게 아니다. 총괄평가를 통해서도 가능하다. 총괄평가는 단원별 수업이 끝난 뒤에 할 수 있으므로 자주 시행하기는 어렵다. 총괄평가 중심의 피드백은 자기평가 차원에서 하면 된다.

〈활동지 Ⅵ-8〉은 총괄평가를 한 뒤에 자기평가 형식의 피드백을 위한 것이다. 이를 참고하여 총괄평가 중심의 피드백 방안을 생각해보자.

총괄평가 피드백 활동지			
학번 ( ) 이름 ( )			
• 수행과제: 총괄평가 문항 검토하고 보완할 내용 정리하기			
[선다형]			
문항	정답 여부	틀린 이유	보완해야 할 내용
1			
2			
3			
4			
5			
6			
21			
22			
23			
24			
25			
[논·서술형]			
논·서술형	모범 답안		보완해야 할 내용
1			
2			

총괄평가 중심의 피드백을 자기평가 차원에서 실시하는 것이다. 그러므로 총괄평가(중간고사, 기말고사)문제지를 보면서 학생이 스스로 진행하면 된다. 이때 객관식은 문항별로 정답 여부를 'O, ×'로 표시한 뒤에 틀린 문제는 그 이유를 정리하고, 앞으로 보완할 내용을 정리하는 형식으로 정리하면 된다.

논·서술형은 모범 답안(예시 답안) 또는 루브릭을 기준으로 자신이 작성한 답안을 보고 보완해야 할 내용을 중심으로 정리하면 된다.

(8) 학생과 교사의 공동 피드백

교사의 설명 부족이나 학생의 이해 부족으로 인해 해당 차시의 수행과제 해결을 힘들어 할 수 있다. 이런 상황은 학생과 교사의 공동 피드백을 통해 해소할 수 있다. 이를 위해 학생이 수행과제를 처리하는 과정에 생긴 궁금한 점을 질문하게 하면 된다. 이때 여러 학생의 질문을 구두도 받다 보면, 시간 부족으로 대답을 주기 힘들 수 있다. 이런 문제를 해결하려면 〈활동지 VI-9〉처럼 활동지에 '질문 칸'을 만들면 된다. 교사는 학생들의 질문을 간추려 공통된 질문을 중심으로 피드백하면 된다. 학생의 질문에 교사가 답을 주는 과정에서 자연스럽게 피드백이 이뤄진다.

〈활동지 VI-9〉를 보면 수행과제를 처리하는 과정에서 생긴 궁금한 점을 질문하도록 '질문 칸'이 있고, 교사평가의 기준으로 '과제 수행력'과 '질문력'을 제시했다. 평가 기준은 과제를 열심히 수행하면서 궁금한 점이 생기면 반드시 질문하라는 암묵적 메시지이다.

질문은 학생이 교사에게 보내는 일종의 피드백이다. 교사의 설명이 구체적이지 않거나 학생들이 이해하기 힘들었을 때는 질문이 생길 수밖에 없기 때문이다.

<활동지 VI-9> 학생과 교사의 공동 피드백 활동지

<table>
<tr><th colspan="3">경제 수업 평가 활동지</th></tr>
<tr><td colspan="3">학번 (   ) 이름 (   )</td></tr>
<tr><td colspan="3">◼ 핵심 아이디어: 수요와 공급을 통해 시장에서 자원 배분이 효율적으로 이루어진다.</td></tr>
<tr><td colspan="3">◼ 수행과제: 생산자 잉여와 총잉여 설명하기</td></tr>
<tr><td>생산자 잉여</td><td colspan="2"></td></tr>
<tr><td>총잉여(사회적 잉여)</td><td colspan="2"></td></tr>
<tr><td colspan="2">생산자 잉여 설명하기</td><td>총잉여 설명하기</td></tr>
<tr><td colspan="2">

</td><td>

</td></tr>
<tr><td colspan="2">[질문]</td><td>[질문]</td></tr>
</table>

[질문] (가운데 칸)

<table>
<tr><th colspan="4">평가 활동[교사평가]</th></tr>
<tr><td>평가 기준</td><td>A</td><td>B</td><td>C</td></tr>
<tr><td>과제 수행력</td><td>☐ 수업 시간에 주어진 과제를 적극적으로 수행하였다.</td><td>☐ 수업 시간에 주어진 과제를 소극적으로 수행하였다.</td><td>☐ 수업 시간에 주어진 과제를 제대로 수행하지 않았다.</td></tr>
<tr><td>질문력</td><td>☐ 오늘 학습한 내용 중에서 모르는 내용을 자신 있게 질문했다.</td><td>☐ 오늘 학습한 내용 중에서 모른 내용을 대충 질문했다.</td><td>☐ 오늘 학습한 내용 중에서 모른 내용을 질문하지 않았다.</td></tr>
<tr><td>전이 활동</td><td colspan="3"></td></tr>
</table>

미래 교육과
'2022 개정 교육과정'의 핵심은 주도성!

김덕년, 정윤리, 양세미, 최선경, 정윤자, 위현진, 김재희, 신윤기 지음

주도성이란 무엇인가?

학교 안에서 주도성이 일어나게 하려면 어떻게 해야 하는가?

주도성이 살아 숨 쉬는 초중고 현장 사례와

주도성이 일어나기 위한 조건을 제시하다!